本书系国家社科基金一般项目《风险规制视域下我国环保约谈法律制度研究》(批准号：19BFX182)阶段性成果

中国协商型环境规制研究

张 锋◎著

人民出版社

目　录

引　言

一、研究背景与研究意义

（一）研究背景

改革开放以来，我国经济社会取得了快速发展，同时，我国的生态环境却遭受了一定程度的破坏，一些指标都已经逼近环境生态资源的底线，环境生态问题已经成为制约我国经济社会可持续发展的瓶颈。[①] 尤其是中国经济进入新常态以来，我国经济发展进入转型升级的关键时期，中央希望以经济新常态为契机，推动地方经济发展模式转型创新，走绿色、生态、环保发展之路。为此，国家先后制定了《中共中央国务院关于加快推进生态文明建设的意见》《关于开展领导干部自然资源资产离任审计的试点方案》《党政领导干部生态环境损害责任追究办法（试行）》《环境保护督察方案（试行）》等文件，力求推动地方政府重视环境生态保护，促进经济发展方式转型升级。但是，部分地方政府受"经济理性（财政、税收、GDP）"和"政治理性（职务晋升、绩效考核、社会稳定）"的双重驱动，依然沉迷于经济发展速度，忽视经济发展质量，为了短期的经济利益，不惜破坏区域环境生态，甚至出现与环境污染企业"合谋"的现象，有些环境问题表面上看是企事业单位违法违规排污所致，深层次的原因往往是个别地方政府决策不科学、行政不作为、欠作为等，导致地方政府的

---

① 何香柏：《我国环境威慑型执法困境的破解》，载《法商研究》2016 年第 4 期。

1

环境保护责任不能得到很好的贯彻落实。[1]

梳理我国关于环境规制方面的法律、法规和规范性文件，从整体上分析，我国环境规制的法律体系逐步完善和成熟，但针对当前环境规制领域面临的深层次问题，环境法律制度体系还存在一些体制性、结构性和制度性难题，不能满足环境保护的需要。[2] 其一，从立法层面分析，当前我国环境立法主要是针对行政相对人（企业）设计的，缺乏推动地方政府落实环境保护责任的法律法规，导致在操作上，主要还是靠党的文件、政府规章和规范性文件推动，环境立法的系统性、权威性和针对性有待于进一步提升；其二，从执法层面分析，当前环境领域的执法手段多是事后的监管、处罚，除环境行政许可外，环境行政征收、环境行政处罚、环境行政强制执行、环境行政监督检查都是一种事后的处罚方式。而环境危害具有风险突发性、公害性、潜伏性、长久性和不可逆性的特点，亟需强化事前的预防，当前环境规制执法更多的是命令型环境规制模式和激励型环境规制模式，亟需建构以风险预防、多元参与、合作共治和主体互动为特征的协商型环境规制模式；其三，从环境司法层面分析，由于生态环境问题具有公共产品的特点，具有消费的非竞争性和非排他性以及效用的不可分割性，容易出现"搭便车"现象，公众缺乏环境维权的积极性和主动性。[3] 同时，环境问题往往涉及很多专业性的知识和技能，公众相对于企业处于严重的信息劣势，信息成本高昂；当前环境公益诉讼门槛较高，很多环保社会组织不具有诉讼原告资格，而且受地方政府环境行政干预，不少环境公益诉讼很难立案，即使立案，也面临举证难、周期长、执行难等问题。所以，当前环境立法、执法、司法现状在及时回应我国环境规制难题上有待于进一步完善和创新。

随着我国公民环境意识的提升，因环境生态问题带来的社会问题也大幅度增加，我国环境群体性事件呈现高发频发的态势，年均增速达 29%。根据上海交通大学民意与舆情调查研究中心披露：77.2% 的民众认为环境保护应优先于经济发展；民众对于"邻避设施"抵触情绪较为激烈，51.3%

---

[1] 洪大用：《复合型环境规制的中国道路》，载《中共中央党校学报》2016 年第 6 期。

[2] 陈海嵩：《绿色发展中的环境法实施问题：基于 PX 事件的微观分析》，载《中国法学》2016 年第 1 期。

[3] 董正爱、王璐璐：《迈向回应型环境风险法律规制的变革路径》，载《社会科学研究》2015 年第 4 期。

的民众坚决反对居住区周围建立污染性设施；若居住区周围拟建污染设施，78.1%的受访民众表示会参与请愿活动。若发生环境污染事件，68.1%的民众会直接选择较为激烈的方式解决问题，串联邻居或者直接参与群体性事件。环境群体性事件在一定程度上影响到社会稳定和执政党的权威和公信力①。另一方面，根据原环境保护部《2017 中国环境状况公报》数据显示：2017 年，全国 338 个地级及以上城市中，有 99 个城市环境空气质量达标，占全部城市数的 29.3%；239 个城市环境空气质量超标，占 70.7%；全国 112 个重要湖泊（水库）中，Ⅰ～Ⅲ类水质的湖泊（水库）70 个，占62.5%，劣Ⅴ类 12 个，占 10.7%。太湖、巢湖和滇池湖体分别为轻度、中度和重度污染；5100 个水质监测点位中，优良级、良好级、较好级、较差级和极差级点位分别占 8.8%、23.1%、1.5%、51.8%和 14.8%；生态环境质量"优"和"良"的县域面积占国土面积的 42.0%，"一般"的县域占24.5%，"较差"和"差"的县域占 33.5%，全国共出现 36 次暴雨过程，暴雨落区重叠度高、极端性强；全国旱情比常年轻，但区域性和阶段性干旱明显；台风生成和登陆时间集中、登陆地点重叠度高，大风、冰雹、龙卷风、雷电等局地强对流天气发生频繁②。

随着风险社会的来临，关于风险规制的理论和实践研究成果与日俱增，出现不同的理论范式和研究进路，具体到环境风险规制领域，由于环境风险的专业性、技术性、不确定性、复杂性、建构性和主观性等特征，学界关于环境风险规制的研究视角和学术观点呈现出百家争鸣的态势。风险规制科学主义者主张通过技术、理性、科学等工具手段，实现对环境风险的有效规制，建议成立超级规模的规制机构③，实现对环境风险的理性规制，这种路径虽然一定程度上解决了环境风险的专业性、技术性难题，但是却无法回应环境风险的主观性、建构性、价值性等更复杂的内在诉求，并且超级规制机构本身受"制度失灵""权力俘获""部门利益"等因素影响，这种超级行政规制主义路径容易

① 徐祥民：《环境质量目标主义：关于环境法直接规制目标的思考》，载《中国法学》2015 年第6 期。
② 原环境保护部：《2017 中国环境状况公告》，2018 年 6 月公布。
③ ［美］史蒂芬·布雷耶：《打破恶性循环：政府如何有效规制风险》，宋华琳译，法律出版社2009 年版，第 103 页。

陷入哈耶克担心的"致命的自负"的窠臼①。实践中立足于风险规制科学主义范式的"命令型环境规制"和"激励型环境规制"都遇到了种种挫折和危机："命令型环境风险规制模式"无法回应企业环境守法能力的差异性和守法成本的复杂性，无法采取灵活性的规制措施，无法促成企业采取更具有节能环保的技术、设备和工艺，不利于环境风险治理技术的创新，这种以行政权力纵向高压的执法理念、手段和方式，也可能导致企业的心理抵制和行为抵抗，增加巨大的行政执法成本和行政诉讼成本，尤其是"命令型环境规制模式"无法满足环境违法行为的建构性、主观性、价值性等需求，无法破解环境执法中的不确定性、复杂性带来的法律困境②。而"激励型环境规制模式"虽然运用了税费、财政补贴、排污权交易等市场工具，但这种市场工具本身就是国家建构的产物，并不是一种内生于市场的自发机制，"激励型环境风险规制模式"面临巨大的信息成本、契约成本、交易成本、监督成本，实践中也无法回应环境的主观性、建构性和不确定性的价值诉求，无法解决大量具有公平、公正、平等、正义等价值诉求的环境规制难题③。

为破解"命令型环境规制模式"和"激励型环境规制模式"的制度局限，基于环境规制民主主义范式下的"协商型环境规制模式"应运而生，该范式在承认环境规制科学主义的前提下，更加注重强调民主、参与、协商、沟通、合作和互动的功能作用，旨在推动环境风险规制的结构开放、主体互动、协商沟通和合作共治。"协商型环境规制模式"能够拓展环境规制的主体，深化多元主体之间的协商沟通，促进公众参与环境风险规制，实现环境风险规制的民主参与、社会认同和正义价值。试图建构一种以过程、程序为理论内核，以反身法为理论基础，以风险预防、多元参与、协商沟通、公开透明、合作共治为基本特征，以制度性整合、功能性整合和价值性整合为作用机理的协商型环境规制范式④。

基于对环境规制研究文献的梳理、总结、分析，笔者力求在三个方面进行探索尝试：一是借鉴风险规制民主主义的理论范式。强调民主、参与、协商、

---

① [英] 哈耶克：《致命的自负》，冯克利等译，中国社会科学出版社 2000 年版，第 78 页。
② [美] 布雷耶：《规制及其改革》，李洪雷等译，北京大学出版社 2008 年版，第 65 页。
③ 朱谦：《公众环境行政参与的现实困境及其出路》，载《中州学刊》2019 年第 8 期。
④ 张骐：《直面生活，打破禁忌：一个反身法的思路——法律自创生理论述评》，载《法制与社会发展》2003 年第 1 期。

沟通、合作和互动，推动环境风险规制的结构开放、主体互动、协商沟通和合作共治，试图建构一种以过程、程序为理论内核，以反身法为理论基础，以风险预防、多元参与、协商沟通、公开透明、合作共治为基本特征的协商型环境规制范式①。二是基于反身法理论的研究视角。反身法认为法律系统是社会各系统中的一个独立子系统，它与政治、社会、文化等其他社会子系统之间具有良性互动关系，它通过过程、程序、商谈等法律机制，以制度性整合、功能性整合和价值性整合为作用机理，推动法律系统与政治、经济、文化等子系统之间的功能互补和机制协调②。三是推动我国协商型环境规制的制度检视与法律构造。基于对我国环境保护公众参与、环境信息公开、环保约谈、生态环境损害赔偿磋商、环境污染第三方治理等制度的检视和反思，构建我国"协商制定规则法"和"环境执法和解制度"，提出完善我国环境保护公众参与、环境信息公开、环保约谈、生态环境损害赔偿、环境污染第三方治理等制度的法律建议。

（二）研究意义

1. 理论意义

（1）协商型环境规制的理论基础。反身法认为法律系统是社会各系统中的一个独立子系统，它与政治、社会、文化等其他社会子系统之间具有良性互动关系，它通过过程、程序、商谈等法律机制，以制度性整合、功能性整合和价值性整合为作用机理，推动法律系统与政治、经济、文化等子系统之间的功能互补和机制协调③。通过系统分析协商民主理论、行政规制理论、多中心治理理论以及风险社会理论，梳理出不同理论中关于协商、规制的视角、观点、方法和逻辑，构建多学科视野下环境协商型规制的交叉点和结合点，开展对协商型环境规制的综合性、系统性和整体性研究。

（2）协商型环境规制的范式结构。借鉴风险规制民主主义的理论范式。强

---

① ［德］贡塔·托依布纳：《法律：一个自创生系统》，张骐译，北京大学出版社 2005 年版，第 67 页。

② 王小刚：《托依布纳反身法理论述评》，载《云南大学学报》（法学版）2010 年第 2 期。

③ 王小刚：《托依布纳反身法理论述评》，载《云南大学学报》（法学版）2010 年第 2 期。

调民主、参与、协商、沟通、合作和互动[1]，推动环境风险规制的结构开放、主体互动、协商沟通和合作共治，试图建构一种以过程、程序为理论内核，以反身法为理论基础，以风险预防、多元参与、协商沟通、公开透明、合作共治为基本特征的协商型环境规制范式。基于协商型环境规制的基础理论分析，从利益假设、行为特点、认知能力和归责原则等多个维度构建协商型环境规制的范式结构，并构建协商型环境规制的基本原则，即风险预防原则、协商沟通原则、多元参与原则等，力求形成体系化的协商型环境规制的范式结构，明确其适用条件、主要原则和基本特点。

（3）协商型环境规制的法律构造。基于对我国环境保护公众参与、环境信息公开、环保约谈、生态环境损害赔偿磋商、环境污染第三方治理等制度的检视和反思，构建我国"协商制定规则法"和"环境执法和解制度"，提出完善我国环境保护公众参与、环境信息公开、环保约谈、生态环境损害赔偿、环境污染第三方治理等制度的法律建议。

2. 实践价值

随着风险社会向纵深发展，事前预防、风险防控成为政府规制的重要理念，尤其是针对环境安全规制，它往往具有不确定性、不可预见性和后果的不可逆性，而且一旦发生环境事件，将会给公众带来巨大的损害。针对环境风险的特点，常规的环境规制手段，如环境执法、环境信访、环境诉讼、环境问责不能很好的预防环境危害的发生[2]。因为环境处罚、环境信访、环境诉讼都是事后的补救机制，往往都是企业出现环境违法行为、当事人的环境权益受到侵害或者社会的生态环境受到破坏之后，启动的环境规制行为。而环境问题从表面上看是企事业单位环境违法违规所致，其根本问题可能是政府的决策、管理问题，甚至是政府行政不作为和欠作为的后果[3]。

---

[1] 张骐：《直面生活，打破禁忌：一个反身法的思路——法律自创生理论述评》，载《法制与社会发展》2003 年第 1 期。

[2] 高利红：《论财政体制与我国环境法实施责任——以丹江口市为例》，载《法学杂志》2016 年第 3 期。

[3] 刘超：《"二元协商"模型对我国环境公众参与制度的启示与借鉴》，载《政法论丛》2013 年第 4 期。

　　所以，在这样的背景下，命令型环境规制和激励型环境规制的功能作用难以得到有效发挥，而协商型环境规制聚焦于环境规制的决策环节，将环境规制过程从末端监管提前到源头规制，从决策环节就强化地方政府的环境监管责任和环境企业的主体责任，有效防控环境风险的发生和环境生态的恶化①。同时，针对企业的协商型规制，是一种事前的规制措施，可能环境损害还没有发生，或者还处于萌芽、初始阶段，对公众、社会的危害还不是很严重的时刻，上级政府或环境保护部门对可能发生环境危害的下级地方政府、环保部门以及企业进行协商规制，指出其存在的环境生态问题，明确其应遵守的环境法律法规，强调其可能承担的法律责任，并提出具体整改措施，可以起到事前预防和风险防控的效果，大大降低了环境规制的实施成本和社会成本。以环保约谈制度为例，《环境保护部约谈暂行办法》第二条规定，本办法所称约谈，是指环境保护部约见未履行环境保护职责或履行职责不到位的地方政府及其相关部门有关责任人，依法进行告诫谈话、指出相关问题、提出整改要求并督促整改到位的一种行政措施。

　　19 世纪的古典行政法认为公共利益与私人权益在价值上是对立的，导致政府与个人在理念上相互怀疑、猜忌与提防，体现在行政关系上就是竞争与对抗关系。比如国家生态环境部针对地方政府不落实环境责任，往往采用区域限批、流域限批、挂牌督办等"对抗式"的处罚，但由于环境问题的特殊性（具有风险性、过程性、公共性、公害性），采取"对抗式"的行政执法不利于环境问题的解决。随着新行政法理念的发展创新，政府与社会的关系从二元对立转向合作协商，尤其是社会法学的兴起，给传统的行政行为增加了合作、服务、协商的新理念，而不是单纯的公权力主体单方主导、命令、强制私权利主体。新的服务行政理念，催生了大量"非强制行政行为"，如行政合同、行政指导、行政计划、行政和解、行政奖励等柔性规制方式，这样更容易达成一致，规制行为得到被规制主体的认可，降低规制成本，提高规制效率②。

　　协商型规制作为一种柔性的规制方式，通过生态环境监管部门与地方政

---

① 罗俊杰等：《论我国环境保护公众参与法律机制的完善》，载《湘潭大学学报》（社科版）2015 年第 5 期。

② 于泽翰：《美国环境执法和解制度探究》，载《行政法学研究》2019 年第 1 期。

府、环保部门、企业的当面沟通协商，共同面对环境安全问题，达成一致的整改意见，提高地方政府、环保部门、企业环境规制的自觉性、主动性和积极性，起到"事半功倍"的效果①。如《杭州市余杭区环境保护局企业约谈暂行规定》第二条，本规定所称约谈，是指由区环保局会同属地镇街对环境违法违规企业法定代表人，通过沟通交流、分析讲评等方式，就企业存在的问题提出整改要求，并督促落实整改。"通过沟通交流、分析讲评等方式"，这就体现环境规制中的协商性、平等性、双向性、互动性，合意、协商、共治等理念蕴含其中，降低了环境规制的成本，提高了环境规制的效率。

2015年9月，党中央国务院联合印发《生态文明体制改革总体方案》，明确提出到2020年，构建起由自然资源资产产权制度等八项制度构成的生态文明制度体系，推进生态文明领域国家规制体系和规制能力现代化。政府规制和政府监管最重要的差异在于主体的多元化、权力运行的双向性和功能上的互补性。针对环境规制②，由于我国经济发展所处的阶段以及当前环境监管部门的执法体系和能力都不足以单独实现对环境违法行为的监管和处罚，必须调动相关利益主体的积极性，参与环境规制，形成多元参与、合作规制的格局。

协商型环境规制实现了环境相关利益主体合作共治，生态环境监管部门通过对地方政府、环保部门以及企业的协商，可以邀请有关组织部门、行政监察部门、检察院等单位共同实施环境协商，视情况邀请媒体、公众代表参加。搭建了一个多元主体合作、对话、交流、互动的平台和载体，通过多元主体的参与，推动行政规制资源集中对地方政府、环保部门以及企业进行压力传导，大大提升了协商型环境规制的威慑力③。如濮阳市人民检察院与市环保局联合印发了《关于在生态环境保护工作中建立联合约谈机制的意见》，同时，协商型环境规制也是一个合作共治的过程，充分听取各方的利益诉求，提高环境整改意见的针对性和有效性，实现环境规制的多元参与和合作共治。

---

① ［英］斯科特·拉什：《风险社会与风险文化》，王武龙编译，载《马克思主义与现实》2002年第4期。

② ［英］迈克尔·萨沃德：《罗尔斯和协商民主》，何文辉译，载《马克思主义与现实》2006年第3期。

③ M．Khanna, Non-mandatory Approaches toEnvironmental Protection, Journal of EconomicSurveys，Vol.15，No．3，2001.

二、研究现状述评

（一）国外研究现状

1. 协商民主理论的研究。

关于协商民主理论的研究，主要包括：确立协商民主的规范性、正当性理论，认为理性沟通的交往会带来偏好的改变；[①] 在承认文化多元化和社会复杂性的基础上，强调现实意义上的协商民主及其制度化；通过大量经验性证据来寻求协商民主运作的制度类型和方法，促进协商民主规范研究和实证研究结合；提出整合性协商民主体系，提倡协商民主场域的多样性及连接性。[②]

自从 1980 年约瑟夫·毕塞特提出的协商民主概念以来，学术界关于协商民主理论研究主要有三个阶段：第一阶段，20 世纪 80 年代到 90 年代初，主要代表人物有哈贝马斯、罗尔斯、伯纳德·曼宁和乔舒亚·科恩等，哈贝马斯、罗尔斯的加盟极大地提升了协商民主理论的影响力。这一阶段的民主理论主要讨论公众参与、民主决策、政治合法性等，如哈贝马斯认为，通过理性的沟通、讨论、辩论和互动，可以影响公共领域的价值判断和决策偏好，他强调沟通、协商在公共事务中的重要作用，并致力于推动以非政府组织为主体的社会性参与，以此提升协商舆论的公正性、民主性和科学性。罗尔斯认为通过协商民主可以促进正义，实现主体之间的"重叠共识"和"价值重构"，以协商、参与、沟通、合作等实现他所强调的"正义观"。这一时期的协商民主理论研究比较关注协商民主的规范性、伦理性、公共性，更多是一种价值观上的协商民主研究进路，对复杂的协商实践考虑的不够，但这已经为传统的民主理论注入了新的理论和资源，跳出以往对选举民主、代议民主的崇拜，将民主理论引入到一个新的视角和路径，为第二阶段协商民主理论和实践的发展提供了学术

---

① ［南］毛里西奥·帕瑟林·登特里维斯：《作为公共协商的民主：新的视角》，王英津等译，中央编译出版社 2009 年版，第 83 页。

② ［美］乔亚舒·科恩：《协商民主的程序与实质》，塞拉·本哈比主编：《民主与差异：挑战政治的边界》，黄湘怀、严海兵译，中央编译出版社 2009 年版，第 75 页。

资源和分析基础①。

第二阶段 20 世纪 90 年代后期，约翰·德雷泽克，他从理论上论述了民主的本质不是简单的选举民主、代议民主，人们不仅仅依靠选票表达自己的价值观点和利益诉求，而是通过协商实现自己的利益参与、利益表达和利益协调②，同时，他还强调协商民主是一种基于多元文化背景下的互动、妥协、合作和沟通，更加注重协商民主实践的复杂性和系统性。

阿米·古特曼和丹尼斯·汤普森的《民主与分歧》指出，协商民主是一个过程，是一个基于协商参与从而达到民主决策的过程，他强调协商程序、协商形式、协商渠道、协商机制、协商理念等在民主实践中的作用，并对协商民主的内涵和外延进行了系统的论述和建构。

乔恩·埃尔斯特的《协商民主》以及塞拉·本哈比的《民主与差异：挑战政治边界》等作品，这些著作深化对协商民主理论和实践的认识，将协商民主机制嵌入到社会实践和制度文化之中，除了继续强调理性、协商、参与、互动和合作等价值的功能之外，又拓展了公共性、法律制度、信息结构等在协商民主实践中的作用机制，并且更加强调实践中的民主协商和协商中实践机制的统一。

当前的协商民主理论研究是属于第三个阶段。这一阶段协商民主理论研究已经走出传统政治哲学的理论范畴，开始探索将协商民主理论转向丰富多彩的政治实践，如菲什金运用"协商民意测验"的社会实践，以此在总结、梳理和研究协商民主在实践中的价值导向、功能逻辑、作用机理和实施机制，从而将协商民主作为治理的一种机制或工具，以协商民主推动政治（社会）的善治③。

瓦尔特·巴伯，罗伯特·巴特莱特等聚焦于协商民主的制度化建设，注重从协商主体、协商内容、协商程序、协商形式、协商保障等规范性角度建构制度化协商机制，从而将协商民主上升到法律的层面，促进协商民主的可操作

---

① ［美］塞拉·本哈比：《走向协商模式的民主合法性》，塞拉·本哈比主编：《民主与差异：挑战政治的边界》，黄湘怀、严海兵译，中央编译出版社 2009 年版，第 75 页。

② ［英］詹姆斯·约翰森：《支持协商：关于某些怀疑的思考》，约·埃尔斯特主编：《协商民主：挑战与反思》，周艳辉译，中央编译出版社 2009 年版，第 107 页。

③ ［澳］约翰·S·德雷泽克：《协商民主及其超越：自由与批判的视角》，丁开杰译，中央编译出版社 2009 年版，第 97 页。

性，降低协商民主实践过程中面临的复杂的程序性问题和高昂的协商成本问题，以及协商民主过程中面临的合法性挑战问题①。

　　基于对协商民主三个阶段的理论述评和观点梳理，我们可以发现，协商民主是一种新型的民主形式，它与传统的民主模式有着本质性的区别，至少在以下价值层面，协商民主有着自己独特的优势和特征②：首先是公共性。公共性是指人们从私人领域中走出来，就共同关注的问题开展讨论和行动，由此实现私人向公众的转化。公共性生产的过程也是个体基于理性精神参与公共活动、维护公共利益和实现公共价值的过程。公共性是社会治理的理念基础和价值导向，没有公共性的支撑，很难培育出理性、公正、民主、参与的公共精神，也无法激活社会性主体的活力和动力。哈贝马斯指出，通过社会组织参与公共领域来促进主体之间的协商、沟通、理解和认同，通过批判性对话来培育公共理性。③著名学者莱纳指出，地域、共同的纽带以及社会交往是构成社区的核心要素。社区作为衔接政党、政府与个人之间的组织载体和空间场域，具有公共利益的整合、诉求、表达、参与、协商等功能机制，能够通过强化社区记忆、增加社区认同、培育社区资本、打造社区精神共同体等来建构社区公共性。④

　　公共利益是社会共同体形成的纽带，社会组织是公共性形成的基础性主体，社区是公共性建构的空间场域，而社会公共性建构的动力机制是什么呢？法兰克福学派的哈贝马斯主张通过批判性反思而建构的公共性，卢曼主张通过法律程序的民主决策形成"合法性"，罗尔斯倡导的理性的公共性，主张体现公平正义的公共性，阿伦特强调的以人的存在的公共性等，都蕴含着主体、组织、制度之间的互动、参与、协商和合作，而能够实现三体之间互动、参与、协商、合作的制度性机制就是民主机制，这也从理念和理性层面论证了民主性

①　"Relections". Sheddon Krimsky and Dominic Golding des..Social Theories of R..sk. Westport, CO：Praeger. P.354.

②　Mary Douglass. 2003. Risk Acceptability According to the Social Sciences. London：Routledge. P.20.

③　M．Khanna，Non-mandatory Approaches toEnvironmental Protection，Journal of EconomicSurveys，Vol.15，No．3，2001.

④　[德] 莱纳·沃尔夫：《风险法的风险》，陈霄译，刘刚主编：《风险规制：德国的理论与实践》，法律出版社 2012 年版，第 69 页。

与公共性之间的逻辑关系①。所以，应着眼于选举民主、协商民主、参与性民主的研究，尤其是社会组织参与治理的民主机制研究和不同民主机制之间的衔接、互动研究。

诺埃里·麦加菲将协商民主理论分为三种类型：第一种是以偏好为基础的协商民主理论。该理论主张通过协商沟通机制，以此影响人们的价值偏好和行为机制，正如在环境规制的过程中，通过协商民主机制，让公民充分表达他们的环境权益、环境诉求和环境利益，从而在协商、辩论和妥协中形成偏好的"最大公约数"，推动公共决策的民主化、科学化②。

第二种强调是一种基于理性的程序主义协商民主理论，它的重要代表包括罗尔斯、哈贝马斯等，以规范性分析为主的政治哲学学者，他们注重协商的规范性建构，主张设计精致的协商程序，以协商过程的公众参与、多元互动和公共协商，实现公众协商民主的公共性、社会性和公正性③。环境规制过程中，建构各种协商方式（座谈会、论证会、听证会等），都是为了搭建一种程序、过程导向的协商民主机制，以此破解环境风险规制的专业性、复杂性、不确定性、主观性、建构性和不可逆性等难题，实现环境规制的科学主义范式与民主主义范式的统一。

第三种是建构一种整合主义路径的综合性理论，它兼顾协商的偏好主义和程序主义的优点，注重开展整合性研究，实现宏观制度结构和微观运行机制的良性互动。如在环境协商规制的过程中，这种整合主义理论强调通过尊重多元主体的环境权益，充分保障公众的环境知情权、表达权、监督权和诉讼权，形成环境公共价值、公共利益、公共舆论，以此优化环境协商规制的制度氛围。同时，该理论同样注重程序、过程的完善，形式和载体的拓展，以及机制和制度的创新，力求探索一种能够打通协商主体、协商程序、协商内容、协商方式、协商机制之间的鸿沟，促进两种理论的融合、互补和协调④。

基于环境风险规制的专业性、复杂性、不确定性、主观性以及建构性特征，传统的规制理论和范式很难回应环境风险的规制，很难破解环境执法过程

---

① Douglas.M. and Wildaysky,A. （1982）Risk and Culture.Berkeley of California Press.p.5.

② Ulrich Beck.1999. World Risk Society. London ：Polity Press. P.136.

③ 杨雪冬：《风险社会与秩序重构》，社科文献出版社 2006 年版，第 27 页。

④ ［南］毛里西奥·帕瑟林·登特里维斯：《作为公共协商的民主：新的视角》，王英津等译，中央编译出版社 2009 年版，第 91 页。

中面临的不确定性以及价值性的难题，应该汲取协商民主的理论资源和分析方法，从过程、程序的视角①，构建一种基于程序、过程机制的协商规制模式，能够很好地提高环境风险规制的参与性、共治性、预防性和协商性，兼顾环境风险规制的科学性主义与民主主义价值和范式的统一，提高环境风险规制的质量和绩效。

2. 规制理论研究

规制理论的兴起源于私法治理遭遇的制度瓶颈和实践难题，以民商法为代表的私法规范无法解决大量新兴风险的治理，如食品安全、药品安全以及环境安全等，在实践倒逼之下，国家权力也强化了对一些以往由私法治理领域的干预。原来建构于传统的农业社会和工业社会时代的法律规则已经滞后于时代的需求，因为这些规则都是建立在法律主体、法律行为、法律关系、法律归责原则等确定的基础之上，都是为了建构一种模式化、高度形式化的法律范式，它是大量社会实践和民情风俗的总结和提炼，是人们经过长期的经验积累和理论提升，它的目标也是追求一种基于确定性状态下的一种行为规范方式和纠纷处理机制②。但是，针对工业化后期以及后工业化时代新兴的风险挑战和社会矛盾，这种传统的基于确定性的私法规则已经走入了形式化的桎梏，亟需寻求新的理论视角和研究范式，相关的理论研究也转向了规制法的领域和方向，力求构建新兴风险视域下有效的政府规制模式。

这一时期的典型代表学者是凯斯·R.桑斯坦（Cass R.Sunstein），他在《风险与理性——安全、法律及环境》一书中指出，风险在人们的生活中无处不在，将"远离风险的自由"看作是由政府提供适当保护的权利构成的观念，越来越成为一种常识。当然这个概念注定会碰到困难，一旦人们认识到安全是一个程度问题，并没有一个区分安全和危险的明显标准。他主张政府应当尽量使用量化评析方法来评估自己试图解决的问题的规模，通过分析规制措施的成本，来

---

① ［美］詹姆斯·博曼：《公共协商：多元主义、复杂性与民主》，黄湘怀译，中央编译出版社2006 年版，第 46 页。

② ［德］迪特尔·格林：《宪法视野下的预防问题》，刘刚译，刘刚主编：《风险规制：德国的理论与实践》，法律出版社 2012 年版，第 54 页。

考虑如何权衡，政府应当使用既有效又便宜的调节工具①。这种理论主张对风险的规制应建立在理性和科学的基础上，强调专家的力量，建议成立超级规模的政府规制机构，赋予这些超级机构超规格的规制权力和资源，以此来解决那些具有很强的专业性、突发性、复杂性和不确定性的风险挑战。随着该理论的传播和发展，越来越多的政府成立大量的专业规制机构，制定大量的专业法律、法规和规则，招聘数量巨大的专业职员，并赋予这些机构巨大的行政权力和执法资源，希望它们能够运用理性、科学和专家的力量，有效化解新兴风险的威胁和压力，于是乎，人们犹如进入了规制国时代②。

后来，桑斯坦在《权利革命之后：重塑规制国》指出，以罗斯福新政为肇端，以20世纪60年代和70年代的"权利革命"为高峰，美国政府对于私人经济活动的干预急剧发展，这一时期，相较于欧洲国家通过大量组建公营企业干预经济活动，美国走得更远③。甚至理论界认为美国已经构成了另外一种范式，即所谓的规制国（regulatory state），规制国的突出特点在于经营活动仍由私人进行，但同时通过政府规制对私人活动加以干预和限制。桑斯坦在他的学术论文中强调，那些企图颠覆规制国的各类主张建立在对自治与福利的错误观念之上，对于政府规制所取得的实际成就视而不见，体现了一种落伍过时的法律文化。通过规制改变可得机会和信息等限制性条件，往往可以改变在不合理条件下形成的私人偏好，从而促进偏好形成过程中的自治，并增加福利收益。桑斯坦认为，现代规制具有自身的整合性和连贯性④。政府规制的目的，包括通过防止垄断和解决集体行动难题等来增进经济效益，以符合公共精神的方式进行资源再分配，减少或消灭社会隶属，反映集体抱负，保护未来世代免遭不可挽回的损失，并改变源自各种动机或认知而形成的偏好等，"规制国的悖论"是政府规制失灵的一个重要表现形式。所谓规制国的悖论，是指一些规制的目的本身是正当的，但由于选择了不适当的规制方法与策略，导致规制目的无法

---

① ［德］莱纳·沃尔夫：《风险法的风险》，陈霄译，刘刚主编：《风险规制：德国的理论与实践》，法律出版社2012年版，第96页。

② ［美］史蒂芬·布雷耶：《打破恶性循环：政府如何有效规制风险》，宋华琳译，法律出版社2009年版，第73页。

③ ［美］凯斯·R.桑斯坦：《最差的情形》，刘坤轮译，中国人民大学出版社2010年版，第52页。

④ ［美］凯斯·R.桑斯坦：《风险与理性——安全、法律及环境》，师帅译，中国政法大学出版社2009年版，第117页。

实现，被"自我挫败"。

随着西方生态环境保护运动的兴起，贝克提出风险社会理论，基于对环境风险的主观性、建构性、价值性等特征的分析，加上环境风险还涉及公众的环境权益、环境正义和环境伦理，这种基于生态环境污染引发的社会运动，进一步增加风险的复杂性和不确定性，也是自"二战"后占主导地位的科学主义规制范式和政府干预理论遭遇新的危机和挑战。人们对环境利益诉求不仅仅是一种专业性、科学性的诉求，还是一种关于心理、价值、文化、认同等具有主观性的伦理考量，针对这样的环境污染风险和不确定性，寄希望于专家的理性和规制机构的权力显然是无能为力的，是不能解决人们的环境心理和环境参与的民主权利和价值认同的诉求的。于是，基于后工业化时代背景下的民主主义规制范式应运而生，人们期望通过民主的参与、社会的协商、信息的公开、结构的开放和主体的互动来提升环境规制的实际绩效①。

英国规制法学者伊丽莎白·费雪在《风险规制与行政宪政主义》一书中指出，规制理论应充分借助协商民主的理论资源和分析范式，主张建构一种基于过程、程序、商谈的风险规制主义范式，将协商民主的理论引入到风险规制的研究之中，她强调法律对规制具有重要的意义，但法律的重要性更多的是建构一种制度化的法律程序、协商过程和沟通机制，而推动风险规制的重要的动力是协商的过程、程序的保障和结构的开放性，这就进一步将民主协商、公众参与、多元治理的理论资源嵌入到风险规制的研究范式之中，跳出了传统的"理性—建构"主义范式下的风险规制，走向一种更加开放、多元、包容的"商谈—过程"的规制范式。

反身法理论是由德国著名法社会学家贡塔·托依布纳（Gunther Teubner）提出，他基于对建立在自由主义和个人主体基础之上的形式法理论和实质法理论的反思，认为形式法理论和实质法理论都局限于法律系统内部的协调、协司和互动，缺乏法律系统与其他社会子系统的互动和交流，形式法理论与实质法理论已经不能满足后工业化时代，风险社会背景下环境规制的不确定性和复杂性的需求，导致建立在形式法理论和实质法理论基础上的命令型环境规制模式和激励型环境规制模式面临制度性缺陷。他在《法律：一个自创生系统》著作

---

① 　[美] 史蒂芬·布雷耶：《打破恶性循环：政府如何有效规制风险》，宋华琳译，法律出版社2009年版，第88页。

中指出，反身法理论有助于重构规制的作用机制和内在机理，反身法通过协商、沟通、参与、过程、程序等要素，尊重其他社会子系统独特的内在逻辑和功能机制，打通法律系统与其他社会子系统（企业、社会、公众等）的鸿沟，缓解环境规制的科学性与民主性之间的张力冲突，并形成了以协商、沟通、参与、合作、过程、程序为特征的多元整合机制[①]。

反身法理论尊重其他社会子系统独特的内在逻辑和功能机制，通过法律系统内部的延伸、拓展和优化，建构一种规范理性视角下的协商型规制体制、机制和制度体系，搭建制度性协商沟通平台，以环境规制机构、被规制企业以及利益相关者之间的协商、沟通、合作和自治为导向[②]，以环境协议、环境执法和解、环境协商制定规则、环境自愿性协议、环境第三方治理等制度载体，破解命令型环境规制和激励性环境规制的制度缺陷，提升环境规制的灵活性、针对性和高效性，降低环境风险规制的执法成本、诉讼成本和社会成本，打破环境规制过程中的不确定性、复杂性困境，推动环境规制机构、被规制企业以及利益相关者之间环境利益关系的制度性整合。

反身法理论跳出了传统形式法理论和实质法理论的规制范式，拚弃了单纯以"违法主体、违法行为、因果关系、损害结果、法律责任"等构成的形式法规则体系，也摆脱了以政府干预、行政威慑、制裁、惩罚、问责等为载体的实质法规则体系的桎梏。反身法理论则是打通法律系统与其他社会子系统（企业、社会、公众等）的鸿沟和分野，构建一种多元主体参与协商、沟通、合作和自治的新型环境规制范式，它注重以多元主体在环境协商规制过程中的独特功能和作用机制[③]，促进一种基于多元主体参与的功能性整合机制，发挥环境规制机构、被规制者、利益相关者、司法机关等主体的功能性整合机制。

反身法理论尤其重视被规制者的主体性、能动性和创造性，将环境法律规则内容经过协商、沟通转化为被规制者的行为准则、行动纲领和绩效目标，降低因高度不确定性和信息成本巨大而带来的环境规制困境。将社区、公众、社

① ［德］贡塔·托农布纳：《法律：一个自创生系统》，张骐译，北京大学出版社 2005 年版，第 48 页。
② ［美］诺内特·塞尔兹尼克：《转变中的法律与社会》，张志铭译，中国政法大学出版社 1994 年版，第 72 页。
③ ［英］安东尼·吉登斯：《社会的构成——结构化理论大纲》，李康等译，生活·读书·新知三联书店 1998 年版，第 138 页。

会组织等作为环境规制的利益相关者，因为他们对环境风险感受度最大、关注度最高、呼声最强，吸引环境利益相关者参与环境协商规制，让他们参与环境规制协商、沟通、讨论和辩论，更有利于形成科学的、合理性和公正的环境契约①。同时，公众参与环境协商规制也强化对规制者和被规制的社会性监督，以此保证环境规制协商的公正性、科学性和公共性。司法机关参与环境规制协商，能够强化对环境协议的司法审查，保障环境协商过程的自愿、平等、公平和公正，强化对环境规制机构依法行政的监督，完善对被规制者和利益相关者的保护和监督；司法机关的加入，保障被规制者和利益相关者提出行政复议和行政诉讼的权利，提升环境协商规制的合法性、权威性和公正性。

以形式法理论和实质法理论为基石的命令型环境规制模式和激励型规制模式都强调环境风险（损害）的客观性和物质性，命令型环境规制模式通过立法、执法、司法等公权力手段，运用技术标准和产出绩效，强调对被规制者的威慑、控制、高压、强制、制裁和惩罚，认为规制机构具有足够的信息和理性，能够通过科学设置技术标准和产出绩效，通过行政规制实现对环境风险（损害）的制裁、矫正和控制②。它假设行政规制机关与被规制者之间是二元对抗关系，强调环境规制机构与被规制者的利益是对立、冲突和矛盾的，认为法律的理性是无限的、规制机构的专业知识和信息是充分的，能够通过理性的法律、规则实现对环境违法行为的规制。命令型环境规制模式缺乏对环境风险（损害）主观性、建构性和认同性特征的考量③，缺乏对被规制者及利益相关者主体性的认识，没有认识到被规制和利益相关者的参与能够提升环境规制的绩效，降低环境规制的成本。激励型环境规制模式同样缺乏对环境风险（损害）主观性、价值性和认同性的认识，认为通过市场机制和利益激励，就可以引导企业自觉遵守环境法律、法规，进而控制环境风险（损害），激励型环境规制只能降低环境污染总量，但却无法克服"局部失衡"和"热点效应"，极易导致因环境风险（损害）引发的"环境邻避事件"。

① ［德］乌多·迪·法比欧：《环境法中风险预防原则的条件和范围》，陈思宇译，载刘刚主编：《风险规制：德国的理论与实践》，法律出版社 2012 年版，第 99 页。

② ［英］伊丽莎白·费雪：《风险规制与行政宪政主义》，沈岿译，法律出版社 2012 年版，第 76 页。

③ See Jon D. Silberman, Dose Environmental Deterrence work？Evidence and Experience Say Yes. But We Understand How and Why, (2000) 30 Environmental Law Reporter, 10532.

而建立在反身法理论基础上的协商型环境规制，缓解了环境规制的科学性与民主性之间的张力冲突，在承认规制机构、环境法律、规则科学性的同时，也认识到被规制者和利益相关者参与环境规制协商的"工具理性"和"价值理性"双重功能[①]，既可以通过协商、沟通、互动、合作，在环境规制协商过程中促进对环境风险（损害）规制的认同、共识和合作，提高被规制者守法意愿和遵从度，因此降低环境规制的实施成本，也可以减少因被规制者对规制者或规则的不接受、不理解带来的行政复议、行政诉讼成本。同时，还深化了环境规制者、被规制者和利益相关者之间的协商和合作，建构环境风险的沟通机制，促进环境规制的价值性整合[②]。

笔者对协商型环境规制中规制的概念理解，传统意义上对规制的理解主要从规制主体和权力性质的视角来界定规制的概念，认为政府运用行政权力对企业、公民其他主体的行为进行规制，习惯用政府规制或行政规制的概念表述。协商型环境规制中规制的内涵和外延，笔者从宽广的视角来理解规制的内涵和外延，借鉴英国规制领域的权威专家罗伯特·鲍德温、马丁·凯夫、马丁·洛奇编写的《牛津规制手册》一书的概念，从规制治理的视角理解协商型环境规制中的规制内涵和外延，强调过程、程序等法律机制的功能，关注规制主体之间的协商、关系的互动、权力的均衡和机制的协调，推动规制理论与反身法理论的衔接和对话。[③]

3. 风险社会理论研究

（1）有关风险和风险社会的定义。关于风险定义的研究体现在多种学科领域，其中有代表性的定义主要由以下几类：第一，从经济学的角度采用成本收益的逻辑，分析风险带来的伤害，但忽视了风险可能带来的社会收益。第二，人类学者和文化学者玛丽·道格拉斯和维尔达沃斯基将风险定义为一个群体对

---

① ［英］安东尼·吉登斯：《气候变化的政治》，曹荣湘译，社会科学文献出版社 2009 年版，第 129 页。

② ［德］施密特·阿斯曼：《秩序理念下的行政法体系建构》，林明锵译，北京大学出版社 2012 年版，第 50 页。

③ ［英］罗伯特·鲍德温等：《牛津规制手册》，宋华琳等译，上海三联出版社 2017 年版，第 23 页。

危险的认知，它是社会结构本身具有的功能，作用是辨析群体所处环境的危险性，强调了风险的主观性和建构性。第三，社会学者贝克和吉登斯将风险定义为是"一种应对现代化本身诱发并带来灾难与不安全的系统方法。与以前的危险不同的是，风险是具有威胁性的现代化力量以及现代化造成的怀疑全球化所引发的结果。风险及其结果在政治上具有反思性[①]"。贝克和吉登斯既强调风险的认知性、主观性、建构性，也认同风险的客观性、物质性和现实性。认为风险是一种"虚拟的现实，现实的虚拟"[②]。贝克和吉登斯特别关注了技术和制度引发的风险，认为这是相对于传统意义上风险的一种革命。吉登斯指出：风险则标志着与过去的决裂和面对未知的未来的努力。他进一步指出，伴随着风险类型逐渐由"外部风险"向"人造风险"的转移以及"人造风险"的普遍扩散，人类已经进入风险社会时代。

关于风险社会的研究，不同的学科学者给出了不同的界定和建构。第一种是现实主义者，以劳的"新风险"理论为代表，他们认为风险社会的出现是由于出现了新的、影响更大的风险，如极权主义增长、贫富分化、核危机、金融风险等。第二种是文化意义上，拉什认为风险文化并不像风险社会所说的那样假定有一个确定性的、制度化的社会秩序状态，而是假定有一个需要通过自然调解的非确定性的无序状态。这样风险文化就不是依存于确定性的、程序性的规则和规范，而是与非制度性的和反制度性的社会状态相联系，依靠其实质意义上的价值传播。第三种是制度主义上的风险社会，以贝克、吉登斯为代表[③]。贝克指出："当代社会的风险问题在本质上体现为社会性、集团性和结构性。"反思现代化在现实领域中体现为人为风险增加；在认识领域中体现为社会反思性增强。

（2）风险社会理论与环境污染治理之契合

贝克认为风险社会理论具有以下特点：一是风险造成的灾难不局限在发生地，而经常产生无法弥补的全球性破坏，因此风险计算中的经济赔偿元法实现；二是风险的严重程度超出了预警监测和事后处理的能力；三是由于风险发生的时空界限发生了变化，甚至无法确定，所以风险计算无法操作；四是

---

① ［德］莱纳·沃尔夫：《风险法的风险》，陈霄译，刘刚主编：《风险规制：德国的理论与实践》，法律出版社 2012 年版，第 39 页。

② Ulrich Beck.1999. World Risk Society. London：Polity Press. P.136。

③ 杨雪冬：《风险社会与秩序重构》，社科文献出版社 2006 年版，第 134 页。

灾难性事件产生的结果多样，使得风险计算使用的计算程序、常规标准等无法把握①。

以上观点一定程度上反映了我国当前环境污染（风险）的特点，即：一是环境污染风险的流动性。因为环境污染的载体是水体、气体等具有流动性的物质，导致环境污染在流域、区域之间流动；二是环境污染风险的跨时空性。很多环境污染危害是一个漫长累积的过程，可能今天污染行为会导致公众未来的身体健康，很难确定受害者遭受风险的来源和主体；三是环境风险的不确定性。风险实施侵害和受害的主体难以确定，环境风险发生的时间不确定，未来带来的危害也具有不确定性；四是环境风险的难以测量、难以计算性以及难以修复性。传统的法律制度都是针对确定的行为进行规制，而环境污染具有不确定性，很难准确界定和测算，尤其是对人类的伤害不具有确定性。所以，基于风险社会的理论分析环境污染治理具有高度的契合性和回应性。

（3）风险社会的理论研究。自工业革命之后，社会生产力的发展使人类个体的能力极大提高，以至于用一己之力就足以影响世界，而且此时人类的经济、政治和文化都发生了相对于以住的彻底改变，部分社会学家们将这种变化称之为"现代性"②。现代性最初主要发生在生产工具上，引起了社会物质生活的现代性，随着物质生活上的现代性的发展，高级形式的现代性开始发生，由现代制度对传统制度的替代逐步展开。但是这个过程中产生了由现代性所带来的问题，一方面是在新事物取代传统事物的过程中出现了一些不协调的情况；另一方面则是新事物自身的特征所引发的一些现代性问题。对这一情况，最早针对物质生活现代性问题发声的是贝克，他提出了以生态为中心的风险社会理论③，随着这一理论传入英国，吉登斯则提出了以制度为中心的风险社会理论，强调现代社会制度特征所带来的风险。④ 在吉登斯之后，凡·普里特威茨（Von Prittwitz）则提出了文化意义上的风险社会学理论。作为对吉登斯制度意义风险社会理论的超越，凡·普里特威茨认为风险社会并非

---

① ［英］斯科特·拉什：《风险社会与风险文化》，王武龙编译，载《马克思主义与现实》2002年第4期。

② ［英］安东尼·吉登斯、克里斯多弗·皮尔森：《现代性——吉登斯访谈录》，尹宏毅译，新华出版社2001年版，第79页。

③ ［德］乌尔里希·贝克：《风险社会》，何博闻译，译林出版社2004年版，第62页。

④ ［英］安东尼·吉登斯：《现代性的后果》，禾田译，译林出版社2000年版，第71页。

贝克和吉登斯所主张的制度化的事实，而是一种无顺次的混乱状态。如果说有制度化的风险社会状态存在，那也仅存在于人类的认识当中，而且这种认识还会因为不同的文化观念而有所区别。虽然不同学者有不同的认识，但是有一点是共同的，即作为现代性后果的风险社会是真实存在的，其带来的社会问题是前所未有的新问题。风险社会理论的嬗变并非仅是争论意义上的不同表达，更是人类认知的不同层面的表现。从系统的角度而言，上述每一种认识的角度都有其合理的地方。为此，本书将结合上述各理论对环境规制问题在风险社会中不同层次上的表征进行说明，并且释明风险社会理论对于环境规制问题研究的基础意义。

4. 治理理论

针对环境治理，道格拉斯区别了三种体制类型对环境风险的不同反应，并形成了三种治理机制：科层制、市场以及自愿团体，这三种机制与我国环境治理体系中国家、市场、社会三元结构是相匹配和适应的，下面分别论述之。

（1）国家环境治理机制。贝克认为："我们越是想要通过风险部门的帮助来'开拓'未来，它就会越发脱离我们的控制。在世界风险社会，已经不再可能使风险具体化。"这种情况的典型表现就是国家环境风险治理机制在某些方面存在失灵[1]。

国家是公共利益的代表，是公共领域治理的核心，国家治理具有权威性和整合性，具有强制性和规范性，具有强大的渗透力和延伸性等环境治理的制度优势，它是预防和化解自然风险、传统风险的产物、基础和保障。但是面临新的技术风险、人为风险、环境风险和制度风险，以国家为中心的环境风险治理可能出现三种失效情形：一是结构性失效[2]。表现在两个方面，一种是国家治理能力弱小，不能承担起环境治理应有的能力、责任、功能，政府缺乏足够的资源汲取能力，不能实现环境风险的国家治理，亦无法保障市场、社会在环境治理中的功能发挥；另一种是国家与市场、社会的权力结构性失衡，国家过度的强大、强势和强权，过多地挤压市场、社会的生存空间[①]，混淆了国家、市场、社会的边界，异化了市场和社会的功能，从而导致国家环境治理效率低下、成本高昂和风险增加。二是制度性失效。表现为国家在环境治理中制度供给不足、制度供给过度、制度供给错位等困境，环境治理制度不能回应市场、社会的需求，不能发挥制度的规范、导向、激励、保障功能。三是政策性失效。表现为具体环境治理政策的失效，或者政策被歪曲、异化等。这时候就会出现贝克强调的国家风险治理的失灵，即环境风险的制度化及制度化的风险以及有组织的不负责任[②]。

（2）市场环境治理机制。市场具有逐利性，支配市场机制发挥作用的规律是供需机制、竞争机制和价格机制，而在环境治理领域，显然不符合市场的本质内涵和功能逻辑。具体分析，环境治理属于公共产品的范畴，它反映的是社会整体利益的诉求，具有消费的"非竞争性"和"非排他性"，容易出现"公地悲剧"和"道德风险"[③]，很难通过有效的市场竞争、价格激励和供需引导来发挥市场的"无形之手"的作用。而且，在"经济理性"的刺激下市场逐利性的本质反而会导致环境企业在生产、经营中采取污染环境、危害环境、破坏环境的违法行为，所以，基于市场治理机制解决环境污染的路径不具有理论基础和操作可能。正如贝克所说："由于现代风险的高度不确定性、不可预测性、显现的时间滞后性、发作的突发性和超常规性，使专家在面对新科学技术时，往往更多注重科技的贡献性而忽略其副作用，或故意隐瞒其副作用。"市场机制作为治理风险的一种制度化机制，但是由于环境污染风险的独特性，反而导致市场机制形成新的制度化风险[④]。

（3）环境第三方治理机制。单纯的国家中心主义和市场主导模式已经无法解决"人为风险"（环境污染）的威胁，必须探求新的视角和路径。阿赫特贝格指出：风险社会要成功的迎接其自身带来的道义上的和其他方面的挑战的

---

① ［德］乌尔希里·贝克、约翰内斯·威廉姆斯：《关于风险社会的对话》，路国林编译，浙江人民出版社 2001 版，第 78 页。

② ［德］贝克：《从工业社会到风险社会（上篇）》，王武龙译，载《马克思主义与现实》2003年第 3 期。

③ 薛晓源、刘国良：《全球风险世界：现在与未来——德国著名社会学家、风险社会理论创始人乌尔里希·贝克教授访谈录》，载《马克思主义与现实》2005 年第 1 期。

④ 刘岩：《风险社会理论新探》，中国社会科学出版社 2008 年版，第 39 页。

话，就急需沿着生态民主政治的方向发展，建立在公民广泛参与基础上的协商式民主。贝克用大量的案例讨论了风险界定中的"因果关系"的断裂以及由此导致的风险归责上的"有组织的不负责任"，最终贝克提出的解决办法则是靠绿色社会组织的运动，以此来增强人们的风险意识和生态意识，以协商、民主、参与、合作、共治来破解环境风险的危害性和突发性[1]。

贝克认为，应对环境风险的机制有风险意识启蒙、生态民主政治以及理性的自反性，具体实施路径则是"再造政治"[2]。贝克强调的"再造政治"包含五个方面的内容：其一，破除知识的垄断。关于风险的认识和评估不能完全依赖行政机构和专家，风险的科学性受到质疑；其二，风险参与主体的开放性。关于风险的讨论和界定不能由专家来定，应该根据相关的标准开放，多元主体参与风险的协商；其三，风险决策的公开性。关于风险的决策应全程公开，接受社会各方的监督；其四，风险协商的互动。风险决策由专家和决策者之间的闭门协商转化为利益相关者之间的对话互动；其五，风险的自我规制。关于风险规制的规范必须达成一致，实现自我立法和自我约束。环保社会组织具有较强的公益性、专业性、民间性和组织性，契合了生态环境治理之风险意识启蒙、生态民主政治以及理性的自反性路向，能够发挥其在环境污染治理中的利益诉求、利益发展、利益协调和利益保障的制度功能[3]。

（二）国内研究现状

1. 关于环境规制的分类研究。环境规制是指以环境保护为目的、个体或组织为对象而制定实施的各项政策与措施的总和。不同的学者从不同的角度对环境规制进行了分类。我国学者认为环境规制有正式和非正式之分。正式的环境规制因经济主体排污行为的不同分为命令控制型环境规制和以市场为基础的激励型环境规制，非正式的环境规制不具有强制的执行要求．属于道义劝告性质的环境规制。赵玉民等学者在对环境规制内涵界定的拓展上将其分为显性环

①　[荷]沃特·阿赫特贝格：《民主、正义与风险社会：生态民主政治的形态与意义》，周战超编译，载《马克思主义与现实》2003年第3期。

②　M. Khanna, Non-mandatory Approaches toEnvironmental Protection, Journal of EconomicSurveys, Vol.15, No. 3, 2001.

③　[英]安东尼·吉登斯：《现代性的后果》，田禾译，译林出版社2000年版，第125页。

规制和隐性环境规制。马士国将环境规制分为命令—控制型规制工具、基于经济激励的规制工具与衍生型的市场化规制工具。张弛因适用范围的不同将环境规制分为出口国环境规制、进口国环境规制和多边环境规制。张嫚探讨了环境规制对企业行为的影响，她认为企业对环境规制的反应是决定环境规制目标能否实现的关键因素，应给予更多关注。这其实是从企业对环境规制的行为反应角度研究环境规制的有效性问题。其中，她提及的环境规制传导机制涉及了一个重要方面，即信息问题，信息不对称是影响传导机制中将规制者的规制目标传导到企业并产生效果的关键因素，但她并未深入探讨。我国有学者从信息不对称的角度对政府规制进行探讨，但仅局限于传统规制领域。如曹斌以出租车市场为例探讨了政府规制与不对称信息的关系，分析了克服不对称信息的市场机制及其实现条件；王冰等分析了因信息不对称而引起的内部不经济问题及其政府管制失败，提供了一个新颖的社会性规制分析视角；丁美东关注了由于信息不对称产生的寻租行为，进而导致政府规制低效率[1]。

2. 关于环境规制的实证研究。主要从四个方面进行：一是中国的环境规制对 FDI 的影响，如吴献金、孙林霞对湖南省的环境规制与外商直接投资之间关系的实证分析；熊鹰、徐翔、杨涛、綦建红和鞠磊、黄顺武等对中国是 FDI 的"污染避难所"假说进行验证，等等。这个方面研究文献较多[2]。二是环境规制对中国外贸方面影响，如杨涛、廖玫、王瑾、朱启荣等分别从多层面进行了实证分析。这方面文献相对较多。三是环境规制对中国宏观经济、行业或产业的影响，如吴伟、韦苇、杜凯、徐盈之从行业或产业角度进行了实证研究。此方面文献较少。四是环境规制对中国污染企业行为的影响，如万伦来等用单位产值的环保投入额来反映污染企业的环境行为表现，发现企业的环境行为与污染排放水平呈显著的正向相关关系。

3. 关于协商与环境规制关系的研究。秦鹏在《环境协商治理：理论建构与实现路径》[3] 指出，环境协商治理表明了公众同政府力量间就环境问题达成合意的可能，实现了环境有效治理的关键在于通过政府、市场、社会、公众共同努力，加大协商合作力度，保持环境利益导向性、过程商议性、权力制衡性和

---

① 刘卫先：《我国环境法实施机制的缺陷及其克服》，载《中州学刊》2017 年第 6 期。

② 林灿铃：《环境法实施的立法保障》，载《比较法研究》2016 年第 11 期。

③ 秦鹏：《环境协商规制：理论建构与实现路径》，载《西南民族大学学报》（社科版）2017 年第 7 期。

平等参与性。环境协商治理的实现需要以问题导向为基础推动治理结构转型，以公共利益为导向增进治理过程的公共性，以契约为工具提高治理机制的实效性，以营造环境市民社会为契机汇聚协商理性①。并对当前环评参与制度进行了反思：首先，在参与者的选定上范围偏窄，《办法》确立了被动待选的遴选机制，主动提交意见仍然难以成为主流。其次，在权利义务配置上不够平衡，知情权是公众参与环境保护的权利基础，大众清晰理性的观点表达，需要以获取全面的、真实的环境信息为前提，由此才能让公众的观点表达不流于群体茫然与情绪发泄，使公众对环境保护的参与产生更加理想的效果。除此之外，从行政主体的义务划分上看，虽然《办法》就相关信息对外公布的具体时间、基本方式等做出了详细的规定，然后对外界公示的环境资料的范围还不够宽。另外，我国有些地方政府部门出于政府绩效方面的考虑，往往凭借自身所拥有的信息垄断权利，仅仅对社会公示取得良好绩效的政绩，没有严格履行对外界公示所有环境信息的基本义务。第三，在程序机制方面，当前的环境决策机制不利于公众发挥应有的参与效能。刘超在《"二元协商"模型对我国环境公众参与制度的启示与借鉴》② 认为，环境公众参与被定位为实现环境民主的具体制度，对其制度现状的审视与制度完善的建议应纳入民主理论框架内。协商民主理论与环境公众参与具有内在关联，完整的协商民主程序应包括公众参与结构性的社会学习和政策制定这两个阶段构成的"二元协商"框架模型，该模型对于完善环境公众参与制度具有借鉴意义③。社会学习阶段的审慎民意调查、网络公共论坛和民主恳谈会等形式为公众真正参与环境公共事务进行知识准备和程序训练；公众可以通过公民陪审团和社区环境活动等形式正式参与环境公共政策的制定过程。

吴隽雅在《论环境公私协作的法律规制》提出，以"政府与社会资本合作"为核心的环境公私协作的兴起，为环境治理和环境公共服务供给提供了融资集资、资源优化配置和风险分散的新思路、新方法。针对环境治理及环境公

---

① ［澳］约翰·S·德雷泽克：《协商民主及其超越：自由与批判的视角》，丁开杰译，中央编译出版社 2009 年版，第 50 页。

② 刘超：《"二元协商"模型对我国环境公众参与制度的启示与借鉴》，载《政法论丛》2013 年第 4 期。

③ 陈海嵩：《绿色发展中的环境法实施问题：基于 PX 事件的微观分析》，载《中国法学》2016年第 1 期。

共服务具有的成本高、投资风险大、专业性强等特点，有必要对环境公私协作予以有效的法律规制，促进环境公私协作的规范化、法治化。环境公私协作的法律规制，应当遵循政府引导与监管、平等协商、诚实信用、公平竞争、社会监督的基本原则；同时，需要对环境公私协作进行政府引导、协议规范、纠纷化解、监督管理等方面的法律机制设计。

丁启明、赵静在《论企业环境守法激励机制的建构》中强调，我国在构建企业环境守法激励机制上还有待加强和深化，国外关于企业环境守法激励机制的成功经验可给我们以启示：可以采用企业自愿、协商、非强制方式来调动企业守法的积极性，引导、激励企业行为向良性的轨道前进。构建企业环境守法激励机制，有利于实现环境优化、发展低碳经济；有利于加强环境执法的实效性。我们可从政府层面采用行政指导、行政合同等非强制的方式引导企业环境守法行为，制定激励企业守法的相关制度；从企业层面更新观念，在企业文化中强调企业环境责任的理念，推行环境污染责任保险，定期公布企业环境行为信息；从公众层面发挥社会监督的力量、利用环境公益诉讼捍卫公众的环境权益等几个维度构建企业环境守法激励机制[1]。

周珂、腾延娟在《论协商民主机制在中国环境法治中的应用》中指出，环境保护作为公共事务，需要一种公共治理模式，在公共治理中政府、企业与公民社会团体都不是也不应该是唯一的治理主体。环境协商民主机制是建立环境治理主体良性互动网络治理机制的最佳途径，是突破环境法律制度瓶颈的必然选择，是实现环境公共领域良好治理的重要保障。环境协商民主机制在环境法治中能够并应该发挥"造法"功能，为环境法的理念、原则和制度创新提供合法性基础[2]。环境法治需要依赖环境协商民主机制，通过建立和完善相应的程序机制，保障政府、企业和公民社会团体以平等的身份通过民主协商设定各自的行动范围和有效边界，设定各自的权力、权利和义务的内容，实现环境公平正义。环境协商民主在中国还是一个新事物，应受到环境法学界的关注。生延超在《环境规制的制度创新：自愿性环境协议》[3]中指出，自愿性环境协议以合作为基础，是企业与政府之间不断进行环境规制博弈过程中创新出来的。它的

---

① 丁启明、赵静：《论企业环境守法激励机制的建构》，载《学术交流》2011 年第 3 期。

② 周珂、腾延娟：《论协商民主机制在中国环境法治中的应用》，载《浙江大学学报》（社科版）2014 年第 6 期。

③ 生延超：《环境规制的制度创新：自愿性环境协议》，载《华东经济管理》2008 年第 10 期。

顺利实施需要灵活的决策与运行机制、畅通的谈判协商机制和便利的信息披露机制，同时，政府部门还要加大宣传力度、提供信息技术支持、免除法律法规责任并规避不确定性与风险，以保证其顺利实施。蒋红珍《论协商性政府规制》①协商性政府规制，作为行政法学的新兴课题，急需对解读视角和研究疆域的厘定：从程序面向看，协商作为行政目标实现的过程或环节，需要强调公众参与、利益代表、信息公开、理由说明等与商谈理论密切相关的要素；从实体面向看，协商作为结果达成的契约文本，需要关注由此衍生的公私协作、民营化与公共事务外包、主体分责制等公共治理转型问题；从形式论面向看，协商规制在行为形式论意义上的类型归属、法律效力、适用规制和救济方式，成为另一股研究协商性政府规制的学术动因。

　　王柱国在《论环境规制中的公众参与》②中指出，在我国，由于官僚行政的传统以及现行环境法制的欠缺，政府与公众之间存在着紧张关系，导致了环境规制的公众参与存在严重缺陷。其后果是，这些环境决策的科学性与合法性遭到了公众的怀疑。近年来，随着信息化社会的到来和公众法治权利意识的勃兴，政府与公众协作已经成为了解决环境危机的重要手段，通过公众参与以限制政府权力滥用也已经成为常识。由此，良好的参与程序非常重要，其中，信息的充分公开、听取意见程序效力的加强、质证程序的完善、协商程序的建立，是公众充分参与环境决策的重要保障。董正爱、王璐璐在《迈向可应型环境风险法律规制的变革路径》③中指出，我国当下的环境风险规制模式主要是沿用传统的威权管制型模式和"命令—控制"式运作方式，通过对环境行为的管控和市场机制的调整在常规层面对环境风险进行规制。但环境风险的未知性和不确定性决定了环境风险规制只能是"决策于未知之中"，而传统法律通过以明确权利及义务为基础来规范环境行为的消极危险应对模式显然不能有效可应增长的环境风险，迫切需要构筑回应型环境风险法律规制模式④。回应型环境风险法律规制更易于面向社会需求确立可接受性的、符合合理性限度的环境

---

① 蒋红珍：《论协商性政府规制——解读视角和研究疆域的初步厘定》，载《上海交通大学学报》（社科版）2008 年第 5 期。

② 王柱国：《论环境规制中的公众参与》，载《行政与法》2016 年第 4 期。

③ 董正爱、王璐璐：《迈向回应型环境风险法律规制的变革路径》，载《社会科学研究》2015 年第 4 期。

④ 叶榅平：《自然资源国家所有权主体的理论诠释与制度建构》，载《法学评论》2017 年第 5 期。

风险法律规制体系，通过协商式环境民主规范体系、程序主义运作规范体系以及舆论话语媒介规范体系减少政府行政规制中的危险，摆脱环境风险规制的预判困境和权力滥用危机，更好地解决日渐复杂的环境风险。

以环保约谈为例，目前的研究成果主要集中在行政约谈的法律性质、法治化途径、约谈类型化等方面，为深入研究环保约谈提供了基础和方法。而关于环保约谈的研究主要集中在内涵、功能、目标、机制和路径等方面，大多是按照传统法律实施理论和范式进行研究，将环保约谈制度放在传统的对抗式法律实施范式的视域下研究，该范式已经很难适应我国环境规制面临的新形势和新挑战。关于运用协商理论研究环境规制（治理）的成果，多是具体应用协商民主理论来分析环境规制（治理）面临的问题与对策，缺乏对环境法实施范式创新的研究视角，缺乏基于不同环境法实施范式下具体环境规制制度的实证分析，缺乏对环境风险突发性、环境违法行为特殊性和环境法实施复杂性的整体性考量，不利于《环境保护法》的有效实施。当前关于环保约谈的研究主要集中在环保约谈的制度层面，如从风险社会的视角研究行政约谈制度的因应、反思与完善，强调约谈应转向行政过程论的角度[1]；从环境管理体制的转型、法律依据、责任主体等层面研究环保督政约谈制度[2]；从环保约谈制度的概念、模式、性质和作用等方面开展研究[3]；从环保约谈条文的对比分析，研究环保行政约谈存在的问题及发展方向[4]；从环保约谈法治化的视角，认为环保行政约谈是一种柔性执法方式，符合法治政府、服务型政府的理念，需要完善法律依据、明晰功能定位、规范启动条件以及强化制度保障等[5]。

国外与协商规制相关的研究成果主要集中在：关于环境协商规制的理论研究，借鉴协商民主的理论、公共治理的理论、风险社会的理论等，创新环境协商型规制研究的视角、理论和方法[6]；关于环境协商型规制的范式研究，认为环境污染具有很强的不确定性、流动性、风险性和代际性，传统的命令

---

① 王虎：《风险社会中的行政约谈制度：因应、反思与完善》，载《法商研究》2018 年第 1 期。

② 葛察忠等：《环保督政约谈制度探讨》，载《环境保护》2015 第 12 期。

③ 郭少青：《环境行政约谈初探》，载《西部法学评论》2012 年第 4 期。

④ 范兴嘉：《环境行政约谈检视》，载《甘肃政法学院学报》2018 年第 1 期。

⑤ 张福刚：《生态文明建设的法治保障——以环境行政执法约谈法治化为视角》，载《毛泽东邓小平理论研究》2013 年第 6 期。

⑥ Robert Stavins. Market-Based Environmental Policies：What Can We Learn from U.S. Experience (and Related Research)？. Discussion paper 03-43, Resources for the Future, 2003. 13.

控制范式制约了环保规制的绩效，应采取民主、协商、合作的视角研究环境法的实施和环境规制，提出建构以"风险—协商"为重点的环境规制路径[①]；关于协商型环境规制具体制度的研究，以环境契约（宏观和微观）、环境自愿性协议、环境合同、环境认证体系等为重点，研究推动环境协商型规制的制度体系[②]；关于环境协商规制的运行机制研究，主要从契约、合意、认同、协商的社会维度和从激励、引导、促进、保障的市场维度，共同推动环境规制体制的运行[③]。

国内相关研究成果为深入开展协商型环境规制制度提供了研究基础，但大多是对既有协商型环境规制制度的一种宏观分析，缺乏对协商型环境规制机制的类型化分析和动态性研究，导致研究结论的针对性和可操作性不强，尚需结合协商型环境规制规范性文本，深化对协商型环境规制功能发挥机制研究。国外研究成果主要从理论、方法、范式、制度和机制等方面对协商型环境规制进行分析，具有较强的借鉴价值，但是国外研究缺乏对我国党政运行体制独特性和我国生态环境问题的复杂性进行实证分析，尚需将国外的协商型环境规制理论嵌入到我国的协商型环境规制机制之中。所以，本书以协商型环境规制为研究对象，以环境法实施的命令控制型范式和民主协商型范式为双重分析视角，基于对协商型环境规制规范性文本的实证分析，从类型化[④]的视角论述我国协商型环境规制机制的实践逻辑，基于民主协商型范式下环境法实施的特点，反思我国协商型环境规制存在的问题，建构一种兼具命令控制型和民主协商型功能优点的协商型环境规制模式。

本书的创新点有：在对环境风险规制研究文献梳理、总结、分析的基础上，笔者力求在三个方面进行探索尝试：一是借鉴风险规制民主主义的理论范式。强调民主、参与、协商、沟通、合作和互动，推动环境风险规制的结构开放、主体互动、协商沟通和合作共治，试图建构一种以过程、程序为理论内

---

① ［英］伊丽莎白·费雪：《风险规制与行政宪政主义》，沈岿译，法律出版社 2012 年版，第 23 页。

② Richard Stewart. A New Generation of Environmental Regulation, Capital University Law Review, 2001（1）.

③ David Driesen. Is Emissions Trading an Economic Incentive Program？：Replacing the Command and Control/Economic Incentive Dichotomy. Wash. & Lee L. Rev., 1998（2）.

④ LOWI T J. Four Systems of Policy, Politics, and Choice. Public Administration Review,1972,32〔4〕.

核，以反身法为理论基础，以风险预防、多元参与、协商沟通、公开透明、合作共治为基本特征的协商型环境规制范式①。二是基于反身法理论的研究视角。反身法认为法律系统是社会各系统中的一个独立子系统，它与政治、社会、文化等其他社会子系统之间具有良性互动关系，它通过过程、程序等法律机制，以制度性整合、功能性整合和价值性整合为作用机理，推动法律系统与政治、经济、文化等子系统之间的功能互补和机制协调②。三是推动我国协商型环境规制的制度检视与法律构造。基于对我国环境保护公众参与、环境信息公开、环保约谈、生态环境损害赔偿磋商、环境污染第三方治理等制度的检视和反思，构建我国"协商制定规则法"和"环境执法和解制度"，提出完善我国环境保护公众参与、环境信息公开、环保约谈、生态环境损害赔偿、环境污染第三方治理等制度的法律建议③。

三、研究思路与研究方法

（一）研究思路

本书以协商型环境规制为研究内容，综合运用协商民主理论、反身法理论、行政规制理论、治理理论和风险社会理论等为主要分析工具展开理论研究。全书分为五章进行研究，采用"提出问题—分析问题—解决问题"的结构：

引言部分重点解决协商型环境规制的研究目的和研究意义、研究述评与研究主要内容、研究创新与可能存在的不足，为什么要进行协商型环境规制的研究，协商型环境规制研究的背景和意义，重点梳理国内外关于协商型环境规制的文献综述，重点对协商民主理论、规制理论、风险社会理论、治理理论等进行系统全面的梳理、总结和评析；针对国内关于环境规制、环境规制协商等相关的学术成果进行是梳理、归纳和借鉴，明确本书的研究思路和方法，研究的

---

① 张骐：《直面生活，打破禁忌：一个反身法的思路——法律自创生理论述评》，载《法制与社会发展》2003 年第 1 期。

② 王小刚：《托依布纳反身法理论述评》，载《云南大学学报》（法学版）2010 年第 2 期。

③ 谭冰霖：《环境规制的反身法路向》，载《中外法学》2016 年第 6 期。

重点、难点以及本书的创新之处。

第一章主要研究协商型环境规制的背景缘由，解决协商型环境何以存在以及协商型环境规制的范式演进脉络，主要包括两节：第一节重点分析环境法律实施的制度困境。基于环境违法行为的特殊性，指出环境污染行为（风险）的公共性、专业性、复杂性、不确定性等特征，引出环境法律实施面临困难和障碍，命令型环境规制和激励型环境规制范式都遇到了制度性瓶颈和范式失灵；第二节主要分析命令型环境规制的制度局限，"命令型环境规制模式"无法回应企业环境守法能力的差异性和守法成本的复杂性，无法采取灵活性的规制措施，无法促成企业采取更具有节能环保的技术、设备和工艺，不利于环境风险规制技术的创新[①]，这种以行政权力纵向高压的执法理念、手段和方式，也导致企业的心理抵制和行为抵抗，增加巨大的行政执法成本和行政诉讼成本，尤其是"命令型环境风险规制模式"无法满足环境风险的建构性、主观性、价值性等需求，无法破解环境执法中的不确定性、复杂性带来的法律困境[②]。第三节论述激励型环境规制模式的制度局限，而"激励型环境风险规制模式"虽然运用了税费、财政补贴、排污权交易等市场工具，但这种市场工具本身就是政府建构的产物，并不是一种内生于市场的自发机制，"激励型环境风险规制模式"面临巨大的信息成本、契约成本、交易成本、监督成本，实践中也无法回应环境的主观性、建构性和不确定性的价值诉求，无法解决大量具有公平、公正、平等、正义等诉求的环境规制难题[③]。第四节论述协商型环境规制的制度优势，基于环境违法行为的特殊性，协商、民主、参与、合作、互动能够更好地解决环境违法行为的复杂性、专业性、主观性、公共性和不确定性难题，能够处理好环境企业守法能力和守法意愿的差异性，能够激发企业环境守法的积极性和主动性，能够扩大环境规制过程中的公众参与，提升环境规制的公正性、民主性和认同性，能够强化环境规制部门与企业之间的沟通和互动，提高对环境执法的接受、理解和遵从，降低环境规制的执法成本等。[④]

[①] ［美］斯图尔特等：《美国环境法的改革：规制效率与有效执行》，王慧等译，法律出版社2016年版，第41页。

[②] ［美］布雷耶：《规制及其改革》，李洪雷等译，北京大学出版社2003年版，第145页。

[③] ［美］迈克·费恩塔克：《规制中的公共利益》，戴昕译，中国人民大学出版社2014年版，第36页。

[④] ［美］理查德·斯图尔特：《美国行政法的重构》，沈岿译，商务印书馆2002年版，第42页。

第二章主要研究协商型环境规制的要素结构。共四节，第一节是协商型环境规制的前设条件，主要包括利益假设的系统性、认知能力的无限性、行为特征的复杂性和归责原则的预防性。第二节是协商型环境规制的基本原则，主要包括风险预防、多元参与、协商沟通、程序法定等原则。第三节是协商型环境规制的价值目标，包括规制环境风险的不确定性、推动环境规制主体的合作、提升环境规制的执法效率、拓展环境规制的公平正义。第四节主要研究协商型环境规制的运作机理，主要从反身法理论论述了协商型环境规制的制度性整合机制、功能性整合机制、价值性整合机制；论述协商型环境规制的策略工具，主要包括组织型策略、信息型策略、商谈型策略、程序型策略以及授权型策略[1]。

第三章主要研究协商型环境规制的主要类型，主要分为两节，分别采取类型化的研究方法，基于环境规制行为特征和环境规制主体的意思自治程度的划分标准，将基于环境规制行为特征的类型划分为抽象型环境协商规制，主要论述发达国家协商制定规则制度；具体型环境协商规制，主要论述发达国家的环境执法和解制度。基于环境规制主体的意思自治的标准类型化为命令性环境协商规制和自愿性环境协商规制，前者重点分析国外的环境行政契约，后者重点论述环境自愿性协议。选取环境规制行为和主体意识自治作为分类的标准，是为了更好地凸显协商型环境规制的特点和功能，为进一步深入论述我国协商型环境规制的制度实践作理论支撑和经验借鉴[2]。

第四章主要研究协商型环境规制的中国实践与反思，在基于对协商型环境规制的基础理论、范式变迁、要素结构、主要类型论述的前提下，将研究的重心转移至我国协商型环境规制的制度体系，重点对我国协商型环境规制的制度进行实践反思，分析其存在法律问题及其背后的独特运行逻辑，这里也采用类型化的方法，将我国协商型环境规制制度进行了类型化处理，以当前环境规制实践中存在的环保约谈制度作为"体系化"的环境协商规制样态，将环境行政合同、生态环境损害赔偿磋商、环境污染社会第三方治理作为"分散化"的环境协商规制样态，进行了法律问题的反思与完善。基于对两类中国特色的环境协商规制实践样态的分析，论述我国环境协商规制遭遇的实践难题及其背后深

---

① 蔡守秋：《基于生态文明的法理学》，中国法制出版社 2014 年版，第 80 页。

② 郑少华：《生态主义法哲学》，法律出版社 2002 年版，第 57 页。

层次的运行逻辑，主要包括：如何进一步强化协商型环境规制的协商机制？如何进一步提高协商型环境规制的公众参与度？如何进一步提升协商型环境规制的权威性？力求探索我国协商型环境规制难题及其背后特殊的党政制度、条块关系、央地关系、政商关系、社会结构和文化环境等。

第五章主要研究我国协商型环境规制的制度改进，主要是对照协商型环境规制的适用条件、基本原则、目标价值和运作机理，借鉴发达国家《协商制定规则法》、环境执法和解制度、环境契约等协商型规制的经验启示①，针对我国协商型环境规制的实践反思，围绕如何进一步强化协商型环境规制的协商机制、如何进一步提高协商型环境规制的公众参与度、如何进一步提升协商型环境规制的权威性等难题，结合我国协商型环境规制的法律文本，改进我国协商型环境规制的思路和制度，主要分为四节：第一节我国协商型环境规制的信息公布，包括我国协商型环境规制信息公开的价值、信息公开的困惑、信息公开的完善；第二节我国协商型环境规制公众参与，包括我国协商型环境规制公众参与的目标、公众参与的不足、公众参与的拓展；第三节我国协商型环境规制的权力配置，包括我国协商型环境规制权力配置的原则、权力的结构性失衡、权力的整体性建构；第四节我国协商型环境规制的程序机制，包括我国协商型环境规制程序机制的功能、程序机制的健全、程序机制的优化；第五节我国协商型环境规制的趋势展望，包括我国协商型环境规制理念的包容性、规制主体的多元性、规制工具的综合性、规制机制的协同性和规制制度的系统性。

（二）研究方法

1. 运用学科交叉方法

运用学科交叉研究方法，有利于多角度多层次进行分析，使得研究结果更清晰合理。根据协商型环境规制的特点，结合中国协商型环境规制的制度实践，将协商民主理论、行政规制理论、反身法理论、多中心治理理论、风险社

---

① 　［德］乌多·迪·法比欧：《环境法中风险预防原则的条件和范围》，陈思宇译，刘刚主编：《风险规制：德国的理论与实践》，法律出版社 2012 年版，第 166 页。

会理论①，以及环境法学、行政法学、法律经济学等学科结合在一起，针对不同的问题选择恰当的研究方法，在文献综述研究的基础上，意在分析协商型环境规制的基本内涵、主要特点、功能目标和作用机制，研究协商型环境规制的制度样态，借鉴国外协商型环境规制的实践经验启示，反思我国协商型环境规制制度的法律缺陷与不足，完善我国协商型环境规制的法律制度。

2. 法律经济分析方法

法律经济学是一门"用经济学阐述法律问题的学科"，或者说是"将经济学的理论和经验主义方法全面运用于法律制度分析"的学科。在研究方法上，主要运用一系列的分析工具，诸如边际分析、成本——收益分析、逻辑演绎与经验归纳等。在研究过程中主要采用交易成本、外部性、信息不对称和效率等作为工具对法律问题进行分析②。法律经济学强调方法论的个人主义、经济人假设，利益最大化原则以及强调机会成本和行动逻辑，为法学研究增加必要的工具和独特的视角，对于规制实施效果、协商效应以及规制资源的分配研究具有重要价值。尤其是关于环境规制的研究，法律经济分析方法具有一定的适应性、针对性和有效性，能够进行不同规制路径的成本收益比较，能够综合考虑环境协商规制的外部性以及信息结构，从而为更好地选择协商型环境规制的机制和路径提供参考和依据③。比如，发达国家对环境规制专门规定了效果评估的机制，进一步提升环境决策的科学化、民主化和专业化。

3. 运用比较分析方法

为了更好地进行协商型环境规制的研究，本书运用类型化的方法④、比较

① ［美］罗纳德·H.科斯等著：《财产权利与制度变迁（产权学派与新制度学派译文集）》，格致出版社、上海三联书店、上海人民出版社 2014 年版，第 49 页。

② ［美］理查德·A.波斯纳著：《正义／司法的经济学》，苏力译，中国政法大学出版社 2002 年版，第 141 页。

③ ［美］理查德·波斯纳著：《法律的经济分析》（第七版），蒋兆康译，法律出版社 2012 年版，第 86 页。

④ ［美］加里·S.贝克尔：《人类行为的经济分析》，王业宇等译，格致出版社、上海三联书店、上海人民出版社 2015 年版，第 52 页。

分析的研究，对本书中一些关键的理论范式、制度样本和法律规范进行比较研究，这样可以提高问题分析的深度、针对性和有效性，可以探索制度之间深层次的作用机制和逻辑结构。在对环境规制范式进行研究时，本书基于类型化的需要，将环境规制分类为命令型环境规制范式、激励型环境规制范式、协商型环境规制范式，分别研究各类环境规制的内涵、成效和缺陷；在针对中国协商型环境规制的制度样本进行分析时，本书将环保约谈制度分成环保科层约谈和环保市场约谈，两类环保约谈有着不同的理论基础、作用机理和实践路径，尤其是在中国特殊的党政体制下，对环保约谈制度的分类比较研究至关重要，有利于挖掘两类制度的内在机理①。

四、研究内容与主要结论

（一）研究主要内容

1. 如何建构协商型环境规制的理论范式。针对协商型环境规制的价值理念、基本内涵、主要原则、功能目标、内生动力、实践样态、运行机制、保障制度，国外虽然有相关的理论和制度借鉴，但由于体制不同、国情不同、文化不同，尤其是我国环境规制面临的严重风险挑战不同，如何整合协商民主理论、规制理论、治理理论、风险社会理论、反身法理论等，系统建构以"商谈—建构"范式为主，以过程为中心，以风险预防、协商沟通、多元参与、合作共治、信息公开为导向，风险规制视域下我国协商型环境规制模式的基本内涵、主要特点、功能逻辑、实践机制和法律制度，这也是本书的重点和难点之一。

2. 如何将国外协商型环境规制的经验嵌入我国的治理结构。本书在研究协商型环境规制的时候，从制度层面借鉴了发达国家《协商制定规则法》、环境执法和解制度、环境协议（契约）等域外经验，但是国外的制度实践都是建立在它们政府、法律、制度、文化、社会等各种条件的前提下，尤其是它们长期在环境协商规制领域的探索和总结，已经积累丰富的理论基础和实践经验。以

---

① 　[美]曼瑟尔·奥尔森：《集体行动的逻辑》，陈郁等译，上海人民出版社2014年版，第68页。

发达国家的环境执法和解制度来说，它从立法上有《超级基金法》的支撑，从公众参与方面有《协商制定规则法》的保障，从司法力量的制衡和监督方面，它一直拥有司法制衡行政的法律文化传统，所以，在那些发达国家环境执法和解制度就能够很好地处理环境执法过程中的复杂性、不确定性，推动多元主体的参与，降低执法的成本，提高执法的实际效果。但是，在我国当前环境法律法规还有待于进一步完善的背景下，如果直接引入环境执法和解制度，可能不仅不能提升环境规制的绩效，还可能带来种种法律问题和社会问题，如行政权的扩张和行政权侵害私权，以环境执法和解为名进行"权力寻租""权力腐败""权力出租"，同时，司法机关如何监督行政权力也缺少实践经验和法律依据，所以，在如何处理好借鉴发达国家先进的理论和实践，将发达国家的经验融入我国党政体制、法律制度和文化结构之中，真正激活我国特有的党的领导、政府主导、党政同责、一岗双责、环境决策责任终生追究制度等优势，构建具有中国特色的协商型环境规制的制度形态和法律体系。

3. 如何系统完善协商型环境规制的法律体系。由于我国协商型环境规制尚处于引进、探索和完善的阶段，很多协商型环境规制的制度样态都在刚刚起步，关于相关制度的法律依据存在分散化、政策化的特点，协商型环境规制的法律体系还有待于进一步完善和提升。很多关于协商型环境规制的法律依据都是规范性文件，法律位阶较低，从立法的系统性、科学性、规范性和协调性等方面来看，还存在很大的困难，亟需对协商型环境规制的启动条件、范围、主体、内容、程序、评估、救济及衔接机制进行整体性考量和系统性建构[1]，尤其注重从《环境保护法》基本法的层面开展立改废释，如果受立法程序和立法时间的限制，短期内不能实现立法的制定，可以探索以行政法规和地方性法规的形式先行进行法律规制，为我国协商型环境规制实施提供权威性、专业性和科学性的法律支撑。

（二）主要结论

1. 建构协商型环境规制的理论范式和运行机理。本书基于对相关文献的梳

---

[1]　［德］乌多·迪·法比欧：《环境法中风险预防原则的条件和范围》，陈思宇译，刘刚主编：《风险规制：德国的理论与实践》，法律出版社 2012 年版，第 103 页。

理、总结和分析，以"问题提出—理论分析—实证调查—模式比较—国际借鉴—理论建构—制度创新"为逻辑思路，以风险规制为视角，基于对环境信息公开制度、环境保护公众参与制度、环保约谈制度、生态环境损害赔偿磋商制度以及环境污染第三方治理制度的法律文本分析，论述协商型环境规制的风险预防、协商沟通、多元参与、社会共治和信息公开的基本原则，论述协商型环境规制的基本内涵、主要特点、功能目标和作用机理。

2. 论述我国协商型环境规制遭遇困境的制度性原因。针对我国协商型环境规制面临的重视命令型环境协商、遭遇公众参与度不足、环境协商规制的合法性危机等难题，可以发现我国环境规制过程中面临复杂的条件约束和体制限制①。以环保约谈为例，发达国家关于环境行政协议（环境契约）更多的是强调环境规制机构与被规制者之间的协商、合作和互动，争取破解环境规制过程中的不确定性，提高环境规制的灵活性、针对性，降低环境规制的执法成本。但是，由于我国企业环境守法的动机和能力都存在许多不足，一些地方政府与企业之间存在千丝万缕的利益关系，在"政绩导向"和"经济理性"的推动下，个别地方政府可能会出现保护地方企业，或者扭曲环境规制中执法力度，甚至出现"政商合谋"等。所以，环保约谈制度初衷就是为了强化对地方政府的威慑、高压和问责，传导环境压力，打破环境执法过程中的"中梗阻"难题，通过纵向的权力机制将环保责任传递到下一级地方政府或部门、企业②。当然，在环保约谈过程中，约谈实施主体、约谈对象、约谈列席主体等参与环保约谈，客观上也促进了环境规制机构与被规制者以及相关利益第三人之间的沟通和互动，尤其针对企业的环保约谈，已经出现通过"讲评、评议、讨论"等协商、沟通的话语和元素，也一定程度了实现了环境协商规制的效果③。但是，对比国外环境协商规制的基本范式，我国环境协商制度还可以进一步优化和创新，既要充分发挥我国独特的党政优势、体制优势、制度优势、资源优势，也要争取建构协商民主的环境规制机制，促进多元主体的参与、协商、合作、共治和互动，实现协商型环境规制的"工具理性"与"价

①　[美] 塞拉·本哈比：《走向协商模式的民主合法性》，塞拉·本哈比主编：《民主与差异：挑战政治的边界》，黄湘怀、严海兵译，中央编译出版社 2009 年版，第 64 页。
②　[澳] 约翰·S. 德雷泽克：《协商民主及其超越：自由与批判的视角》，丁开杰译，中央编译出版社 2009 年版，第 84 页。
③　金自宁：《风险规制与行政法》，法律出版社 2012 年版，第 63 页。

值理性"的统一。

3. 系统建构我国协商型环境规制的法律体系。除了借鉴发达国家协商型环境规制的理论实践和制度经验，立足我国协商型环境规制制度形态的实际，对协商型环境规制的启动条件、范围、主体、内容、程序、评估、救济及衔接机制的整体性考量和系统性建构①，尤其注重从《环境保护法》基本法的层面开展立改废释，如果受立法程序和立法时间的限制，短期内不能实现立法的制度，探索以行政法规和地方性法规的形式先行进行法律规制，为我国协商型环境规制实施提供权威性、专业性和科学性的法律支撑。更重要的要关注制约我国环境规制协商制度发挥功能的深层次问题，比如环境信息公开制度的协调性、系统性和整体性问题，环境行政权与司法权之间的平衡制衡问题，环境规制协商过程中的主体结构问题，环境规制协商过程中的程序法定和环节规范问题等，真正通过制度改进，破解我国环境规制协商模式运行中的制度性瓶颈，完善具有中国特色的环境规制协商模式②。

五、研究创新与亟待深化的空间

（一）研究创新

1. 协商型环境规制范式的构建

一是借鉴风险规制民主主义的理论范式。强调民主、参与、协商、沟通、合作和互动，推动环境风险规制的结构开放、主体互动、协商沟通和合作共治，试图建构一种以过程、程序为理论内核，以反身法为理论基础，以风险预防、多元参与、协商沟通、公开透明、合作共治为基本特征的协商型环境规制

---

① 刘超：《"二元协商"模型对我国环境公众参与制度的启示与借鉴》，载《政法论丛》2013年第4期。

② 徐祥民：《环境权——环境法学的基本研究》，北京大学出版社2004年版，第112页。

范式①。二是基于反身法理论的研究视角。反身法认为法律系统是社会各系统中的一个独立子系统，它与政治、社会、文化等其他社会子系统之间具有良性互动关系，它通过过程、程序等法律机制，以制度性整合、功能性整合和价值性整合为作用机理，推动法律系统与政治、经济、文化等子系统之间的功能互补和机制协调②。三是推动我国协商型环境规制的制度检视与法律构造。基于对我国环境保护公众参与、环境信息公开、环保约谈、生态环境损害赔偿磋商、环境污染第三方治理等制度的检视和反思，借鉴国外"协商制定规则法"和"环境执法和解制度"的经验启示，从主体、过程和内容的维度完善环境协商规制信息公开透明机制，努力做到全要素、全过程、全方位的环境协商规制信息公开透明；从公众参与和专家参与的双重路径维度，提升环境协商规制的民主理性和科学理性；从行政权和司法权的权力结构维度，提高环境协商规制行政权的引导力和司法权的制衡力；从过程和程序的运行机制维度，强化环境协商规制的程序法律机制和过程规范机制。

2. 协商型环境规制的中国实践与反思

根据协商型环境规制的基本内涵、主要特点、功能目标和作用机制，结合国外协商型环境规制的实践经验，我国符合协商型环境规制范畴的制度形态主要有：环境信息公开制度、环境保护公众参与制度、环保约谈制度、生态环境损害赔偿磋商制度以及环境污染第三方治理制度③，在这些制度中，既具有协商型环境规制理论范畴，又能体现中国实践特色的制度——环保约谈制度，它是一种新型环境法实施制度、是一种环境规制行政措施，同时它还深深嵌入我国党政体制、条块结构、央地关系等制度之中，具有中国特色的理论逻辑和作用机制④。2014年原国家环保部制定《环境保护部约谈暂行办法》以来，环保约谈开始在环境规制领域大范围的使用，取得了一定的积极效果。环保约谈是指上级政府、生态环境部门因为行政不作为、地方政府环境责任没有得到落实

---

① 张骐：《直面生活，打破禁忌：一个反身法的思路——法律自创生理论述评》，载《法制与社会发展》2003年第1期。
② 王小刚：《托依布纳反身法理论述评》，载《云南大学学报》（法学版）2010年第2期。
③ 郭红欣：《环境风险法律规制研究》，北京大学出版社2016年版，第76页。
④ 张宝：《环境规制的法律构造》，北京大学出版社2018年版，第203页。

等因素引发的区域性、流域性的生态环境风险或者已经出现的重大环境违法和事件，约谈下级地方政府、生态环境部门或环境违法企业等，环保约谈的实施主体向被约谈对象指出环境违法事实，并提出整改要求，被约谈对象表态，形成约谈既要，报上级约谈部门，并督促被约谈对象落实整改方案，遵守环保法律法规。所以，本书在实践反思部分，重点论述了我国环保约谈制度的实践反思，从环保约谈的主要类型、基本特征、作用机理和完善路径进行深入研究，重点分析了环保约谈作为一种命令型环境协商，它的威慑性实践逻辑和协商性应然逻辑是如何具体运行的，其背后的党政机制、权力结构、条块关系是如何互动的？力求从具体制度着手进行全场景的系统论述，为开展我国协商型环境规制的制度检视和问题反思，为构建和完善我国协商型环境规制的法律制度提供理论支撑和实践借鉴。

国内相关研究成果为深入开展协商型环境规制提供研究基础，但大多是对既有环境协商规制制度的一种宏观分析，缺乏对协商型环境规制的类型化分析和动态性研究，导致研究结论的针对性和可操作性不强，尚需结合我国协商型环境规制的实践样态，深化对协商型环境规制的基本范式、适用条件、基本原则、价值目标和运行机制的系统研究。国外研究成果主要从理论、方法、范式、制度和机制等方面对协商型环境规制进行分析，具有较强的借鉴价值，但是国外研究缺乏对我国党政运行体制"独特性"和我国生态环境问题的"复杂性"进行实证分析，尚需将发达国家的协商型环境规制理论嵌入到我国的协商型环境规制之中。所以，本书以协商型环境规制为研究对象，以环境法实施的命令控制型范式、激励型环境规制范式、民主协商型环境规制范式为多重分析视角，基于对我国协商型环境规制制度的实证分析，从类型化[1]的视角反思我国协商型环境规制的实践逻辑和制度悖论，基于民主协商型范式下环境法实施的特点，推动我国协商型环境规制的制度改进，促进环境规制协商信息公开透明，拓展环境协商规制的主体结构，完善环境规制协商的权力配置，规范环境规制协商的过程和程序，实现公权力、私权利和社会权力的平衡，行政权与司法权的互动，环境规制协商主体的多元化[2]。

---

① LOWI T J. Four Systems of Policy, Politics, and Choice. Public Administration Review,1972,32(4).
② 汪劲：《环境法治三十年：我们成功了么?》，北京大学出版社 2009 年版，第 56 页。

（二）亟待深化的空间

1. 关于协商型环境规制理论范式的建构。本书选取协商型环境规制研究作为研究对象，具有较强的理论性和创新性，尤其是关于协商型环境规制的基础理论研究，虽然对协商民主理论、规制理论、风险社会理论、治理理论以及反身法理论进行了比较深入、系统的梳理，但针对这种具有很强理论创新和范式探索的整合性研究，还是存在很大的困难。可能在对多种理论整合研究的过程中，虽然对协商型环境规制的适用条件、基本原则、价值目标、运行机制等作了比较系统的建构[①]，但从将协商型环境规制作为一种理论范式的高度来看，当前的理论总结和范式建构可能还存在不全面、不系统的地方，尚需进一步开展扎实的理论研究和学术创新。如关于协商型环境规制的类型划分。本书对协商型环境规制的制度谱系进行了类型化处理，开展比较研究，主要是为了更好地分析不同类型环境规制模式的突出特点和典型机制，是为了能够更深入对协商型环境规制进行制度比较和历史分析[②]。但是当前选取环境规制行为和协商的意思自治程度作为分类的标准，虽然能够主要突出了不同类型独特的功能，但也可能还会存在类型之间的交叉和重合，还需要进一步做好类型化的提炼和归纳。

2. 关于协商型环境规制的中国逻辑解释。本书对我国协商型环境规制的制度谱系进行了梳理和总结，考虑到当前我国协商型环境规制实践样态受重视和体系化的程度，进行了类型的处理，重点选择相对比较"体系化"的环保约谈制度作为实践反思的客体[③]，从环保约谈的威慑性实践逻辑与协商性应然逻辑的比较分析，结合环保约谈的规范性文件，进行了反思和完善。对相对比较分散的协商型环境规制实践样态，归纳为"分散化"协商环境规制，重点论述环境行政合同、生态环境损害赔偿磋商和环境污染社会第三方治理等制度形态，反思和完善它们存在的问题[④]。但对我国环境协商规制的总体性反思时，本书

---

①　杜辉：《挫折与修正：风险预防下之环境规制改革的进路选择》，载《现代法学》2015年第1期。

②　鲁镇荣：《德国法中"社会自我规制"机制初探》，载《政大法学评论》2004年第78期。

③　张梓太、王岚：《论风险社会语境下的环境法预防原则》，载《社会科学》2012年第6期。

④　王明远：《论我国环境公益诉讼的发展方向：基于行政权与司法权关系理论的分析》，载《中国法学》2016年第1期。

提出了三个"实践难题"：如何进一步强化协商型环境规制的协商机制？如何进一步提高协商型环境规制的公众参与度？如何进一步提升协商型环境规制的权威性？[①] 这三个难题直接追问我国环境协商规制的理论解释力和实践生命力，但在如何回答这三个实践难题的过程中，虽然本书从我国环境规制的实践困境，从我国独特的党政制度、条块关系、央地分权、社会结构和文化环境等维度进行了分析论述[②]，但是制约我国协商型环境规制实践的因素更加复杂和多元，还需要进一步强化实证研究、定量研究和案例比较，才能对协商型环境规制的实践困境给出更具解释力和建构性的观点。

---

① 金自宁：《风险规制时代的授权与裁量》，载《法学家》2015 年第 5 期。

② 高秦伟：《社会自我规制与行政法的任务》，载《中国法学》2015 年第 5 期。

第一章　协商型环境规制的背景缘由

随着风险社会的来临，关于风险规制的理论和实践研究成果与日俱增，出现不同的理论范式和实践进路，具体到环境风险规制领域，由于环境风险的专业性、技术性、不确定性、复杂性、建构性和主观性等特征，学界关于环境风险规制的研究视角和学术观点呈现出百家争鸣的态势。风险规制科学主义者主张通过技术、理性、科学等工具手段，实现对环境风险的有效规制，建议成立超级规模的规制机构①，实现对环境风险的理性规制，这种路径虽然一定程度上解决了环境风险规制的专业性、技术性难题，但是却无法回应环境风险规制的主观性、建构性、价值性等更复杂的内在诉求，并且超级规制机构本身受"制度失灵""权力俘获""部门利益"等因素影响，这种超级行政规制主义路径容易陷入哈耶克担心的"致命的自负"的窠臼②。实践中立足于风险规制科学主义范式的"命令型环境规制"和"激励型环境规制"都遇到了种种挫折和危机："命令型环境规制模式"无法回应企业环境守法能力的差异性和守法成本的复杂性，无法采取灵活性的规制措施，无法促成企业采取更具有节能环保的技术、设备和工艺，不利于环境风险治理技术的创新，这种以行政权力纵向高压的执法理念、手段和方式，也导致企业的心理抵制和行为抵抗，增加巨大的行政执法成本和行政诉讼成本，尤其是"命令型环境规制模式"无法满足环境风险的建构性、主观性、价值性等需求，无法破解环境执法中的不确定性、复杂性带来的法律困境③。而"激励型环境风险规制模式"虽然运用了税费、

---

① ［美］史蒂芬·布雷耶：《打破恶性循环：政府如何有效规制风险》，宋华琳译，法律出版社2009年版，第49页。

② ［英］哈耶克：《致命的自负》，冯克利等译，中国社会科学出版社2000年版，第84页。

③ ［美］布雷耶：《规制及其改革》，李洪雷等译，北京大学出版社2008年版，第32页。

财政补贴、排污权交易等市场工具，但这种市场工具本身就是政府建构的产物，并不是一种内生于市场的自发机制，"激励型环境风险规制模式"面临巨大的信息成本、契约成本、交易成本、监督成本，实践中也无法回应环境的主观性、建构性和不确定性的价值诉求，无法解决大量具有公平、公正、平等、正义等诉求的环境规制难题。

为破解"命令型环境规制模式"和"激励型环境规制模式"的制度缺陷，基于风险规制民主主义范式下的"协商型环境规制模式"应运而生，该范式在承认环境风险规制科学主义的前提下，更加注重强调民主、参与、协商、沟通、合作和互动的功能作用，旨在推动环境规制的结构开放、主体互动、协商沟通和合作共治。"协商型环境规制模式"能够拓展环境风险规制的主体，深化多元主体之间的协商沟通，促进公众参与环境风险规制，实现环境风险规制的民主参与、社会认同和正义价值①。

第一节　环境法律实施的困境

随着风险社会的冲击和人们对生态环境风险关注的增加，究竟采取一种什么么范式、方法和路径来实现对环境风险的规制已经成为学界研究的重大课题。当前，关于环境规制的研究成果主要沿着问题导向和目标导向的研究路径，大多采取传统的命令型环境规制范式和激励型环境规制范式的研究思路②，这是一种建立在农业文明和工业文明背景下的环境规制范式，它的利益假设是个体利益的最大化、人的认知能力是无限的、归责原则是事后责任机制，主张通过理性的法律建构和高效法律实施，以行政权力为主导，通过"法律主体、法律行为、法律关系、法律责任、因果关系"这样一种形式化的法律体系，威慑、处罚、制裁被规制者或者激励、引导、促进被规制者遵守环境法律、法规，实

①　[加] 杰弗里·希尔墨：《参与式民主理论现状》，毛兴贵译，载《国外理论动态》2011 年第4 期。
②　[德] 乌多·迪·法比欧：《环境法中风险预防原则的条件和范围》，陈思宇译，刘刚主编：《风险规制：德国的理论与实践》，法律出版社 2012 年版，第 97 页。

现对环境风险的直接规制和间接预防①。

但是，风险社会的理论和实践都告诉我们，随着科技技术的发展和制度机制的系统集成，人类面临的环境风险已经迥异于传统农业文明时代和工业文明时代的自然风险、安全事故等，很多环境风险的根源来自于"技术本身"和"制度本身"，是一种"人为的风险"，人类既是环境风险侵害的客体，亦是新型环境风险的肇事者。并且，这类新型风险具有高度的不确定性、专业性和主观性，针对环境风险规制的研究应走出传统命令型环境规制和激励型环境规制的窠臼，探索以过程和程序为中心，以协商、沟通、合作、互动和共治为导向的新型环境风险规制范式。

一、环境违法行为不确定性

后工业化时代下环境风险与传统农业时代、工业时代下的环境风险最大的差异就是风险的不确定性，环境规制面临的往往是一种未知的、未来的风险②，超出人类当前的认知能力和专业水平，人们是在高度不确定性情景下的环境规制决策、管理和监督。环境风险的不确定性主要表现为：一是环境风险源的不确定性。环境规制执法时，针对环境风险（损害）可能无法确定到底是哪一种污染源导致的，可能是一种污染源，也可能是两种污染源，更可能是多种污染源所致，这种"一果多因"的不确定性③，制约了传统命令型环境规制模式实施效果。二是环境风险源和环境损害之间的因果关系具有不确定性。由于人类的认知能力还不能达到科学的判断环境污染源和环境损害之间的因果关系。三是风险损害的后果具有不确定性。传统的农业风险、工业风险的后果经过长期的实践检验，可以通过科学、理性的技术评估，预测其带来的损害后果，运用命令型环境规制手段，来实现损害的矫正、恢复和预防④。但是，新

---

① 吴元元：《双重博弈结构中的激励效应与运动式执法——以法律经济学为解释视角》，载《法商研究》2015 年第 2 期。

② ［美］史蒂芬·布雷耶：《打破恶性循环：政府如何有效规制风险》，宋华琳译，法律出版社2009 年版，第 17 页。

③ 沈岿：《风险规制与行政法新发展》，法律出版社 2013 年版，第 61 页。

④ ［德］乌尔里希·贝克：《风险社会再思考》，郝卫东编译，载《马克思主义与现实》2002 年第 4 期。

型环境风险损害的后果具有高度不确定性，人们无法准确的判断可能会带来哪些不利后果，如转基因风险、核泄漏风险、大规模生物入侵风险等损害后果就具有很强的不确定性。

二、环境违法行为的公共性

环境具有公共物品的属性，存在消费的"非排他性""非竞争性"，环境质量如何涉及到每个公众的切身利益，所以说环境利益是一种公共利益。其一，从环境违法侵害的对象来看，环境违法直观上可能是损害部分公众的环境权益，但由于环境风险流动性、累积性和扩散性，环境违法行为事实上侵害了全体公众的环境公共利益。[①] 其二，从环境违法的损害影响来看，环境违法损害的不仅是当代人的利益，还会影响人类未来发展的利益，这种跨越时空的利益只能是整体利益、社会利益和公共利益。其三，从环境违法侵害的客体来看，环境违法行为侵害的是一种环境系统的和谐，这种系统本身具有不可分性、整体性、协调性，这种系统为人类的生存和发展提供基本的物质能源和生态环境。所以说，环境违法行为具有公共性，这种公共性要求传统的对抗制模式不适宜环境法的实施，而应转向以规制、公开、参与、合作、互动为核心的协商制模式[②]。

三、环境违法行为的专业性

风险规制学者布雷耶将"公众对风险的认知""国会的行动和应答""规制过程的不确定性"及三个因素的相互强化，称之为环境风险规制的"恶性循环"，主张重构规制机构，发挥专家理性、专业知识和行政权威等理性功能，致力于一种科学主义取向的风险规制模式。环境风险规制的科学主义者认为专家、知识、工具、理性在环境风险规制中的重要性，良好的规制是科学和专业的决

---

① ［美］凯斯·R.桑斯坦:《风险与理性——安全、法律及环境》，师帅译，中国政法大学出版社 2009 年版，第 56 页。

② ［美］富兰克·H 奈特:《风险、不确定性和利润》，王宇、王文玉译，中国人民大学出版社 2005 年版，第 6C 页。

策①。环境风险规制范式选择的关键因素之一就是人类认知能力的假设，针对传统的私权维护和救济，由于侵害私权的行为大多处于人类认知能力范围内，又经过法律实践的理性总结，人们通过命令型环境规制即可维护自己的权益。但是，环境风险具有很强的专业性，一般人很难具有辨别环境风险损害严重性的能力，对环境损害的数量和程度都很难做出精准的识别，甚至专家学者都不能对一些新兴环境污染风险做出科学的评判，如核辐射的后果、基因突变的影响、重金属超标的危害等②。所以，针对这种专业性较强的环境风险，单纯运用命令型环境规制模式很难取得良好的效果，需要借鉴协商型环境规制模式的理念、理论和方式，发挥信息公开、多元参与、协商沟道、合作共治的机制，建构协商型环境风险规制模式③。

四、环境违法行为的复杂性

其一，不确定性。环境违法行为具有很大的不确定性，这种不确定性表现为违法主体的不确定性和侵害对象的不确定性，还表现为违法行为与违法后果之间缺乏清晰的因果关系，如一个违法后果可能由很多违法主体、违法行为，一种违法行为也会带来很多违法后果。这种主体、对象、客体和因果关系的不确定性导致很难适用对抗制模式实施环境法，因为对抗制法律实施模式最核心的要求是精确性④。其二，双效性。环境违法行为的双效性增加了环境法实施的难度，环境行为是经济社会发展过程中必不可少的，不管是农业、工业和第三产业都可能在生产的过程中产生环境违法行为，这种违法行为不是"非此即次"的单效行为，而是彼此相互包容在一起的双效行为。针对环境违法这种双效行为，不能简单适用对抗制的实施模式，实行简单粗暴的执法，而应激发环境违法主体的主动性和积极性，通过协商合作形成新型的治理结构。比如当

① ［美］凯斯·R.桑斯坦：《风险与理性——安全、法律及环境》，师帅译，中国政法大学出版社 2009 年版，第 81 页。

② ［德］乌多·迪·法比欧：《环境法中风险预防原则的条件和范围》，陈思宇译，刘刚三编：《风险规制：德国的理论与实践》，法律出版社 2012 年版，第 70 页。

③ ［英］伊丽莎白·费雪：《风险规制与行政宪政主义》，沈岿译，法律出版社 2012 年版，第 104 页。

④ 胡苑：《论威慑型环境规制中的执法可实现性》，载《法学》2019 年第 11 期。

前，环保督查过程中就存在一些简单的实施措施，过分强调监管机构与环境企业之间的对抗，部分区域、领域和行业出现"一刀切"的情况，既不利于环境监管机构的权威性和公信力的提升，也不利于环境突出问题的整治。其三，不可预期性。随着贝克对风险社会研究的深入，人们发现环境领域就是贝克关注的风险社会，表现为环境违法的突发性、风险性、不可预期性以及不可逆性。环境违法后果可能是突发的，如一些突发的环境安全事件；也有一些是累积型，是一个区域、行业、企业长期累积形成的环境违法后果，如部分区域出现的镉中毒、水体重点水超标、土壤污染等，这些突发型和累积型的环境违法行为都是很难预期的。同时，从环境违法的后果来看，环境违法可能会带来不可逆的后果，违法行为人可能根本无法预料自己行为后果严重性，也缺乏赔偿、修复环境后果的能力。

五、环境违法行为的主观性

环境风险民主主义者认为，风险具有主观性、建构性和公共性，主张民主和价值的判断是风险规制的基础，注重公众对风险规制的影响、参与和选择[1]。环境风险的规制在承认风险的客观性、专业性和科学性的同时，更加注重对环境风险主观性、建构性和公共性的关注。从民主、参与、协商、沟通、认同等维度重新审视环境风险规制模式的范式转型和价值重构，在环境风险规制过程中，完善环境信息公开透明制度，推动环境规制者与被规制者以及利益相关者之间的协商沟通，促进双方的理解、合作和共治，将环境风险规制过程中的不确定性难题转化为规制者与被规制者、利益相关者之间具体的权利义务、行为规范和绩效目标，从而降低环境风险规制的实施成本、诉讼成本和社会成本[2]。同时，发挥环境规制协商机制的风险沟通功能，环境规制协商不仅仅是执法的方式途径，更是环境风险规制过程中多元主体价值认同、情感互动和信息交流的过程，能够促进哈贝马斯所倡导的"协商理性"和"沟通理性"[3]

---

[1] [美] 史蒂芬·布雷耶：《打破恶性循环：政府如何有效规制风险》，宋华琳译，法律出版社2009年版，第55页。

[2] [德] 乌多·迪·法比欧：《环境法中风险预防原则的条件和范围》，陈思宇译，刘刚主编：《风险规制：德国的理论与实践》，法律出版社2012年版，第35页。

[3] [德] 哈贝马斯：《公共领域的结构转型》，曹卫东译，学林出版社1999年版，第88页。

和罗尔斯所主张的"重叠共识"和"分配正义"[①]。

　　基于对环境风险（损害）的不确定性、专业性、主观性的系统分析，笔者认为针对环境风险（损害）的法律规制，传统的建立在风险（损害）确定性基础上的命令型环境规制模式和激励型环境规制模式已经很难回应环境风险的挑战和冲击，其无法克服自身环境规制的制度缺陷，亟需探索新的环境规制理念、方法、范式和路径，破解环境风险规制过程中的不确定性，统合环境风险规制的科学性与民主性之间的矛盾张力，迈向一种基于过程、程序、参与、互动、合作、共治为核心特征的协商型环境规制模式[②]。

第二节　协商型环境规制：何以存在及其演进

一、环境规制模式演进历程

　　基于类型化的视角，我国环境规制模式主要存在三种类型，分别是命令型、激励型和协商型，三类环境规制模式主要依据环境规制领域的国家干预主义理论、市场自由主义理论和协商民主主义理论。下面，本书分别对三种环境规制模式进行梳理、分析和比较，系统阐述三种环境规制模式的背景缘由、政策工具和适用范围，力求从历史的维度论述我国环境规制模式的理论变迁轨迹和理论方法支撑[③]。

（一）命令型环境规制模式

　　国家干预主义主要盛行于 20 世纪 50—70 年代，西方资本主义国家经历越

---

① ［美］罗尔斯：《作为公平的正义：正义新论》，姚大志译，上海三联出版社 2002 年版，第 113 页。

② 王树义、赵小姣：《长江流域生态环境协商共治模式初探》，载《中国人口·资源与环境》2019 年第 8 期。

③ ［美］詹姆斯·M.布坎南、戈登·图洛克：《同意的计算》，陈元金译，上海人民出版社 2014 年版，第 59 页。

来越严重的环境生态危机，公民的环境权益高涨，强烈要求政府履行环境规制职能，当时的环境诉求具有很强的政治性。正式在这样的背景下，西方发达国家采取政府干预的手段，以"命令—控制"方式推进环境规制，通过立法、行政命令和政策，强化威慑型规制，提高环境违法者的违法成本和法律责任。

国家干预主义的理论基础是"市场失灵""公共产品"以及"信息不对称"，当时西方学界普遍认为环境规制具有公共物品的属性和特征，具有较强的公共性、社会性和公益性，环境规制领域存在"消费的非排他性"和"非竞争性"，容易导致环境规制的供给不足，酿成"公地悲剧"现象，表现为环境规制领域"集体行动的困境""零和博弈""负和博弈"，增加环境规制的社会成本[1]。针对环境规制的特性，市场机制很难发挥"看不见的手"的激励功能，企业很难通过市场价格、供求和竞争规律来实现环境污染的规制，导致环境规制领域的"市场失灵"[2]。同时，环境规制具有很强的技术性、专业性和知识性，环境企业具有明显的信息优势，公众维护自己的环境权益面临的严重的"信息壁垒"和"成本压力"，无法通过司法救济的渠道来实现自己的环境权益。正是基于环境规制领域的"市场失灵""公共产品"以及"信息不对称"的理论基础，西方发达国家采取国家干预的方式推进环境污染的规制。

国家干预主义在环境规制领域的主要方式是以"命令—控制"，通过国家立法、行政资源和政策手段推动环境规制。概括起来主要有：其一，各种环境标准。环境市场准入标准和退出标准、产品的环境标准、技术规范和技术标准、排放标准以及生产工艺等强制性准则。其二，威慑性执法，将环境企业看成执法的对象和对立面，执法主体与执法对象之间缺乏信任和沟通，采取单向度执法的方式，加大对环境违法行为的查处，导致环境企业的消极抵抗。其三，环境违法责任。立法中规定大量的环境企业的违法行为、违法责任以及承担责任的方式，以此来促使环境企业遵守环境法律、法规[3]。

国家干预主义的理念是"命令—控制"，强化制裁、惩罚、威慑和标准等法律法规制度的实施，更多的应用于以下领域：其一，从时间的维度分析，国家干预主义理论应用于环境污染事后的矫正、补救、惩罚、制裁，即使规定的

---

① 王树义：《环境法前沿问题研究》，科学出版社 2012 年版，第 60 页。
② 蔡守秋：《基于生态文明的法理学》，中国法制出版社 2014 年版，第 25 页。
③ ［美］史蒂文斯：《集体选择经济学》，格致出版社 2014 年版，第 37 页。

法律责任制度有事前预防的效果，但也是以一种刚性的、威慑性的责任机制、执法机制和司法机制为基础的；其二，从内容的维度分析，国家干预主义理论更加强化对环境公共物品领域的规范，如环境标准、法律法规、体制机制和制度政策等方面；其三，从主体的维度分析，国家干预主义理论主要依赖国家实施，强调国家以公权力、行政、法律的手段发挥政府在环境规制中的主导性作用。

（二）激励型环境规制模式

20 世纪 70 年代—80 年代，发达国家的环境规制政策随着新制度经济学的发展逐渐转向以所有权为核心的市场自由主义路向，强调通过所有权的界定，以市场为工具，通过价格信号、供求规律和经济激励来调动环境企业的积极性、主动性和创造性，降低环境规制的成本，激发环境规制技术的创新和推广[1]。

市场自由主义的理论基础是庇古在其著作《福利经济学》中提出的"庇古税"和科斯在《社会成本问题》中提出的"科斯定理"[2]。"庇古税"主要针对具有负外部性的企业行为征收环境税，以此将环境企业的行为成本内部化，来矫正环境企业的环境污染行为。科斯定理指出，在产权清晰、交易成本为零的前提下，只要明确资源的所有权状态，利益相关的交易主体就可以通过协商谈判达到资源的最佳配置。"庇古税"和"科斯定理"都是希望将污染企业的负外部行为转化为其内部成本，以此来遏制环境企业的负外部性行为（环境污染行为），最终通过市场的方式激励企业采取环境守法的行为，以此实现对环境生态的保护。

市场自由主义在环境规制领域的主要方式是"经济—激励"，通过市场信息、价格信号和供求规律推动环境污染的规制[3]。概括起来，市场自由主义理论的政策工具有：其一，税费支持。主要对环境税和排污费的征收，对环境企

---

① ［以］海菲兹：《博弈论——经济管理互动策略》，上海三联出版社 2015 年版，第 73 页。

② ［美］罗纳德·H. 科斯等：《财产权利与制度变迁》（产权学派与新制度学派译文集），上海人民出版社 2014 年版，第 67 页。

③ ［美］理查德·A. 波斯纳著：《正义／司法的经济学》，苏力译，中国政法大学出版社 2002 年版，第 83 页。

业的污染行为征收环境税或排污费，将环境企业的负外部性行为内化为生产成本，以此引导企业采取先进的排污技术、设备和手段，降低污染排放总量，减少环境污染。其二，市场机制引导。借鉴发达国家排污权交易制度经验，引入排污权交易是创造环境污染规制领域的市场交易机制，大大激发了环境企业创新环境规制技术，采取新的生产工艺，降低环境污染排放标准，激发环境企业自觉履行环境法律法规。其三，生产者责任。将环境规制责任延伸至生产环节，如企业对自己的产品有回收的责任，或者是通过环境押金、鼓励金制度，激励企业从源头上防控环境污染。

市场自由主义的理念是"经济—激励"，注重市场机制、价格信号、财税补贴以及押金制度的作用，更多的应用于以下领域：其一，从时间的维度分析，市场自由主义理论更多是一种事前的预防，强调市场机制对环境企业决策行为的引导和激励；其二，从内容的维度分析，市场自由主义理论更加注重环境企业的自主性、自觉性和自治性，设计的制度体系实施成本较低，如排污权交易制度、环境税、环境补贴、环境基金等；其三，从主体的维度分析，市场自由主义理论主要依托环境企业通过市场手段发挥其在环境规制中的主体作用[1]。

（三）协商型环境规制模式

20 世纪 80 年代以来，西方发达国家逐步将视角转向协商民主主义理论[2]，强调通过民主协商、合作规制、社会参与来解决环境风险规制，力求构建政府与企业之间的信任关系和合作格局，以契约、自愿、自治为方式，实现环境污染规制内在化、自觉化和习惯化，从源头上预防和控制环境污染风险。

协商民主主义的理论基础是民主协商理论、自组织理论以及风险社会理论。民主协商理论认为公共事务的规制需要建构公共领域，通过公共领域中多元主体的沟通、交往、互动，充分表达利益主体的利益关切，实现环境公共规制领域的"交往理性""沟通理性"和"公共理性"，是一种直接参与式的民主

---

[1]　[美] 加里·S.贝克尔：《人类行为的经济分析》，王业宇等译，上海人民出版社 2015 年版，第 62 页。

[2]　蔡守秋：《人与自然关系中的伦理与法（上、下卷）》，湖南大学出版社 2009 年版，第 55 页。

协商①。自组织理论打破传统集体行动的困境,认为资源使用者自己可以更好地实现资源的配置,通过制度的安排、彼此的承诺和组织内部的监督,通过环境保护偏好、行为习惯和价值观念的培养来引导环境企业的行为,促进环境企业、行业的自我规制。风险社会理论认为环境污染规制具有不确定性、流动性、不可知性、不可修复性等,需要环保社会组织的参与,以此来规避"政府失灵"和"市场失灵"以及"有组织的不负责任"等现象。以上理论都是强调社会力量在环境规制中的重要作用。

协商民主主义理论在环境规制领域的主要方式是"协商—自治",通过自治、协商、合作和自愿的方式实现环境自我规制。社会中心主义理论的政策工具有:其一,信息披露制度。即环境企业自觉主动的披露环境行为相关的信息,接受政府、监管机构和公众的监督,以信息披露、信息公开来提高环境企业的环境规制能力和水平。其二,企业自愿协议。该行为建立在政府和企业相互信任的前提下,企业自觉主动的遵守环境规制的法律、法规,履行自己的环境保护社会责任,提高企业的环境污染规制绩效的协议。其三,环境标志与环境管理体系、技术条约、环境网络,以及其他沟通类手段。环境企业加入政府、部门制定的环境标志与环境管理体系,主动接受政府的监督、管理,配合政府履行环境污染规制技术条约,融入环境规制网络的行为②。

协商民主主义的理念是"自治—协商",突出参与、协商、自治和合作在环境规制中的关键作用,主要应用于以下领域:其一,从时间的维度分析,社会中心主义理论覆盖环境规制的全过程,不管是国家干预主义强调的法律法规、标准制度的制定需要参与、协商、合作,还是市场自由主义关注的市场机制、环境税收、排污权交易,都需要参与、协商和合作;其二,从内容的维度分析,社会中心主义理论更加注重环保社会组织、公众在环境规制公共领域中的作用,更多的是通过信息公开制度、公众参与制度、企业自愿性协议以及环境管理体系等来实现政府监管机构、环境企业、环保社会组织、公众、媒体等多元主体的协同、协调和互动;其三,从主体的维度分析,社会中心主义理论主要关注环保社会组织作为第三种力量在环境规制公共领域

① 沈宗灵:《法理学》,北京大学出版社 2000 年版,第 30 页。
② [美]乔亚舒·科恩:《协商民主的程序与实质》,塞拉·本哈比主编:《民主与差异:挑战政治的边界》,黄湘怀、严海兵译,中央编译出版社 2009 年版,第 49 页。

的桥梁和纽带作用。

二、命令型环境规制的不足

建构于政府干预主义和市场自由主义理论范式的命令型环境规制和激励型环境规制，它们强调稳定的、确定性和理性的规则、秩序和逻辑，能够契合农业文明和工业化文明中早期时代环境风险规制的需求。随着环境风险的不确定性、主观性、复杂性的增加，命令型环境规制和激励型环境规制虽然都具有环境风险规制的功能，但也都面临难于逾越的制度缺陷。

命令型环境规制模式的理论基础是国家干预主义理论，强调国家权力在环境规制中的主导性作用，主要通过立法、执法、司法等方式来规制环境企业，强化环境企业的法律责任和违法后果，是一种威慑式的环境规制模式。命令型环境规制模式的特点是以国家为主体，强调制裁惩罚、事后矫正、威慑高压，具有强制性、稳定性、单向性和法治性特点[1]。当然，命令型环境规制针对确定性、稳定性的环境违法行为具有一定的优势：其一，具有行政规制的制度惯性。环境污染规制涉及公共利益和社会整体利益，国家代表全体公民行使环境规制权具有理论基础和实践需求，并且我国历史上行政力量长期居于主导地位，"命令—服从"型环境规制具有环境规制的心理优势，是一种自上而下的环境监管，它强调高压、强制和服从、接受，环境规制的效率比较明显，能够直接处罚到环境污染企业，惩罚环境违法行为，通过对环境企业违法成本收益的变化来遏制环境企业的违法行为，是一种法律层面的威慑[2]。其二，确立环境规制的基础制度。"命令—服从"型环境规制主要强调国家的作用，突出环境立法、执法、司法等制度的功能，构建了比较系统的环境规制领域的法律、法规，明确了环境规制领域利益主体的权利义务、权力责任，尤其是关于企业产权制度的设立，为以后探索市场交易型环境规制模式建构了基础性制度[3]。其三，以法律强制执行为规制依据。"命令—服从"型环境规制模式是以法律

---

① 郑少华：《生态主义法哲学》，法律出版社 2002 年版，第 67 页。

② 王树义、刘琳：《论惩罚性赔偿及其在环境侵权案件中的适用》，载《学习与实践》2017 年第 8 期。

③ 郑少华：《中国环境法治四十年：法律文本、法律实施与未来走向》，载《法学》2018 年第 11 期。

强制为基础，如果环境企业不遵守环境法律法规，是要受到环境法律的制裁的，并且这种威慑型规制模式也是通过加大环境企业的违法成本来实现环境企业的守法，这种强制执行的路径对环境企业具有很强的威慑性和制裁性[①]。

命令型环境规制是根据第一代环境法实施范式，针对西方工业文明时代传统环境污染（如大气、水、土壤等）风险问题，通过政府制定环境技术标准和环境绩效产出来实现对企业污染行为的控制、制裁和惩罚。它强调政府的行政高权和行政权力的单向度运作，将污染企业作为监管和执法的对象，这种命令型环境规制范式具有独特的前设和特点：第一，它的利益逻辑起点是追求个人利益的最大化，强调法律对个体利益的绝对保护，是一种以个人为中心的自由主义路向[②]；第二，它是通过形式法规则和实质法规则的规范性整合机制实现对环境利益的保护，对环境风险的规制，它运用"法律主体—法律行为—法律关系—法律责任"等因果关系和逻辑结构来实现对环境风险（损害）行为的制裁、惩罚和矫正，强调法律关系的确定性、稳定性和对抗性；第三，它强调法律执行的权威性、统一性、平等性和均质性，通过行政高权、执法威慑和法律责任来实现对企业环境风险（损害）行为的控制、预防和规制。

但是，命令型环境规制模式契合了农业文明、工业文明时代下环境风险的结构性趋势和总体性特征，比较好地预防、控制和化解了环境风险（损害）。但是，随着科技技术的进步和制度复杂性的增加，以"技术风险"和"制度风险"为代表的"人为风险"已经取代传统的自然灾害风险和工业环境污染风险，人类进入风险社会时代[③]。风险社会语境下环境风险（损害）的最大特征是不确定性，环境风险（损害）在认知上是未知的，在可能带来灾难性风险的时机上是未来的，针对未知、未来的高度不确定性环境风险（损害）的规制，命令型环境风险规制存在如下制度缺陷。

（一）规制缺乏差异性。命令型环境规制主要的工具策略是技术标准，包括正面技术清单和负面技术清单[④]，这种标准化的技术规制路径虽然解决了环境执法的统一性、权威性和标准性难题，提高了环境行政机关执法的操作性和

---

① 蔡守秋：《基于生态文明的法理学》，中国法制出版社 2014 年版，第 86 页。

② 李波：《公共执法与私人执法的比较经济研究》，北京大学出版社 2008 年版，第 41 页。

③ 刘岩：《风险社会理论新探》，中国社会科学出版社 2008 年版，第 69 页。

④ 闫海：《论经济法的风险规制范式》，载《法学论坛》2016 年第 1 期。

效率性，有利于企业明确守法的技术要求。但也存在较大的缺陷：一是缺乏对企业环境风险差异性的考量，每个企业经济发展水平不同，其环境守法成本是各不相同的，单一的技术标准很容易带来"一刀切"式的"简单粗暴"；二是缺乏对企业主观守法意愿的分析，没有结合具体企业环境守法意愿和环境守法能力的实际情况，带来法律实施的公正性和针对性缺失，增加执法成本①。总之，以技术标准推动命令型环境风险规制实施的灵活性不足，增加整个社会环境风险规制的制度性成本。

命令型环境规制是建立在执法主体和执法对象"二元对抗"假设基础之上的，它过分强调执法机关的行政高权和主导地位，将企业作为被规制、监督、惩罚和制裁的对象。而且，命令型环境风险规制的执法依据和执法过程均处于一个相对封闭的结构之中，缺乏被规制对象、利益相关者等主体的参与，容易导致被规制企业对行政机关环境执法的"认同度低、遵从度低和抵触情绪高"②，从而增加环境规制的执法成本、实施成本、监督成本等制度性成本，甚至可能面临被规制企业因不服从环境规制而带来的行政复议、行政诉讼，尤其是针对具有高度不确定性环境风险（损害）行为，命令型环境规制将面临巨大的信息成本、制度成本和诉讼成本。

（二）事后责任规制机制。命令型环境规制是一种建立在事后责任基础上的责任机制，一旦企业环境技术不达标、环境污染总量超标，就会面临环境规制部门的法律制裁、惩罚和问责，以此来矫正环境利益，间接实现对环境风险（损害）的预防。但是，这种事后责任一方面缺乏有效的风险预防，而只能是一种事后的补救、矫正和制裁，此时，环境风险（损害）已经发生，必将给社会整体利益带来巨大的损失。同时，这种事后责任机制需要"违法主体、违法行为、违法主观恶意、因果关系等"一系列的约束条件，这显然不能适用针对"未知、未来、不确定性"特征的环境风险（损害）的规制；另一方面，针对后工业化时代下的新型技术风险和制度风险，如核泄漏风险、转基因技术风险等，这种具有大规模、群体性、不可逆的生态环境风险（损害），已经无法适用传统的事后责任机制，这也是命令型环境风险规制面临的结构性困境和制度

---

① 刘水林：《风险社会大规模损害责任法的范式重构——从侵权赔偿到成本分担》，载《法学研究》2014 第 3 期。

② 杨雪冬：《风险社会与秩序重建》，社科文献出版社 2006 年版，第 58 页。

性瓶颈①。

（三）制约环保技术创新。命令型环境规制的主要工具策略是"技术标准"和"绩效产出"，尤其是技术标准规范，它是以 BAT 规制为核心②，强调最佳控制技术的引进和适用，其出发点是将所有的企业都应使用最佳的技术设备，但面临两大难题：第一，最佳技术方案选择问题，哪一种技术是最佳环保技术是一个很难确定的问题，也是一个处于动态变化中的问题，这对环境法律、法规的稳定性、权威性和公正性带来挑战。第二，这种 BAT 法则主要是对新设企业的生产技术、工艺和设备要求，导致很多企业为规避 BAT 法则，推迟生产技术、工艺和设备的更新换代，面临实践中的"逆向选择"；第三，BAT法则（不管是负面清单还是正面清单）都是一种消极服从的行为规范，企业只要达到技术标准的参数要求即可，无法激励企业采取更科学（环保）的生产技术、工艺和设备，阻碍了环保技术创新和绿色发展，无法调动企业提升环境技术的内生动力，缺乏激励性。专业性壁垒。命令型环境规制的实施主体是行政机关，实施的工具策略是技术标准和绩效产出（污染物总量控制和能源消耗总量控制），这里面都面临环境风险规制的专业性瓶颈。环境风险（损害）具有很强的技术性、专业性和复杂性，在环境风险（损害）规制远程中面临严重的信息不对称，作为被规制对象的企业拥有更多的环境风险信息，而环境规制机关却相对处于信息弱势地位，这种专业性壁垒将导致命令型环境规制面临巨大的信息成本③。

（四）政府环境规制失灵。环境风险（损害）规制是一种公共物品（准公共物品），它具有"消费的非排他性"和"非竞争性"特征，单纯的市场主体无法自我解决生态环境风险规制领域的"市场失灵"，企业缺乏环境自我规制的利益动力；而公众开展环境风险（损害）的规制面临"集体行动的困境"和"专业知识的缺乏"，交易成本巨大④。命令型环境规制就是为破解环境污染的外部性应运而生的，它强调政府通过立法、执法、司法等强制性干预，实现对环境风险（损害）的规制、惩罚和矫正，它是以建立在一个高效、公正、廉洁、守

---

① 郑少华：《从"管控论"到"治理论"：司法改革的一个面向》，载《法学杂志》2015 年第 5 期。

② ［美］布雷耶：《规制及其改革》，李洪雷等译，北京大学出版社 2008 年版，第 62 页。

③ 郭武：《论第二代环境法的形成和发展趋势》，载《法商研究》2017 年第 1 期。

④ ［美］富兰克·H. 奈特：《风险、不确定性和利润》，王宇、王文玉译，中国人民大学出版社2005 年版，第 93 页。

法的政府假设为前提条件的，而且它们眼中的政府是均质的。但是，在我国的实践中环境风险规制面临的形势异常复杂，中央、省、市、区县、乡镇五级政府在生态环境规制过程中面临更多的利益诉求和资源约束，受"政绩推动"和"维稳倒逼"，甚至出现不同层级政府之间环保规制自相矛盾的环境政策，也增加了政府环境规制的复杂性和不确定性。同时，随着环境规制压力的增加，企业可能会选择贿赂政府官员，政府官员面临"权力寻租"和被"俘获"的危险，这些都制约了命令型环境规制的实施效果[①]。

三、激励型环境规制的局限

激励型环境规制模式的理论基础是市场自由环境主义理论，强调所有权在环境规制中的核心作用，通过财政、税收、排污权交易、押金制度以及延伸生产者责任的方式，通过发挥环境市场中的价格信号、竞争机制、供求规律来激励环境企业遵守环境法律法规，引导环境企业的生产决策行为，实现对环境污染的规制。"经济—激励"型环境规制模式的特点是以环境企业为主体，强调经济激励、事前预防、内生动力，具有成本较低，效果持久和有利于环境技术创新的特点。当然，在如何激发企业环境自我规制的主动性和积极性方面，激励型环境规制具有以下优势：其一，有利于激发企业的积极性。由于激励型环境规制模式更多的是通过财税激励的方式来调整环境企业的决策行为，并不对企业直接进行责任处罚，容易受到企业的接受，能够很好地激励企业采取有利于降低环境污染排放的行为和技术，激发环境企业的积极性、主动性和创造性。激励型环境规制模式改变传统"命令—服从"型环境规制模式的结构，强调环境企业的自主性，节约环境规制的社会成本，降低环境污染规制社会总成本。其二，有利于技术创新和推广。激励型规制模式对采取先进环境规制技术的企业或者污染规制成本低的企业具有很强的激励作用，环境企业可以从采取新技术、新设备、新工艺中获得利益，让环境企业在努力争取自己的环境利益的同时促进了社会整体环境的改善，发挥了斯密"无形之手"的作用，这就是

---

① Raeymaeckers，P. & Kenis，P.（2016）.The Influence of Shared Participant Governance on theIntegration of Service Networks：A Comparative Social Network Analysis. International Pub-licManagement Journal，19（3）.

环境市场机制的妙处。其三，有利于环境污染的事前防控。"经济—激励"型环境规制模式强调通过市场信号、价格机制和供求规律来引导环境企业的决策、生产行为，是一种事前的环境风险防控机制。针对环境风险的特点，能更好的实现环境公共利益的维护和公民环境权益的保障，降低环境给社会和公众带来的"人为风险"。

但是，激励型环境规制是以市场机制和经济激励为内在机理，以环境税、排污权交易、环境金融等为工具，利用价格机制、竞争机制、供求机制来激发企业主动实施环境治理的运行机制①。激励型环境规制具有执行成本低、有利于环境技术创新和环境风险防控的多维功能，但也存在以下缺陷：

（一）缺少环境正义考量。激励型环境规制是建立在总量控制前提下的企业环境排污权（量）的交易，它通过市场机制来实现一个区域内的环境容量使用低于临界点，甚至大大降低环境总容量，但是却无法解决"均衡分布"问题，很可能导致"热点效应"，即环境污染在一个特定区域总爆发，引发重大环境风险（损害）。而环境税仅仅是一种价格机制，将生态环境保护的外部成本的内部化，但却无法解决环境规制中相关利益主体的环境权问题，容易引发环境"邻避事件"的爆发②。因为环境风险（损害）不仅仅是一种客观的、现实的风险损害，还可能是一种主观的、心理的风险认知和情感认同，这些都是激励型环境风险规制无法解决和回应的"正义难题"。

（二）环境规制信息成本高。激励型环境规制是一种通过借助市场和建构市场来实现环境风险（损害）规制的动力机制，其最重要的制度基础是环境信息的公开、透明和对称，环境规制机关、被规制企业以及其他利益主体能够获得充分、及时和全面的环境信息，这样才能保障激励型环境规制的有效运转。而实践中，因为环境风险（损害）本身的专业性、科学性和知识性③，环境规制机关、被规制企业以及相关利益主体之间的信息是不对称的，

---

① Migdal, Joel S. (1988): Strong Societies and Weak States: State-SocietyRelations and State Capabilities in the Third World.Princeton University Press.

② 徐祥民：《环境质量目标主义：关于环境法直接规制目标的思考》，载《中国法学》2015年第6期。

③ ［德］莱纳·沃尔夫：《风险法的风险》，刘刚译，刘纲主编：《风险规制：德国的理论与实践》，法律出版社2012年版，第52页。

获得信息的成本非常高昂，导致环境税费收缴、排污权交易、环境金融制度、环境信用体系等市场机制难以发挥应有的功能，制约了激励型环境规制的绩效[1]。

（三）环境规制结构封闭性。激励型环境规制是命令型环境规制的延伸、拓展和优化，它依然根植于环境规制机关的权力配置，通过政府直接定价的方式确定环境税费标准，依据一定的标准，以行政许可的形式向企业分配环境容量，并通过行政权力建构统一的市场交易平台，推动排污权交易。激励型环境规制只是借助环境税费、排污权交易制度、环境金融等市场媒介[2]，激发企业主动开展环境自我规制，但其在结构上依然是一种封闭的、僵硬的和单一的规制结构，缺乏环境规制机关、被规制企业以及利益相关者之间良性互动、协商沟通，无法解决环境风险（损害）的不确定性难题，增加了环境规制的制度性成本[3]。

（四）忽视多元产权的激励性。激励型环境规制模式的前提是产权清晰和交易成本为零（较低），才能够通过市场机制推动环境企业的行为转变，但是达成环境协议的成本较高，而且产权也不易界定。由于我国的市场体制改革是从传统的计划经济转型过来的，现在仍处于市场经济深化过程中，依然面临资源产权不清、主体不明等市场结构的困境，导致激励型环境规制模式的实施成本较高，甚至根本达不成一致的协议。忽视多元产权对环境市场机制的促进作用。激励型环境规制模式过于强调产权清晰，由于环境污染治理的公共产品属性，多元产权结构更能促进环境市场机制的发挥。激励型环境规制模式过于强调市场的激励机制，而忽视市场之外的因素，比如法律法规的完善、执法的及时有效、司法保障机制的健全，只有在相关制度完善的条件下市场机制才能发挥作用。并且由于环境污染治理的科学性、民主性特征，还需要关注环境企业治理中的技术水平对市场交易的保障作用，比如在碳排放交易中就会遇到很多技术性瓶颈，导致环境市场机制不能发挥应有的功能[4]。

---

[1]　丁启明、赵静：《论企业环境守法激励机制的建构》，载《学术交流》2011 年第 3 期。

[2]　沈满洪：《论环境经济手段》，载《经济研究》1997 年第 5 期。

[3]　周杰普：《论我国绿色信贷法律制度的完善》，载《东方法学》2017 年第 2 期。

[4]　张红凤：《规制经济学的变迁》，载《经济学动态》2005 年第 8 期。

四、协商型环境规制的优势

（一）环境规制协商的开放性

协商型环境规制强调主体结构的开放性，打破了传统环境规制参与主体仅仅是行政机关和被规制对象的约束，在环境规制协商的过程中，引入了多元参与主体，如环保社会组织、环境专家、公众代表以及媒体等，这种环境规制主体结构的开放性，很好地破解了环境规制最大的法律难题——不确定性[1]，比如针对专业性很强的环境问题，可以发挥环境专家的技术优势和专业优势，提升环境规制的科学性水平，针对环境规制执法面临的民主性难题，通过公众代表的参与、环保社会组织的参与，听取环境规制利益第三方的意见和建议，拓展了环境规制的民主性，破解了环境规制公共性和认同性的危机。这种规制结构上的开放性，同时也强化社会性权力主体对行政性权力主体和经济性权力主体的监督和制约，公众代表、环保社会组织等社会性主体通过环境规制协商实现环境知情权、参与权、监督权和诉讼权，最终为环境执法难题的破解提供了资源和条件[2]。

（二）环境规制协商的程序性

在我国公权力比较强大，相较于企业和公民，行政权力具有明显的优势和强势，而且随着风险的转型，行政规制机关具有明显的扩张权力的冲动和惯性，如何保障环境规制过程中公权力的依法行政以及私权利主体实现对行政权力的监督，是我国环境规制过程中一个非常棘手的难题。尤其是在命令型环境规制范式下，行政规制机关的强势地位明显，很容易出现"一刀切"和"运动式执法"，缺乏对被规制对象合法权益的尊重；即使在激励型环境规制模式下，关于财政、税收、环境金融政策的制定也是规制机关的权力，排污权交易的机制也是行政机关建构，都具有明显的公权力主导的色彩[3]。而环境规制执法又

---

[1] 鲁镇荣：《德国法中"社会自我规制"机制初探》，载《政大法学评论》2004 年第 78 期。

[2] 生延超：《环境规制的制度创新：自愿性环境协议》，载《华东经济管理》2008 年第 10 期。

[3] 蒋红珍：《论协商性政府规制——解读视角和研究疆域的初步厘定》，载《上海交通大学学报》（社科版）2008 年第 5 期。

具有不确定性、复杂性、专业性、公共性和主观性等特征，这种新型的环境风险不宜采用命令型环境规制的范式，而协商型环境规制能够通过法律程序的建构，以法定程序来规范行政机关在协商过程中的职权和职责，保障企业的合法权益，能够更好的实现对行政权的规制和制约，保障协商过程的公平、正义和公正[①]。

如荷兰是欧洲实施自愿性环境协议较好的国家，制定了完善的协商程序和过程机制：一是签订自愿性环境协议签，政府必须评估协议目标的可行性，能源与环境署对工业部门进行节能潜力评估；二是签好的自愿性环境协议要提交经济事务部、能源与环境署和工业协会三方审核确认，共同签署自愿性环境协议；三是自愿性环境协议实施过程中，政府提供政策税收、财政、能源审计等支持，能源与环境署负责制定能效长远规划等，工业协会负责编写提高能效意向书，制定长期协议的全面计划并实施，自愿参加的公司制定节能计划，编写年度检查报告；四是健全制衡机制，如果公司或部门不能履行协议计划，又缺乏具有法律效力的事由，将无法享受相应的激励政策，并面临环境法律、法规和政策的强制性规制。1992—2000 年，荷兰共签署 44 份协议，涉及 29 个工业部门，能效提高 22.3%（每年约为 2%），相当于节能 157PJ，每年减排二氧化碳 900 万吨。经测算，节能自愿性协议给荷兰工业部门带来的经济效益高达 7 亿欧元。

（三）环境规制协商的民主性

环境规制协商的民主性体现在以下三点：一是环境规制机关与被规制者之间的协商民主，传统的命令型环境规制，往往强调行政高权和纵向压力，突出行政权的先定力、强制力，通过罚款、扣押、拘留、停产等强制性措施，实现对被规制者的规制，这种命令型的环境规制会带来执法成本的增加，也不利于环境规制复杂性问题的解决，甚至带来消极抵抗和暴力抗法，通过环境规制协商，强化规制机关与被规制企业之间的协商、互动和理解，更容易达成共识，执法行为获得被执法对象的认同和接受，降低环境规制执

---

① 陈富良、黄金钢：《政府规制改革：从公私合作到新公共服务》，载《江西社会科学》2015 第 4 期。

法成本，而且可以实现环境规制不确定性难题的相对稳定化，将双方的职权职责、权利义务进行明确和规范[①]。如环境执法和解制度就是很好的促进环境规制机关与被规制对象的协商、沟通、理解、接受和认同。二是环境规制机关与利益第三方的协商民主。环境规制具有一定的公共性、公益性，环境规制执法过程中不仅仅对环境违法企业的处罚和制裁，还涉及因环境违法带来的利益第三方的环境权益的保护。通过协商型环境规制可以实现环境规制机关与利益第三方的协商、沟通，听取公众、环保社会组织的利益诉求，更好的实现环境规制执法效率，避免引发环境群体性事件[②]，如协商制定规则和生态环境损害赔偿磋商制度等都具有促进环境规制机关与利益第三方协商民主的功能。三是促进环境规制机关与被规制者、利益第三方之间的互动，环境规制涉及环境规制者、被规制者和利益第三方等，通过环境协商规制，可以搭建一个制度性的协商沟通法律机制，促进多元利益诉求、利益协商、利益沟通，实现彼此之间的理解、包容和合作，构建一种多元参与的协商型环境规制模式，比如我国的环保约谈制度就具有多元参与、协商沟通、合作治理和风险预防的功能[③]。

发达国家环境执法和解通常采用一种典型的协商型环境风险规制制度。如《超级基金法》（Superfund Act）就是第一部明确授予行政机关执法和解权的法律，该制度能够促使潜在责任方积极、自愿达成协议，高效履行环境规制责任。环境执法和解通过建构规制者与被规制者、利益第三方之间的协商、沟通与合作机制，将环境执法的不确定性转化为环境执法和解协议，明确环境规制者与被规制者之间的权利义务；二是环境执法和解充分尊重被规制者的利益诉求和实际情况，能够提升环境执法的遵从度，降低环境执法的制度性成本；三是激励公众参与环境执法和解，提升环境规制的过程性、民主性和公正性；四是强化法院对环境执法和解协议的"合法性审查"，确保环境执法和解的自愿性、公正性、合理性和合法性。

---

① 王明远、金峰：《科学不确定性背景下的环境正义——基于转基因生物安全问题的讨论》，载《中国社会科学》2017 年第 1 期。

② 陈秀梅、于亚：《环境群体性事件的特点、发展趋势及治理对策》，载《中共天津市委党校学报》2015 年第 1 期。

③ 湛中乐、郑磊：《分权与合作：社会性规制的一般法律框架重述》，或《国家行政学院学报》2013 年第 5 期。

（四）环境规制协商的过程性

以往的命令型环境规制和激励型环境规制都是一种基于环境问题导向的规制思路，往往聚焦于具体环境问题的解决，而由于环境规制的特殊性，如环境规制的公共性、不确定性、主观性、专业性、复杂性，这种针对具体问题的环境规制范式依然是一种秩序行政思维，它强调问题的确定性、逻辑关系的确定性、违法主体的确定性、违法后果的确定性以及修复的可能性，而环境规制面临的难题不是一种确定性的环境问题，甚至是一个基于未知、未来的环境决策行为（风险）的规制[1]，如对生物多样性的环境规制和未来可持续发展的环境规制，针对这种特性的环境问题，还沿用传统的环境规制范式显然心有余而力不足，无法有效回应环境风险规制的实践需求。而协商型环境规制能够建构一种协商、沟通、互动、合作和参与的过程，建构一种基于过程的环境协商治理机制，促进环境法律的实施不仅仅依靠标准、绩效、产出，还可以依靠协商过程，实现环境规制的"工具理性"和"价值理性"的统一，推动环境协商规制的"公共理性"和"沟通理性"。如发达国家协商制定规则制度和宏观协议制度都是建构于过程之上的环境协商规制机制。[2] 发达国家实施的非政府组织标签计划：绿色印章（Green Seal）和科学认证体制（Scientific Certification Systems），以及环保署发起的标签计划——能源之星（Energy Star）等，建构正面环境信息、负面环境信息和中性环境信息的公开、披露、评估机制，通过信息型规制机制，推动环境规制部门、环保社会组织、企业、公众、社区等多元主体协商规制提供信息支撑，激发企业环境风险自我规制的内生动力和外部压力。

---

[1] 庞晓光：《科学的祛魅：利奴近代科学革命时期科学与价值的关系》，载《自然辩证法研究》2009 年第 4 期。

[2] 郑少华：《生态主义法哲学》，法律出版社 2002 年版，第 39 页。

第二章　协商型环境规制的要素结构

基于对命令型环境规制和激励型环境规制制度缺陷的分析，可以发现它们在提升环境污染风险治理的有效性、回应性和适应性等方面存在困难，亟需借鉴和运用协商型环境规制理论和方法，以此来弥补命令型环境规制和激励型环境规制的缺陷和不足。那么，协商型环境规制的内在机理是什么呢？它适用的前设条件又是什么呢？协商型环境规制具有哪些基本原则和目标价值，协商型环境规制蕴含的运作机制和规制策略又是什么呢？为什么说协商型环境规制能够更好地回应环境污染（风险）的专业性、复杂性、不确定性、主观性、建构性等难题？

第一节　协商型环境规制的前设条件

协商型环境规制是以"商谈—建构"理论为基础，以过程、程序为中心，以风险预防、协商沟通、多元参与、合作共治、信息公开为目标导向，以反身法理论为研究视角，以制度性整合、功能性整合和价值性整合为作用机理，以环境信息公开、环境保护公众参与、环保约谈、生态环境损害赔偿磋商、环境污染第三方治理等为制度谱系，力求推动环境规制的风险预防、协商沟通、多元参与、合作共治、信息公开。协商型环境规制的内涵条件包括利益假设、行为特点、认知能力及归责原则四个维度。

一、利益假设的系统性

对抗式强调法是对个人利益的保护，认为个人利益是所有利益的起点和落脚点，公共利益、社会利益、整体利益都是对个体利益的集聚，个人利益的假设认为人的利益是绝对的、排他性、竞争性，[①] 并且个人利益的假设也带来权利意识的发展，对抗式实施范式以个体权利为出发点，强调认真对待权利[②]，认为权利本身具有不可分性，权利主体之间基于利益的绝对性导致权利的冲突性和对抗性，需要对抗式的法实施范式来矫正和补救。这种理性的假设强化了环境规制的对抗性，认为即使出现侵害个体利益的行为，也可以通过理性的处罚、矫正来恢复权利[③]。

而协商式环境规制范式认为利益具有关联性、系统性、不可分性和不确定性。其一，利益的整体性。协商式环境规制范式所要保护的利益具有公共物品的特点，具有消费的"非排他性"和"非竞争性"，是一种公共利益，它有具有整体性、不可分性，它可能是一种系统、状态或者均衡[④]。其二，利益的不确定性。随着技术的发展和风险社会的来临，法律保护的利益呈现多元化趋势，很多利益本身就是一种风险，具有突发性、不确定性和不可知性，现有的科学或法律很难对其进行充分的理性建构。其三，利益的关联性。利益的公共性表现为多种利益上关联性，尤其是表现为风险的利益，具有流动性、代际性和互构性，它不是一种稳定、固定的和单向的利益，而是一种处于动态变化中的关联性利益。[⑤] 基于利益的整体性、关联性、系统性假设，就需要加强利益主体之间的协商、沟通、合作和互动，逐步实现从个体理性到公共理性、从个体利益到公共利益、从个体权利到社会权力的转变。

① ［英］迈克·费恩塔克：《规制中的公共利益》，戴昕译，中国人民大学出版社 2014 年版，第 84 页。
② ［美］罗纳德·德沃金：《认真对待权利》，信春鹰、吴玉章译，中国大百科全书出版社 2008 年版，第 127 页。
③ ［美］詹姆斯·博曼：《公共协商：多元主义、复杂性与民主》，黄湘怀译，中央编译出版社 2006 年版，第 65 页。
④ ［德］乌尔里希·贝克：《风险社会》，何博闻译，译林出版社 2004 年版，第 41 页。
⑤ ［英］安东尼·吉登斯：《失控的世界：风险社会的肇始》，周红云译，江西人民出版社 2001 年版，第 89 页。

二、行为结果的双效性

对抗式环境规制范式契合了传统违法行为的特征。其一，违法行为的确定性。违法主体、违法行为、侵害的客体、因果关系都具有确定性，只有行为的确定性才能保障威慑、处罚、制裁等对抗式工具发挥作用。其二，违法后果的有限性。对抗式环境规制目标是矫正、恢复和惩罚，只有适用的违法行为后果是有限的，违法者才有能力承担相应的法律责任，才能通过对抗式的工具实现权利的救济和利益的矫正。同时，违法后果要具有可计量性，可以通过货币化的方式予以测量，将受侵害的利益恢复到原始状态。其三，违法行为的可预期性。违法行为只有具备可预期性①，是建立在违法者个体理性的支配下实施的，对违法行为产生的后果有清晰的认知，并能够预测自己的违法行为与违法后果、承担责任之间的因果关系，这样才能发挥对抗式环境规制的制度效用。

而协商式环境规制范式针对的行为具有公共性、不可预期性、双效性。其一，行为的公共性。协商式环境规制范式是回应具有公共性问题的行为，这种行为不是以个体利益、个人权利和个体理性为分析基础的，而是以一种集体的利益、社会的权力和公共的理性为逻辑起点的，它具有公共性的特点。如大量具有公共物品和准公共物品的存在，这种消费的非排他性、非竞争性带来行为的公共性，这样的违法行为不能简单适用对抗制模式，更多的应采取合作、协商、沟通、参与、公开等方式规制。其二，行为后果的不可预期性。协商式环境规制范式要面对的行为具有突发性、不可知性和不可预期性，人类的理性程度还不能清楚的把握行为的不利后果，或者这种后果带来的损害是巨大的、不可恢复的和不可逆的，需要运用协商的方式，全过程、全方位、全要素的开展协商、参与、互动和共治，强化风险的预防和控制。②其三，行为的双效性。这种行为是当前经济社会发展过程中不可避免，它一方面具有积极的作用；另一方面又有负外部性，可能会给人们的生产、生活和生态带来不利影响。针对具有双效性的复杂行为，单纯依靠对抗制的模式实施，往往很难奏效，因为它不是一种"非此即彼"的行为选择，而是一种共生共容共存的行为，需要转变

---

① 刘水林：《风险社会大规模损害责任法的范式重构——从侵权赔偿到成本分担》，载《法学研究》2014 年第 3 期。

② ［德］迪特尔·格林：《宪法视野下的预防问题》，刘刚译，刘刚主编：《风险规制：德国的理论与实践》，法律出版社 2012 年版，第 70 页。

执法的范式，探索更多的合作性执法机制，才能真正解决问题①。

三、认知能力的有限性

对抗式环境规制范式是以人的个体利益为中心，以人的无限理性为前提，以绝对权利为载体，强调违法行为的确定性、关联性、有限性和可预期性，是建立在人类认知能力的无限性的基础上的。在传统的农业社会和工业社会时代，人类面对的大量的矛盾、冲突和纠纷多具有静态性、常态性和稳态性，认为人类的认知行为能力是无限的，假设人类在决策时，能够拥有充分的信息和完备的技术知识，能准确把握行为可能带来的风险与责任，并为自己的违法行为后果承担法律责任。

而协商式环境规制范式的产生是基于风险社会的背景，尤是随着科学技术的突飞猛进，大量新技术、新事物、新制度层出不穷，这些新的行为已经远远超出人类个体的认知能力，个体理性假设的基础发生巨大的变化，导致传统的针对个体理性、个体利益、个人权利的对抗式环境规制范式失灵，需要创新环境规制的范式，环境规制的范式转向以合作、协商、预防和共治为核心要求的协商式范式。② 协商式环境规制模式反对纯粹的利益、无限的理性和绝对的权利，认为人的理性是有限度的，认知上存在盲点和误区，在很多方面人类的理性更多的表现为"致命的自负"③。尤其在"人为风险"④ 领域，即使是专家学者的观点也不一定代表绝对的真理，人们实现对风险的规制不仅需要理性的建构，还需要公众、专家、监管机构之间的协商、合作和沟通⑤，需要形成一种公共理性、风险文化和集体认同，人类认知能力的有限性是协商式环境规制制度的智识基础。

---

① [德] 莱纳·沃尔夫：《风险法的风险》，陈霄译，刘刚主编：《风险规制：德国的理论与实践》，法律出版社 2012 年版，第 49 页。

② [美] 伊森·里布：《美国民主的未来：一个设立公众部门的方案》，朱昔群等译，中央编译出版社 2009 年版，第 58 页。

③ [英] 哈耶克：《致命的自负》，冯克利等译，中国社会科学出版社 2000 年版，第 63 页。

④ [德] 乌尔里希·贝克：《风险社会》，何博闻译，译林出版社 2004 年版，第 72 页。

⑤ [南] 毛里西奥·帕瑟林·登特里维斯：《作为公共协商的民主：新的视角》，王英津等译，中央编译出版社 2009 年版，第 20 页。

四、归责原则的预防性

对抗式环境规制范式的归责原则主要是一种过错责任、事后责任，这是由于对抗式实施范式是以个体利益为中心，以个人理性为前提，以个体权利为载体，强调人的无限理性和认知能力，违法行为人能对自己的行为做出准确的判断，能预测行为将产生的法律后果，并能对相应的法律后果承担责任，所以，对抗制范式主要采取过错责任、事后责任的归责原则。[①] 主要包括威慑、恐吓、制裁、问责等，强调实施主体与实施对象之间的冲突、不信任、不合作，以公权力为后盾的强制力来推动法的实施，突出公权力的行政高权、单向实施和责任惩罚。[②]

而协商式环境规制范式主要通过协商、参与、沟通、互动等方式推动对违法行为的规制，强调规制过程中主体的平等、利益的平衡、有效的沟通，从而达到合作型规制，降低法实施的成本，提高法实施的效果。协商式环境规制范式是以违法行为的不确定性、突发性、不可逆性、不可预期性和难以修复性为前提的，它对人的认知能力要求很高，违法行为导致的后果远远超出行为人的偿还能力，针对这样的行为，归责原则的目标是实现风险的预防和控制，强调事前的预防，要通过许可、标准、信息、参与、协商、合作、自治等工具实现事前的风险防控和归责原则。[③]

环境具有公共物品的属性，从环境违法侵害的对象来看，由于环境风险流动性、累积性和扩散性，环境违法行为事实上侵害了全体公众的环境公共利益[④]；从环境违法的损害影响来看，环境违法损害的不仅是当代人的利益，还会影响人类未来发展的利益；从环境违法侵害的客体来看，环境违法行为侵害的是一种环境系统的和谐，这种系统本身具有不可分性、整体性、协调性。[⑤]环境损害具有突发性、风险性、不可预期性及不可逆性，这些突发型和累积型

---

① 刘水林：《风险社会大规模损害责任法的范式重构——从侵权赔偿到成本分担》，载《法学研究》2014 年第 3 期。

② [日] 植草益：《微观规制经济学》，朱绍文等译，中国发展出版社 1992 年版，第 13 页。

③ [美] 凯斯·R·桑斯坦：《风险与理性——安全、法律及环境》，师帅译，中国政法大学出版社 2009 年版，第 63 页。

④ [美] 凯斯·R·桑斯坦：《风险与理性——安全、法律及环境》，师帅译，中国政法大学出版社 2009 年版，第 48 页。

⑤ [美] 凯斯·R·桑斯坦：《最差的情形》，刘坤轮译，中国人民大学出版社 2010 年版，第 92 页。

的环境违法行为都是很难预期的，违法行为人可能根本无法预料自己行为后果严重性，也缺乏赔偿、修复环境后果的能力，针对环境损害的归责原则更适宜风险预防原则。环境违法行为具有很强的专业性，人类对环境损害的认知能力存在严重的不确定性，甚至专家都不能对当前的一些新兴环境污染行为做出科学的评判，如核辐射的后果、基因突变的影响、重金属超标的危害等。所以，环境法实施范式应逐渐由对抗式转向协商式。

第二节　协商型环境规制的基本原则

协商型环境规制是建构于主体之间，基于程序、过程而型构的法律机制的基础上，它契合了环境污染风险的特征以及公众对环境知情权、参与权、监督权、诉讼权的诉求，具有风险防控、程序便捷、协商沟通和多元治理的特征①。

一、风险预防原则

随着风险社会向纵深发展，事前预防、风险防控成为政府规制的重要理念，尤其是针对环境安全规制，它具有不确定性、不可预见性和后果的不可逆性，而且一旦发生环境事件，将会给公众带来巨大的损害。针对环境风险的特点，常规的环境规制手段，如环境执法、环境信访、环境诉讼、环境问责不能很好地预防环境危害的发生。因为环境处罚、环境信访、环境诉讼都是事后的补救机制，往往都是企业出现环境违法行为、当事人的环境权益受到侵害或者社会的生态环境受到破坏之后，启动的环境规制行为。而环境问题从表面上看是企事业单位环境违法违规所致，其根本问题可能是政府的决策、管理问题，甚至是政府的行政不作为和纵容包庇的后果②。所以，在这样的背景下，传统的环境规制工具作用有限，而协商型环境规制通过直接与行政相对人及利益第

---

① ［美］富兰克·H.奈特：《风险、不确定性和利润》，王宇、王文玉译，中国人民大学出版社2005年版，第17页。

② ［美］史蒂芬·布雷耶：《打破恶性循环：政府如何有效规制风险》，宋华琳译，法律出版社2009年版，第29页。

三人协商、沟通，更好实现环境规制。如环保约谈制度，直接约谈地方政府、相关部门以及企业负责人，尤其是针对各级政府"一把手"的约谈，将环境规制环节从末端监管提前到源头规制，从决策环节就强化地方政府的环境责任，有效防控环境风险的发生和环境生态的恶化。同时，针对企业的协商型环境规制，协商型环境规制是一种事前的行政措施，可能环境损害还没有发生，或者还处于萌芽、初始阶段，对公众、社会的危害还不是很严重的时刻，上级政府或环境保护部门对可能发生环境危害的下级地方政府、环保部门以及企业进行协商型环境规制，指出其存在的环境生态问题，明确其应遵守的环境法律法规，强调其可能承担的法律责任，并提出具体整改措施，可以起到事前预防和风险防控的效果，大大降低了环境规制的实施成本和社会成本。如《环境保护部约谈暂行办法》第二条规定，本办法所称约谈，是指环境保护部约见未履行环境保护职责或履行职责不到位的地方政府及其相关部门有关责任人，依法进行告诫谈话、指出相关问题、提出整改要求并督促整改到位的一种行政措施。

二、多元共治原则

2015 年 9 月，党中央、国务院联合印发《生态文明体制改革总体方案》，明确提出到 2020 年，构建起由自然资源资产产权制度等八项制度构成的生态文明制度体系，推进生态文明领域国家治理体系和治理能力现代化。政府治理和政府监管最重要的差异在于主体的多元化、权力运行的双向性和功能上的互补性[1]。针对环境治理，由于我国经济发展所处的阶段以及当前环境监管部门的执法体系和能力都不足以单独实现对环境违法行为的监管和处罚，必须调动相关利益主体的积极性，参与环境规制，形成多元参与、合作治理的格局[2]。协商型环境规制通过建构制度性的商谈载体，实现了环境相关利益主体合作共治的机制，协商型环境规制中的环保约谈，就是约谈实施主体通过对地方政府、环保部门以及企业的约谈，可以邀请有关组织部门、行政监察部门、检察院等单位共同实施协商型环境规制，视情况邀请媒体、公众代表列席。搭建了

---

① 徐祥民：《环境质量目标主义：关于环境法直接规制目标的思考》，载《中国法学》2015 年第 6 期。

② 叶榅平：《处理农村群体性纠纷的若干思考》，载《司法改革论评》2010 年第 1 期。

一个多元主体合作、对话、交流、互动的平台和载体，通过多元主体的参与，推动行政规制资源集中对地方政府、环保部门以及企业进行压力传导，大大提升了协商型环境规制的威慑力。如濮阳市人民检察院与市环保局联合印发了《关于在生态环境保护工作中建立联合约谈机制的意见》。同时，协商型环境规制也是一个合作共治的过程，充分听取各方的利益诉求，提高环境整改意见的针对性和有效性，实现环境治理的多元参与和合作共治①。

当前我国环境规制最大的问题是监管体制、权力层级和条块分割的不协调性，尤其是地方环保部门属地化管理，中央政府对地方的环境违法行为往往"鞭长莫及"，有些规制政策不能完全落地，政策执行效率和效果有待于进一步提高。而一些地方政府受经济发展的利益驱动和官员晋升的 GDP 激励，还是将经济发展、税收、财政增加作为主要任务和工作目标，环境保护往往"说起来重要、做起来次要、忙起来不要"，甚至为了地方发展的短期利益，放任一些污染企业的环境违法行为，严重制约了中央政府环境生态政策的效果。在环保约谈实施之前，生态环境部门作为"条"上的行政压力很难传导到作为"块"上的各级地方政府头上，部分地方政府认为环境监管是环保部门的责任，将自己置身事外，而且环境问题往往涉及发展改革部门、住建部门、规土部门、商务部门等多个职能部门，单纯依靠生态环境保护部门的行政资源是很难有效规制环境问题的，必须推动地方政府环境责任的落实②。

新的《环境保护法》第六条第二款："地方各级人民政府应当对本行政区域的环境质量负责"，这也是为什么，约谈制度已经存在 10 多年的情况，却在新《环境保护法》实施之后，原环保部在全国范围开展了大规模的环保约谈的重要背景，有法律上的依据和实践上的需求③。要打破当前体制内的条块限制、层级分隔以及权力制约，必须探索新的央地互动、条块协同、党政同责的体制机制和制度规范。环保约谈制度正好契合了当前破解环境瓶颈的核心问题，国家生态环境部可以直接约谈地方政府的负责人、相关部门和大型企业集团的负责人，直接将环保压力和环境问责转移到地方政府负责人和大型企业集体责任人身上，形成中央、省、市、县四级环保约谈体系，实现地方政府、环保部

---

① 林灿铃：《环境法实施的立法保障》，载《比较法研究》2016 年第 11 期。

② 吴舜泽：《县级环境监管能力建设主要问题与应对措施》，载《环境保护》2010 年第 13 期。

③ 王全兴、唐伟森：《我国社会法基础理论的研究路径选择》，载《江淮论坛》2017 年第 2 期。

门、企业环境违法成本的内部化，使地方政府面对国家环保部门的压力不得不采取有效的措施，治理地方的环境违法行为，直接突破地方保护主义的窠臼，提高了中央政府的权威和环境规制的实效①。

三、协商沟通原则

19 世纪的古典行政法主张公共利益与私人权益在价值上是对立的，导致政府与个人在理念上相互怀疑、猜忌与提防，体现在行政关系上就是竞争与对抗关系。比如原国家环保部针对地方政府不落实环境责任，往往采用区域限批、流域限批、挂牌督办等"对抗式"的处罚，但由于环境问题的特殊性（具有风险性、过程性、公共性、公害性），采取"对抗式"的行政执法不利于环境问题的解决。随着新行政法理念的发展创新，政府与社会的关系从二元对立转向合作协商，尤其社会法学的兴起，给传统的行政行为增加了合作、服务、协商的新理念，而不是单纯的公权力主体单方主导、命令、强制私权利主体②。新的服务行政理念，催生了大量"非强制行政行为"，如行政合同、行政指导、行政计划、行政和解、行政奖励等柔性规制方式，这样更容易达成一致，规制行为得到被规制主体的认可，降低规制成本，提高规制效率③。

协商型环境规制中的环保约谈就是一种柔性的行政措施，它通过环境规制部门与地方政府、下级环保部门、企业的当面沟通协商，共同面对环境安全问题，达成一致的整改意见，提高地方政府、环保部门、企业环境规制的自觉性、主动性和积极性，起到"事半功倍"的效果。如《杭州市余杭区环境保护局企业约谈暂行规定》第二条，本规定所称约谈，是指由区环保局会同属地镇街对环境违法违规企业法定代表人，通过沟通交流、分析讲评等方式，就企业存在的问题提出整改要求，并督促落实整改。"通过沟通交流、分析讲评等方式"，这就体现约谈的协商性、平等性、双向性、互动性，协商型环境规制作

---

① 常纪文：《新常态下我国生态环保监管体制改革的问题与建议——国际借鉴与国内创新》，载《中国环境管理》2015 年第 5 期。

② 王树义、李华琪：《论环境软法对我国环境行政裁量权的规制》，载《学习与实践》2015 年第 7 期。

③ 陈海嵩：《绿色发展中的环境法实施问题：基于 PX 事件的微观分析》，载《中国法学》2016 年第 1 期。

为是一种柔性的行政措施，合意、协商、共治等理念蕴含其中。

四、程序法定原则

针对企业环境违法行为，政府和公众可以采取环境执法处罚、环境信访、环境诉讼等行为进行规制和矫正，针对政府的环境行政不作为，公众可以采取环境行政诉讼、环境信访等方式，但是受诉讼程序、诉讼成本、维权效益的制约，环境保护部门和公众不能不考量环境规制的实施成本和维权的实际效果。政府规制部门对违法企业进行执法处罚，需要立案、取证、调查，程序繁琐，而且会面临执行难问题；针对公众采取的环境维权行为，如环境信访、环境诉讼，更是程序复杂，维权成本巨大，需要当事人投入巨大的经济、时间、精力成本。由于公众与环境违法企业之间存在严重的信息不对称，受害人处于经济能力和信息获取能力的弱势，当事人举证困难，加上环境信访的，环境诉讼的执行难等实际问题，导致环境执法处罚、环境信访和环境诉讼程序复杂，实施成本较大，不利于环境生态的保护和自身的维权。据中华环保联合会统计，大量环境纠纷进入司法程序的不足 1%，绝大多数都是通过行政部门处理。环境纠纷量持续增多和环境公益诉讼量很少之间形成了巨大反差。

在环保约谈制度实施之前，国家生态环境部不易直接推动地方政府落实环境责任，因为生态环境部属于中央"条"上的部门，对"块"上地方政府缺乏直接的行政权力，采用环保约谈的方式，可以直接面对环境违法的地方政府和企业，直接指出其存在的环境问题和可能承担的责任，并提出环境整改意见，对方表态，并形成约谈纪要。环保约谈制度作为一种行政措施，约谈的条件、程序比较便捷，容易实施，具有程序简便、成本低、效率高的特点①。

第三节　协商型环境规制的价值目标

发达国家环境规制理论和实践发展也经历了从传统的命令控制型(威慑型)

---

① 洪大用：《复合型环境规制的中国道路》，载《中共中央党校学报》2016 年第 6 期。

规制范式向民主合作型（协商型）范式的转化，强调各行动主体在环境规制中的能动性，突出基于契约为基础的信任、互动、沟通、参与、共治的功能，如发达国家的《协商制定规则法》《环境自愿性协议》《环境契约》《能源合同管理》以及各种《环境认证制度》等，都深深地蕴含协商型环境规制的基本范式、价值取向和运行规律，并取得了良好的效果。而建构于传统农业文明和工业文明结构中的对抗式规制范式已经不能回应风险社会的挑战，其赖以运行的"压力型体制"也面临各方面的批评，如威慑型规制容易导致数据造假、运动式执法、短期行为、执法者与被执法者之间的合谋、关系腐败等[①]。

具体到协商型环境规制领域，威慑型环境约谈机制也不同程度出现了种种弊端。如山东某市政府被环保约谈之后，政府"一把手"调动各种资源和手段，实施"一刀切"的政策，对大量的涉事企业进行关停，只是短期内完成了约谈任务指标和整改内容，并不利于地方生态环境的长效规制，同时也带来了一系列社会问题（如就业、经济发展、法治环境等）。所以，协商型环境规制应积极借鉴基于风险预防、协商沟通、多元共治为特点的协商合作式规制的范式经验，引入协商型环境规制的理念、机制和制度，切实发挥协商型环境规制作用机制的功能[②]。

一、规制环境风险的不确定性

环境污染风险具有不确定性，这种不确定性表现为何时发生具有不确定性，会带来多大的环境损害具有不确定性，环境损害原因和致害结果的因果关系具有不确定性，以及环境违法主体与环境损害对象具有不确定性。正如贝克所说："存在着一旦发生就意味着规模达到以至于在其后不可能采取任何行动的破坏的风险。因而，即使作为猜测，作为对未来的威胁和诊断，风险也拥有并发展出一种与预防性行为相联系的实践联系。风险意识的核心不在于现在，而在于未来"[③]。正是环境污染风险的不确定性特征，需要加强对环境污染规制的事前预防和风险防控，防患于未然。传统的环境污染规制是一种"命令—服

---

① 吕忠梅：《监管环境监管者：立法缺失及制度建构》，载《法商研究》2009 年第 5 期。

② ［美］奥斯特罗姆：《公共事务的规制之道》，余逊达译，上海三联出版社 2000 年版，第 42 页。

③ ［德］乌尔里希·贝克：《风险社会》，何博闻译，译林出版社 2004 年版，第 54 页。

从"主义范式，强调环保规制部门与被规制对象之间的冲突、矛盾和不信任，主张通过法律制裁、处罚、问责等方式，对环境违法行为进行校正和补救，这种对抗式的环境规制方式是一个事后的规制，同时对规制主体、规制对象、违法行为、因果关系提出明确的要求，而显然环境违法行为是不符合"命令—服从"范式的结构要求，不能适应环境污染规制的实际需求，亟需探索新的环境规制范式。建构于风险社会理论背景下的"风险—建构"主义范式具有较强的优势，它契合环境违法行为的特点，能够兼顾环境污染风险的客观性和主观性、渐进性和累积性、突发性和不可修复性，强调环境风险的预防性的规制，主张通过风险监测、风险分析、风险评估、风险沟通和风险管理，从源头避免环境污染的风险后果①。

协商型环境规制制度将可能存在的环境损害风险或者已经发生的重大环境危害和事件作为一种环境风险，通过商谈的形式，推动协商型环境规制主体、被商谈对象、相关利益主体共同参与环境风险的监测、分析、评估、沟通、管理，形成关于环境风险的整改方案，从而预防环境风险的发生或者更严重的环境损害后果。这种机制既可以破解事后惩罚型环境规制的不足，也可以强化利益相关者之间的沟通和互动，促进彼此的理解和信任，深化对环境污染问题的认识，形成一种"价值理性"层面的"环境共识"。

二、推动环境规制主体的合作

不管是一种政治理论，还是作为一种政治实践，协商民主（Deliberative Democracy）在当代西方世界都有很大的影响②。协商民主的适用领域是公共领域的讨论和商谈，是一种基于决策环节的民主参与和协商合作，是一种参与的民主和实践的民主。协商民主关注的是一些具有争议性的公共话题，强调相关利益主体的参与、协商和决策，而不是一种单向度的行政行为、强制措施。协商民主理论的发展给传统的行政行为增加了合作、服务、协商的新理念，如规

---

① ［英］伊丽莎白·费雪:《风险规制与行政宪政主义》，沈岿译，法律出版社 2012 年版，第 71 页。

② ［澳］约翰·S. 德雷泽克:《协商民主及其超越:自由与批判的视角》，丁开杰译，中央编译出版社 2009 年版，第 19 页。

制理念就深深地根植于更宽泛的民主治理（democratic governance）思想。[1] 也就是说，发挥监管功能所涉及的任务，不仅包括各种工具的设计和实施以及工具之间的协调配合，还包括那些内在与民主治理的更广泛问题，如透明度、可问责性、效率、适应性和一致性。当然，协商民主的公共领域建构是基于公民社会的发展，需要大量公共性、草根性、专业性和公益性的社会组织，形成公共领域的巨大舆论，来引导和影响公共政策的制定、发展和变迁。具体到协商型环境规制机制，应培育大量环保社会组织，推动环保公共政策的公众参与、公共协商和良性互动，解决环境规制作为一种公共物品面临的"市场失灵"和"政府失灵"以及规制过程中的"搭便车"、"道德风险"、"信息不对称"和"集体行动的困境"等问题[2]。

协商型环境规制作为一种柔性的行政措施、过程性的规制，通过协商型环境规制部门与地方政府、环保部门、企业的当面沟通协商，共同面对环境污染问题，达成一致的整改意见，提高地方政府、环保部门、企业环境规制的自觉性、主动性和积极性，起到"事半功倍"的效果。内嵌于协商型环境规制的协商性、平等性、双向性、互动性特点，有利于环保利益相关者共同面对环境风险的不确定性、主观性、流动性、代际性以及不可修复性。通过协商型环境规制，相关环保利益主体参与到环境规制的管理、决策、监督全过程，构建一种基于商谈的环境行为决策模式，从源头上规避环境风险，从过程上规制环境的违法行为，从契约上激励环境主体的行为，实现环境正义、规制责任、公民权、社会参与的统一。

三、提升环境规制的执法效率

由于个人对风险缺少足够的认知，也欠缺相应的信息和知识，因此无法从容不迫地去因应风险；而风险问题涉及大量的科学政策问题，自由市场很难去对诸多社会现象所蕴含的风险和收益进行评估，在不同的甚或难以相互权衡的价值之间进行衡量；因此风险社会要进行行政法的转型，要求必须结

---

[1] 经济合作与发展组织：《OECD 国家的监管政策 从干预主义到监管治理》，陈伟译，法律出版社 2006 年版，第 34 页。

[2] 刘水林：《风险社会大规模损害责任法的范式重构——从侵权赔偿到成本分担》，载《法学研究》2014 年第 3 期。

合国家和社会的力量，进行有效率的风险规制①。传统的环境政策执行的框架是一种矩阵式的逻辑进路，纵向上表现为上级环保部门对下级环保部门的领导和管理，横向上表现为环保部门与发展改革部门、规土部门、经信部门、市容绿化部门、农业部门等职能部门之间的协同。由于我国行政权力存在条块分割、信息壁垒以及部门利益等问题，导致环境政策的执行面临碎片化的困境。针对有利可图的环境管理职能，相关职能部门各自为政，部门利益优先；一旦发生环境损害事件和风险事故，相互推诿；与环境利益密切相关的环保社会组织、公众、专家、媒体以及人大代表、政协委员、环保监督员等更是排除在环境规制权力体系之外，严重制约了环境政策的执行效果②。推动环境社会共治需要实现环保信息的共享、环境规制体制的优化、环境规制资源的整合以及环境规制主体的合作，共同面对由于环境领域的条块、层级、区域、环节等带来的问题。

协商型环境规制可以作为一种制度化的机制，破解当前环境规制权力的分散化和权威的碎片化瓶颈，搭建环保部门、纪检监察部门、检察院、组织部门、人大代表、政协委员、环保监督员、环保社会组织、媒体、专家、公众等多元主体制度化参与性平台，建构多元主体共同参与的环境社会共治体系，完善相关利益主体参与协商型环境规制的程序、内容、形式、机制和保障，激活体制内外部的资源，调动行政性主体、经济性主体、社会性主体的积极性，实现多元参与、合作共治，建构一种网络化、互动式、协同性的环境规制机制，通过环境规制体系的完善，健全环境规制的公共政策，规范环境规制的过程，提升环境规制的能力③。

四、拓展环境规制的公平正义

传统环境规制模式主要是针对环境问题和环境结果采取的实施路径，如命

---

① ［美］史蒂芬·布雷耶：《打破恶性循环：政府如何有效规制风险》，宋华琳译，法律出版社2009年版，第68页。

② 胡苑、郑少华：《从威权管制到社会治理——关于修订〈大气污染防治法〉的几点思考》，载《现代法学》2010年第6期。

③ ［英］马克·史密斯、皮亚·庞萨帕：《环境与公民权：整合正义、责任与公民参与》，侯艳芳、杨晓燕译，山东大学出版社2012年版，第63页。

令型环境规制主要针对企业环境污染超标或者使用的生产技术、工艺和设备达不到 BAT 规则的要求，激励型环境规制模式主要针对环境主体守法意愿不强，采取市场激励型机制激发企业环境规制的动力和活力，这两类环境风险规制模式都是以问题导向和结果导向，强调政府在环境规制中主导作用[①]。而面对新型环境风险（损害），这类环境风险（损害）具有不确定性、突发性、主观性、建构性和流动性，对这类环境风险（损害）尚缺乏科学的认知判断，环境风险源与环境损害之间的因果关系异常复杂，而且风险将在未来可能爆发，这种针对未知、未来和不确定性的环境风险（损害），传统以问题和结果为导向的命令型环境规制模式和激励型环境规制模式无法解决新型环境风险的挑战和压力，需要转向一种基于过程和程序为中心的协商型环境风险规制模式。通过程序性建构搭建环境规制者与被规制者以及利益相关者之间的协商沟通机制，将协商、沟通贯彻环境规制的全过程，实现对环境风险（损害）的程序性规制、过程性规制和协商性规制[②]。

第四节　协商型环境规制的运作机理

协商型环境规制是一种结构开放、主体多元、程序过程、协商沟通的法律机制，它蕴含着反身法理论的分析方法和研究范式，强调法律是社会各系统中独立的子系统，要通过程序、结构、过程等要素，打通法律与其他社会子系统之间的关系，促进法律与政治、社会、文化、制度的良性互动，发挥协商型环境规制的制度性整合机制、功能性整合机制和价值性整合机制的功能。

一、协商型环境规制的整合机制

基于对协商型环境规制正当性和目标定位的论述，结合发达国家协商型环

---

① 周杰普、吴春潇：《环境正义源变考》，载《中共福建省委党校学报》2017 年第 2 期。

② 董正爱、王璐璐：《迈向回应型环境风险法律规制的变革路径》，载《社会科学研究》2015年第 4 期。

境规制实践分析，笔者认为协商型环境规制相较于命令型环境规制模式和激励型规制模式，它是一种新型的环境规制范式，其背后蕴含着反身法理论的作用机理，它通过协商、沟通、参与、过程、程序等要素，尊重其他社会子系统独特的内在逻辑和功能机制，打通法律系统与其他社会子系统（企业、社会、公众等）的鸿沟，缓解环境规制的科学性与民主性之间的张力冲突，并形成了以协商、沟通、参与、合作、过程、程序为特征的多元整合机制①。

（一）制度性整合机制

反身法理论是由德国著名法社会学家贡塔·托依布纳（Gunther Teubner）提出，他基于对建立在自由主义和个人主体基础之上的形式法理论和实质法理论的反思，认为形式法理论和实质法理论都局限于法律系统内部的协调、协同和互动，缺乏法律系统与其他社会子系统的互动和交流，形式法理论与实质法理论已经不能满足后工业化时代，风险社会背景下环境规制的不确定性和复杂性的需求，导致建立在形式法理论和实质法理论基础上的命令型环境规制模式和激励型环境规制模式面临制度缺陷②。

而反身法理论尊重其他社会子系统独特的内在逻辑和功能机制，通过法律系统内部的延伸、拓展和优化，建构一种规范理性视角下的协商型规制体制、机制和制度体系，搭建制度性协商沟通平台，以环境规制机构、被规制企业以及利益相关者之间的协商、沟通、合作和自治为导向③，以环境协议、环境执法和解、环境协商制定规则、环境自愿性协议、环境第三方治理等制度载体，破解命令型环境规制和激励性环境规制的制度缺陷，提升环境规制的灵活性、针对性和高效性，降低环境风险规制的执法成本、诉讼成本和社会成本，打破环境规制过程中的不确定性、复杂性困境，推动环境规制机构、被规制企业以及利益相关者之间环境利益关系的制度性整合。

---

① ［德］贡塔·托依布纳：《法律：一个自创生系统》，张骐译，北京大学出版社2005年版，第42页。

② ［德］贡塔·托依布纳：《法律：一个自创生系统》，张骐译，北京大学出版社2005年版，第50页。

③ ［美］诺内特·塞尔兹尼克：《转变中的法律与社会》，张志铭译，中国政法大学出版社1994年版，第60页。

（二）功能性整合机制

反身法理论跳出了传统形式法理论和实质法理论的规制范式，摒弃了单纯以"违法主体、违法行为、因果关系、损害结果、法律责任"等构成的形式法规则体系，也摆脱了以政府干预、行政威慑、制裁、惩罚、问责等为载体的实质法规则体系的桎梏。反身法理论则是打通法律系统与其他社会子系统（企业、社会、公众等）的鸿沟和分野，构建一种多元主体参与协商、沟通、合作和自治的新型环境规制范式，它注重以多元主体在环境协商规制过程中的独特功能和作用机制，[①] 建构一种基于多元主体参与的功能性整合机制，发挥环境规制机构、被规制者、利益相关者、司法机关等主体的功能。[②]

反身法理论尤其重视被规制者的主体性、能动性和创造性，将环境法律规则内容经过协商、沟通转化为被规制者的行为准则、行动纲领和绩效目标，降低因高度不确定性和信息成本巨大而带来的环境规制困境。将社区、公众、社会组织等作为环境规制的利益相关者，因为他们对环境风险感受度最大、关注度最高、呼声最强，吸引环境利益相关者参与环境协商规制，让他们参与环境规制协商、沟通、讨论和辩论，更有利于形成科学的、合理的和公正的环境契约。同时，公众参与环境协商规制也强化对规制者和被规制者的社会性监督，以此保证环境规制协商的公正性、科学性和公共性。司法机关参与环境规制协商，能够强化对环境协议的司法审查，保障环境协商过程的自愿、平等、公平和公正，强化对环境规制机构依法行政的监督，完善对被规制者和利益相关者的保护和监督；司法机关的加入，保障被规制者和利益相关者提出行政复议和行政诉讼的权利，提升环境协商规制的合法性、权威性和公正性[③]。

（三）价值性整合机制

以形式法理论和实质法理论为基石的命令型环境规制模式和激励型规制模

① ［英］安东尼·吉登斯：《社会的构成——结构化理论大纲》，李康等译，生活·读书·新知三联书店1998版，第37页。
② ［美］诺内特·塞尔兹尼克：《转变中的法律与社会》，张志铭译，中国政法大学出版社1994年版，第43页。
③ 王树义：《环境法系列专题研究》第三辑，科学出版社2008年版，第80页。

式都强调环境风险（损害）的客观性和物质性，命令型环境规制模式通过立法、执法、司法等公权力手段，运用技术标准和产出绩效，强调对被规制者的威慑、控制、高压、强制、制裁和惩罚，认为规制机构具有足够的信息和理性，能够通过科学设置技术标准和产出绩效，通过行政规制实现对环境风险（损害）的制裁、矫正和控制①。它假设行政规制机关与被规制者之间是二元对抗关系，强调环境规制机构与被规制者的利益是对立、冲突和矛盾的，认为法律的理性是无限的、规制机构的专业知识和信息是充分的，能够通过理性的法律、规则实现对环境违法行为的规制。命令型环境规制模式缺乏对环境风险（损害）主观性、建构性和认同性特征的考量，缺乏对被规制者及利益相关者主体性的认识，没有认识到被规制和利益相关者的参与能够提升环境规制的绩效，降低环境规制的成本。激励型环境规制模式同样缺乏对环境风险（损害）主观性、价值性和认同性的认识，认为通过市场机制和利益激励，就可以引导企业自觉遵守环境法律、法规，进而控制环境风险（损害），激励型环境规制只能降低环境污染总量，但却无法克服"局部失衡"和"热点效应"，极易导致因环境风险（损害）引发的"环境邻避事件"。

而建立在反身法理论基础上的协商型环境规制，缓解了环境规制的科学性与民主性之间的张力冲突，在承认规制机构、环境法律、规则科学性的同时，也认识到被规制者和利益相关者参与环境规制协商的"工具理性"和"价值理性"双重功能②，既可以通过协商、沟通、互动、合作，在环境规制协商过程中促进对环境风险（损害）规制的认同、共识和合作，提高被规制者守法意愿和遵从度，因此降低环境规制的实施成本，也可以减少因被规制者对规制者或规则的不接受、不理解带来的行政复议、行政诉讼成本③。同时，还深化了环境规制者、被规制者和利益相关者之间的协商和合作，建构环境风险的沟通机制，促进环境规制的价值性整合④。

---

① 张骐：《直面生活，打破禁忌：一个反身法的思路——法律自创生理论述评》，载《法制与社会发展》，2003 年第 1 期。

② ［英］安东尼·吉登斯：《气候变化的政治》，曹荣湘译，社会科学文献出版社 2009 年版，第51 页。

③ ［美］凯斯·R. 桑斯坦：《风险与理性——安全、法律及环境》，师帅译，中国政法大学出版社 2005 年版，第 33 页。

④ ［德］施密特·阿斯曼：《秩序理念下的行政法体系建构》，林明锵译，北京大学出版社 2012年版，第 67 页。

二、协商型环境规制的策略工具

（一）组织型规制策略

针对风险规制的理论和实践研究，学界一直存在"科学主义"范式和"民主主义"范式之争。其中，"科学主义"范式强调专家、知识、工具、理性在风险规制中的决定性作用，认为良好的规制是科学和专业的决策。而"民主主义"范式则主张民主和价值的判断是风险规制的基础，注重公众对风险规制的影响、参与和选择，强调公众的主观体验和效用评价，关注风险的主观性和建构性[①]。环境风险规制理念逐渐从"科学主义"范式转向"科学主义"范式与"民主主义"范式相统一的路径，引入风险规制的理念和理论，从以往过分依赖政府规制部门的"命令—控制"路径，转向兼顾"民主—协商—参与—合作"路径，其背后的理论基础就是风险规制的"科学主义"范式和"民主主义"范式的融合和互补，形成以风险规制法律体系为基础、以风险规制部门为支撑、以风险规制制度为保障，系统建构环境风险规制的风险评估机制、风险管理机制和风险沟通机制[②]。

协商型环境规制的组织型策略主要体现在规制过程中组织体系的建构性和组织结构的开放性，如发达国家《协商制定规则法》充分体现了组织型规制策略的功能和优势。在协商制定规则的过程中，组建协商召集委员会，这种委员会的制度就是组织体系的建构，充分发挥召集委员会在协商形式、协商程序、协商内容、协商反馈以及协商公开等环节中的重要作用。[③] 又比如，在协商制定规则的过程中，整个协商的组织结构是开放的，除了规制机关，还包括规制利益相关者、专家、环保社会组织等多元组织主体，这些组织在协商制定规则的过程中协商、沟通、互动、合作和共治，也激发了协商制定规则的动力和活力，提升环境协商规制的公共性、科学性、专业性、民主性和参与性，使建构于程序——过程基础上的协商型环境规制更具实践性和操作性。

---

① ［美］史蒂芬·布雷耶：《打破恶性循环：政府如何有效规制风险》，宋华琳译，法律出版社2009年版，第89页。

② See R eserve Mining Co. v. United States，498 F. 2 d 1073（8th Cir. 1974）.

③ See R obert Alexy，A Theory of Constitutional R ights，translated by Julian R ivers，Oxford University Press，2002，p. 408.

（二）程序型规制策略

传统的规制理论比较重视实体性规制，强调基于完善的法律、法规、技术标准和产出绩效，通过对规制者、被规制者权利义务的配置，以法律主体、法律行为、法律关系、法律责任为功能机制[①]，实现对规制对象的规制和监管。这种传统的环境风险规制范式是建立在个人利益假设的基础之上，它认为法律具有无限的理性和认知能力，拥有完备、充分、及时的规制信息，并且信息成本较小，能够通过理性的实体性规则建构，防范和控制环境规制的风险[②]。而风险规制是一种针对不确定、未知、未来的风险决策、管理和沟通，它针对的客体往往是具有公共利益的"公共产品"，具有公共性、社会性和整体性特征，也具有"消费的非排他性"和"非竞争性"特点，无法运用市场机制解决大规模风险规制问题。针对这种不确定风险，人类尚未拥有充分的信息、技术和能力判断风险危害、因果关系、损害后果、如何追责以及何时爆发，这种高度不确定性状态下的风险规制靠单纯实体性规制是无法回应和化解的，必须借鉴新的风险规制理论和范式，强调以组织创新为载体的程序型规制，将风险规制的重心从注重具体规则、权力（利）、义务（责任）等实体法规制，转向以授权、组织、程序、过程、参与、协商、互动等为主要内容的反思性规制[③]，建构一种促进规制者、被规制者以及利益相关者能够实现自我反思的制度结构、程序规则和动力机制，推动对环境风险规制从末端转为全过程预防，将国家的法律、法规内化为被规制者自身的价值理念、行动指南和组织章程，通过建立自己内部的环境风险管理制度来防控风险[④]。

协商型环境规制高度重视程序机制在制度实践中的重要作用，强调通过程序的规范来保障环境协商规制的效果。如发达国家环境执法和解制度，就很好地体现了程序型策略在协商规制过程中精妙之处，在环境执法和解之前的调

---

① 刘水林：《论环境法公共设施与私人实施的结合与衔接》，载《甘肃政法学院学报》2011 年第 3 期。

② See R obert Alexy, On Balancing and Subsumption, A Structure Comparison, 16 R atio Juris 436 —447 (2003).

③ ［英］伊丽莎白·费雪：《风险规制与行政宪政主义》，沈岿译，法律出版社 2012 年版，第52 页。

④ 刘水林：《风险社会大规模损害责任法的范式重构——从侵权赔偿到成本分担》，载《法学研究》2014 年第 3 期。

查、取证程序，在环境执法和解启动时的信息公开程序，在环境执法和解进行过程中的协商程序，在环境执法和解结束后的司法确认程序，在环境执法和解失败后的司法诉讼程序等，都发挥程序机制在协商型环境规制中的重要功能[①]。尤其，针对我国协商型环境规制制度，当前程序性的制度规则和法律体系还不是很成熟和完善，还需要进一步强化协商规制程序的系统性建构。

（三）信息型规制策略

传统环境风险规制模式最大的困境就是信息不对称问题，被规制者拥有更多的信息，环境风险规制博弈面临"信息失衡"的难题。后来，规制者虽然重视环境风险信息在规制中的重要作用，但更多的是将信息作为有效规制的前提、基础和环境。随着风险规制理念的指引，逐步将"环境风险信息"作为一种规制工具参与环境风险规制，通过"环境风险信息披露制度"和"环境风险标志"推动环境的风险规制[②]。基于环境风险的主观性、建构性和流动性特点，环境风险规制要推动规制者、被规制者、利益相关者之间的协商沟通，促进环境风险规制社会各系统之间的协调、协同和合作，而协商规制就是一种风险规制的重要策略[③]。

信息型规制策略是协商型环境规制的基础性机制，如何发挥信息公开、透明在协商型环境规制制度中的功能，是建构我国协商型环境规制的重要难点和内容，如果关键的环境信息不能公开透明，相关主体之间存在巨大的信息不对称，那么就无法有效地推进协商型环境规制实施[④]。不管是发达国家的环境契约制度、环境执法和解制度，还是协商制定规则法，抑或我国的生态环境损害赔偿磋商制度以及环境污染第三方治理制度，信息都是影响制度绩效的关键因素。我国的协商型环境规制制度还面临信息公开透明不充分的瓶颈难题。如我国的生态环境损害赔偿磋商制度，就对企业造成环境损害的信息公开透明规定

---

① See Interim R evised EPA Supplemental Environmental Projects Policy Issued，Federal Register /Vol. 60，No. 90 /Wednesday，May 10，1995 /Notices，p.24858.

② 沈岿：《风险规制与行政法新发展》，法律出版社 2013 年版，第 72 页。

③ 胡苑：《生产者延伸责任：范畴、制度路径与规范分析》，载《上海财经大学学报》2010 年第 3 期。

④ 李波：《公共执法与私人执法的比较经济研究》，北京大学出版社 2008 年版，第 50 页。

还不是很全面、系统、明确，导致与生态环境损害赔偿相关第三人很难有效地参与监督磋商实施。而发达国家的环境执法和解制度，之所以取得良好的效果，最重要的前提就是环境规制部门、企业、相关机构环境信息公开、透明、充分、及时，让整个环境执法和解实施全过程处于阳光之下，既增加对企业、规制部门的监督，也有利于公众、环保社会组织的参与，真正体现信息型规制策略在协商型环境规制中的基础地位和作用①。

（四）商谈型规制策略

环境风险协商规制是建立在"信息均衡"的基础上的，它不仅仅能够强化环境风险规制利益相关者之间的信息沟通，破解环境风险规制过程的"信息不对称"，实现"协商规制"的"工具理性"功能；而且协商本身还体现"价值理性"的功能，推动环境风险规制者、被规制者和利益相关者之间互动、认同和理解，建构一种基于环境风险规制的协商文化②。

商谈型规制策略是协商型环境规制的理论内核，也是决定协商型环境规制能否超越传统命令型环境规制和激励型环境规制的本质要求，所以，在建构和推动协商型环境规制的机制时，都要高度重视商谈型规制策略的地位和作用。以发达国家环境执法和解制度为例，首先，该制度目的是促进规制机关与被规制者之间的协商沟通，争取双方对和解内容达成一致的共识，促进双方的理解、让步、合作和认同，共同提高环境执法的效果，节约环境执法的制度成本和诉讼成本。其次，该制度还着力推动环境规制机构与相关公众、环保社会组织、社区等利益主体之间的协商，促进社会共治对环境执法和解的议题的理解、认同、接受和支持，增加环境执法的公正性、公平性、参与性、民主性和科学性，形成一种"公共理性"和"重叠共识"；最后，环境执法和解制度注重保障协商沟通的充分，还制定完善的程序机制对协商进行规制和保障，力求最大限度的激发环境执法和解制度的潜力和价值，从制度上破解环境执法过程中面临的复杂性、不确定性、主观性、民主性等法律困境。③

---

① 胡苑、郑少华：《从威权管制到社会规制——关于修订〈大气污染防治法〉的几点思考》，载《现代法学》2010 年第 6 期。
② 李静：《环境安全的合作共治：日本经验与中国路径》，载《理论月刊》2019 年第 4 期。
③ 叶榅平：《自然资源国家所有权的双重权能结构》，载《法学评论》2016 年第 5 期。

（五）授权型规制策略

反身法理论认为，针对环境规制的技术性、专业性和复杂性，单纯采用以政府部门为主体的集中规范理念难以回应公众对环境规制安全保障的期待，因为政府规制部门在专业性、技术性等方面不具有比较优势，规制的成本更高。而应采取去中心化的多主体治理结构，发挥社会组织、行业协会等社会性主体在环境规制治理中的独特作用[①]。

当前，针对环境风险规制，应推动成立环境企业行业协会和社会组织，强化它们的自我规制；同时，应加快转移政府职能，推动落实"放管服"政策，将政府还在行使的、行业协会和社会组织能够行使的环境规制治理权力转移给行业协会和社会组织，发挥它们作为环境风险治理网络的主体功能，形成政府部门、行业协会、社会组织等公法主体和私法主体交错的治理结构，促进环境风险规制的多中心治理和整体性治理[②]。如当前，不少地方成立的地方性行业协会和社会组织等，就是推动授权型规制的重要载体。

以我国环境污染第三方治理制度为例，就是协商型环境规制的授权型规制策略的最佳体现。环境污染治理关系到中央、地方、企业、公众等相关主体的利益，政府开展环境污染治理需要支付巨大的运行成本，甚至承担政治风险，可能导致政府"患得患失""瞻前顾后"和"犹豫不决"，环境制度供给与公众环境诉求出现结构性失衡[③]。当中央政府的环境政策与地方经济发展相冲突时，基于"政治理性"与"经济理性"的双重驱动，一些地方政府可能会"变通"中央的环境污染治理制度，出现"上有政策、下有对策"的中梗阻局面；还有环境污染治理关系到社会稳定，基层政府出于维稳的考量，往往不愿意公开环境污染相关信息，致使公众不能及时了解环境污染的真实、充分、完备的信息，公众需要组织化参与政府公共政策的制定和执行，监督企业及政府、部门的违法行为。环境公共政策的制定必须建立在各利益主体充分参与、诉求、协商的基础上，公众通过环保社会团体、环保基金会、环保社会服务机构实现

---

① See Final EPA Supplemental Environmental Projects Policy Issued，Federal Register /Vol. 63，No. 86 /Tuesday，May 5，1998 /Notice，p.24798.

② 马洪：《环境侵权的归责追问》，载《法学》2009 年第 5 期。

③ 姚劲松、吴定勇：《从离散呈现到促进协商：环境规制共识达成中的传媒策略》，载《西南民族大学学报》，2017 年第 1 期。

利益表达、诉求的组织化、规范化、制度化和法制化①。基于政府、市场、公众等利益主体的沟通、协商、博弈和互动，才能制定更符合实际的环境公共政策，提高环境治理制度的适应性、科学性和可执行性②。

环境污染治理具有一定公共性、社会性和公益性，具有公共物品的特点和属性，容易出现付费上的"搭便车"行为，政府单向度治理环境污染需要巨大的信息成本，以及不同政府层级之间的利益博弈和权力互动。公众是环境利益最大的关切者，但公众受本身知识能力和信息成本的约束，缺乏参与环境污染治理的渠道、能力和动力，环境污染治理领域容易出现"公地悲剧"的现象。环保社会组织的出现有利于实现公众群体的联合，以组织化的方式表达他们的环境利益诉求。其一，第三方治理能够提高环境利益诉求的质量。环境污染治理既是一个民主问题，也是一个技术问题，提高民主性需要强化公众参与，强化科学性，需要提高参与者的知识能力。显而易见，普通的公众很难具有环境治理领域的专业知识和法律技能③，这就需要环保社会第三方的制度化参与。环保社会组织的发起者一般具有较强的环保素养、专业知识和法律技能，很多就是环保领域的专家、学者、律师发起成立的，环保社会组织吸引了关注环境公益和志愿环境保护的行动者，他们能够更好地兼顾环保的科学性、民主性、法制性的统一，更容易比较全面地了解公众的环保利益诉求和期待，降低利益诉求的成本，提高环保利益诉求的质量。其二，第三方治理可以避免利益参与者"搭便车"行为④。环境污染治理具有公共物品性质，具有消费的"非排他性"和"非竞争性"，市场主体和公众均缺乏参与环境公共品供给的利益动力和经济激励，导致环境供给的总量不足和结构失衡。而环保社会组织受志愿精神的推动，能够实现组织化参与环境公共政策的制定、执行和监督，能够解决环境领域"集体行动的困境"和"囚徒困境"。其三，第三方治理可以实现政府、社会、市场在环保政策建构中的良性互动⑤。环保社会组织参与环境公共政策

---

① 德］施密特·阿斯曼：《秩序理念下的行政法体系建构》，林明锵译，北京大学出版社 2012 年版，第 69 页。

② ［美］乔·B．史蒂文斯：《集体选择经济学》，杨晓维等译，格致出版社社 2014 年版，第 31 页。

③ ［美］曼瑟尔·奥尔森：《集体行动的逻辑》，陈郁等译，上海三联书店 2014 年版，第 40 页。

④ ［美］斯蒂文·沙维尔：《法律经济分析的基础理论》，赵海怡等译，中国人民大学出版社 2009 年版，第 66 页。

⑤ 郑少华：《从对峙走向和谐》，科学出版社 2005 年版，第 53 页。

的制定，促使政府将部分环境治理职能转移给环保社会组织，更好地发挥环保社会组织在环境治理中的优势，形成有限政府、责任政府、高效政府，强化政府环境规制行为的"合法性"和"认同性"①。同时，环境社会团体、环境基金会和环境社会服务机构参与环境污染治理，本身就体现了一种协商、参与、合作、互动和共赢的精神，将传统"命令—服从"式的威慑型规制转向"民主—协商"式的合作型规制，更好地发挥环保社会第三方主体在政府、生态环境监管机构、企业以及公众之间的桥梁和纽带作用，促进多元主体的良性互动和功能互补②。

---

① See Jon D. Silberman, Dose Environmental Deterrence work？ Evidence and Experience Say Yes. But We Understand How and Why, (2000) 30 Environmental Law Reporter, 10532.

② 单飞跃：《需要国家干预：经济法视域的解读》，法律出版社 2005 年版，第 81 页。

第三章 协商型环境规制的主要类型

本书基于对协商型环境规制的类型化处理，从环境规制行为的维度，分为抽象型环境协商规制和具体型环境协商规制；从主体意思自治的维度，分为环境行政协议和自愿性环境协议。对协商型环境规制类型的处理，是为了更好地理解环境协商规制主要特点、基本原则、价值目标和运行机制，为更深刻全面地理解不同类型协商型环境规制的运作逻辑和实践路径作理论铺垫。

第一节 基于环境规制行为的分类

一、抽象型环境协商规制：协商制定规则制度

基于对协商型环境规制内在机理、中国样本的论述，结合协商型环境规制的法律机制的分析，建构我国协商型环境规制的法律制度。借鉴发达国家的《协商制定规则法》、环境执法和解制度，制定我国的协商制定规则的法律制度。

协商性规则制定，也称规制协商（Regulatory Negotiation），它是《行政程序法》（Administrative Procedure Act）所规定的联邦机构规则制定程序的替代方案①。1990 年通过了《协商制定规则法》，正式确立规制协商的法律地位。规制协商使用了包括规制机构、受规制机构和其他利益相关者（包括环保团体、

---

① 胡苑：《环境法律"传送带"模式的阻滞效应及其化解》，载《法律与政治》2019 年第 5 期。

消费者团体、州政府和当地政府）在内的非正式协商程序，力求通过协商过程和协商程序促进多元主体在环境规则制定过程中达成共识，并将使拟定的规则接受传统的行政规则制定通知和评议程序，以保障协商制定规则的合法性、合规性和权威性[①]。

（一）协商制定规则制度的特点

发达国家协商制定规则的目的是为了破解传统环境规制规则制定的低效率、僵硬化和封闭性的瓶颈，环保署是联邦政府中采用规制协商的先行者，它希望通过搭建制度性协商平台，推动环境规制者与被规制者以及利益相关者参与环境规制规则的制定，以此来提高环境规制规则的制定效率、针对性和有效性[②]，降低因规制诉讼带来的制度性成本，提高被规制者的守法遵从度[③]。它具有以下特点：一是参与协商的利益主体多元性。与欧盟的宏观环境协议最大的不同就是参与协商主体的拓展，欧盟宏观环境协议主要是规制机构和被规制工业部门之间的协商，而协商制定规则，不仅仅是环境规制机构和被规制企业之间的协商，还包括环保团体、消费者团体和其他利益相关者。通过规制协商程序中多元利益主体的参与、协商、沟通和交流，更容易形成比较一致的规制规则，规则制定的效率得到较大的提高，规则的科学性、民主性和适用性增加；同时，因为相关利益主体的参与协商、发表意见，优化了环境风险规制的社会环境，降低了环境规则的实施成本[①]。二是利益相关者全过程参与环境规则的制定。在具体的规制协商之前，规制机构会选择中立的会议召集人进行可行性分析；一旦确定适用规制协商程序，在确定利益相关者之后，规制机构将在联邦纪事文集（Federal Register）上发布相应的通告；其他相关利益主体都可以申请参与规制协商程序，并参与组建相应的协商制

---

① 蒋红珍：《治愈行政僵化：美国规制性协商机制及其启示》，载《华东政法大学学报》2014 年第 3 期。

② 张宝：《环境规制的法律构造》，北京大学出版社 2018 年版，第 138 页。

③ See Jonathan D. Libber, Penalty Assessment at the Environmental Protection Agency : A View from Inside, 35 South DakotaLaw R eview 194（1990）.

④ See OECD, Determination and Application of Administrative Fines for Environmental Offences : Guidance for EnvironmentalEnforcement Authorities in EECCA Countries, pp. 12 —15, 2009, http : / /www. oecd. org /env /outreach /42356640. pdf, last visited on 2018—7 —12.

定委员会，整个规制协商程序将持续 6 个月[①]。三是环境规制规则制定过程、程序等都公开透明。在协商规制程序确定适用时，规制机构就将发布规制协商公告，让规制协商议题和内容公开；当经过利益相关者充分协商、沟通之后，拟制定的规则草案也要被规制机构公开、公布，并进入《行政程序法》要求的公众评议阶段；直到经过规制机构对评议进行分析并确定最终的规则后，仍要对规则进行发布公开。可以说，整个规制协商程序过程都充分体现信息公开透明，保障规制协商的公正性。四是强化协商制定规则的合法性保障。当按照规制协商程序和协商意见拟定的规则方案完成并被规制机构公布之后，规则的制定就进入公众评议阶段，规制机构最后对评议进行分析并发布最终的规则。所以，协商制定规制并没有超越《行政程序法》的授权范围，协商制定的规则具有合法性、合规性和权威性[②]。

（二）协商制定规则制度的功能

协商制定规则是发达国家协商型环境规制的重要制度之一，它有效地化解了发达国家命令型环境规制执法过程中面临的突出难题，如执法成本过高、执法中存在的不确定性以及企业的抵触行为等，提高了环境规制的灵活性，搭建了一个规制者与企业以及利益第三方参与规制议题讨论、评论的制度性平台，通过环境规制多元主体的协商、沟通和讨论，形成规则，并按照《行政程序法》的评议环节，提高规制规则的合法性。该制度具有"四个方面"的功能：

第一，破解命令型环境规制的僵化式执法，提高环境规制的灵活性。命令型环境规制的主要工具就是法律、标准、绩效和产出，这种高度同质化的规制指标与企业环境违法行为的复杂性、多样性以及企业守法意愿和守法能力的差异性格格不入，往往出现执法过程中"一刀切"和"僵硬化"，无法有效回应环境规制执法的实际需求[③]。而受行政法依法行政原则的要求，执法者也不能

---

① ［美］迈克·费恩塔克：《规制中的公共利益》，戴昕译，中国人民大学出版社 2014 年版，第62 页。

② ［美］理查德·B. 斯图尔特：《环境规制的新时代》，王慧编译，《美国环境法的改革——规制效率与有效执行》，法律出版社 2016 年版，第 75 页。

③ 秦鹏、李奇伟：《污染场地风险规制与治理转型》，法律出版社 2015 年版，第 62 页。

突破行政法律的范围，只能借助于新的规制工具，实现环境规制的差异化治理。协商制定规则比较灵活地解决命令型环境规制的标准和绩效僵化难题，将需要协商的环境规则纳入协商制定程序，加强与被规制者、利益第三人之间的协商、沟通，充分听取相关利益主体的诉求和表达，争取在协商、沟通、互动中达成合意，制定被大家接受的规则，再纳入《行政程序法》评议环节，接受法院的司法审查，将一个不确定的环境难题，通过协商的程序和过程，形成差异化、针对性的规制规则，提高了执法效率，也发挥了企业和环境利益第三方的主体性和能动性[①]。

第二，搭建规制者、被规制者、利益第三人之间的制度性协商平台，提高了公众的参与，既降低了环境规制的后期执法的成本，也强化了环境规制的民主理性。命令型环境规制是建立在规制机关和被规制者利益对立、冲突和矛盾的前提下，两者是一种对抗关系，加上行政机关的优势地位，环境规制中容易出现行政机关利用行政高权和执法资源，直接对违法企业进行处罚、制裁，这种过于强调行政高权和单向度的执法，容易导致执法对象的消极抵制和积极抵抗[②]，如企业可能会采取行政复议和行政诉讼的方式，增加环境规制的司法成本和社会成本[③]。同时，环境规制具有较强的专业性，虽然规制机关具有一定的专业性，但相较于企业依然处于信息不对称地位，企业拥有更多的环境信息，这时候，如果企业采取不合作的态度，实际执法的效果很有限，无法根治环境违法行为。环境规制还涉及公共利益，社区、环保社会组织、利益第三人都可能会受到环境违法行为的影响，如果没有制度化的参与、协商、讨论的法律机制，亦可能导致环境规制的民主性、公共性和社会性不足，在中国甚至可能引发环境群体性事件的爆发。

第三，形成法治化的协商制定规则的程序，确保协商制定规则的公正性和公平性[④]。环境规制协商如何确保公平、公正和有效，如何充分发挥协商性

---

① See United States v. Municipal Authority of Union Township, 150 F. 3 d 259 (3d Cir. 1998).

② 李永林：《环境风险的合作规制：行政法视角的分析》，中国政法大学出版社 2014 年版，第 36 页。

③ 何艳梅：《环境法的激励机制》，中国法制出版社 2014 年版，第 253 页。

④ ［美］斯图尔特等：《美国环境法的改革：规制效率与有效执行》，王慧等译，法律出版社 2016 年版，第 83 页。

平台的制度功能，促进公众参与，程序的规范、科学至关重要。发达国家已经形成了规范化、法治化的协商制定规制的程序，从协商制定规则前的程序，协商召集人的选择、协商制定规则相关内容的公开、公示、通知等；协商制定规则过程中，规制机关、被规制者、利益第三人享有的权力（利）、义务等，都作了具体的规定；到协商制定规则结束后，通过《行政程序法》接受公众评议，并接受司法审查，确保协商制定规则的合法性。协商制定规则的全过程的程序机制确保了环境协商制定规则的民主性、科学性、合法性和公正性①。

第四，司法机关依然保留对协商制定的规则的司法审查权力，保障被规制者和利益第三人的合法权益。行政权力的行使来自法律的授权，应当接受法律的审查和监督，否则很容易出现行政权的扩张和异化。针对环境规制法律关系主体，环境规制机关是公权力的代表，它行使环境规制行政权，这种基于行政权力行使的执法活动，必然要受到法律、法规的规范和制约，受到司法机关的审查和监督，否则无法保障企业和公民的合法权利。在发达国家协商制定规则的过程中，司法机关发挥了对行政权制衡和对企业和公众权益保障的功能②。发达国家《协商制定规则法》规定，凡是经过协商程序达成的合意规则，必然按照《行政程序法》进行公开评议，接受公众的监督和法院的司法审查，只有经过公众评议环节，并通过法院司法审查的合意规则才能实施，才具有合法性。法院对合意规则的审查、确认，很好地实现了行政权、司法权和公民权的平衡协调，既强化了司法权对行政权的审查、监督和制衡，也发挥公民权对行政权的监督以及司法权对公民权的保障③。

（三）协商制定规则制度的启示

协商型环境规制最重要的制度之一就是建构环境协商制定规则的法律，虽

---

① ［美］迈克·费恩塔克：《规制中的公共利益》，戴昕译，中国人民大学出版社2014年版，第76页。

② M. Khanna, Non-mandatory Approaches to Environmental Protection, Journal of Economic Surveys, Vol.15, No. 3, 2001.

③ See U. S. EPA, Office of Enforcement, BEN：A Model To Calculate the Economic Benefits of Noncompliance 1—10（July1990）.

然我国已经制定《环境保护法》《环境保护公众参与办法（试行）》《环境影响评价公众参与办法》等法律、法规和规范性文件，但还缺少《协商制定规则法》。可以参照发达国家《协商制定规则法》，制定我国的《协商制定规则法》，以此来规范公众协商参与规制规则制定的条件、主体、过程、环节、程序的法律制度，以保障协商制定规则的合法性、合规性和权威性[1]。在制定《协商制定规则法》的过程中，应强调三点立法原则：

一是注重协商制定规则主体的多元性。借鉴发达国家经验，在规定协商制定规则的主体时，不仅考虑到规制部门和被规制部门之间的协商参与，还要推动与环境规制利益密切的第三人，如环保社会组织、公民代表、社区、消费者团体等多元主体参与协商制定规制规则；二是强调协商制定规则过程的公开透明。为了促进利益主体参与，推动充分的协商沟通，在协商制定规则启动之时，就应将与协商规制有关的信息在法定的渠道上进行公开公示，并在协商制定规则的过程中保证信息公开透明，充分保障公众的知情权、参与权、监督权。三是完善协商制定规则的程序性保障。应明确在协商制定规则的过程中，各相关主体的权力（利）、义务，尤其是环境公众参与协商的程序，在每个环节中拥有的权利义务，促进参与协商制定规则的主体能够充分的协商、沟通、互动和合作[2]。

二、具体型环境协商规制：环境执法和解制度

《超级基金法》（Superfund Act）是第一部明确授予行政机关执法和解权的联邦法律，执法和解制度能够促使潜在责任方积极、自愿达成协议，高效完成环境治理工作。发达国家行政和解协议主要有两类：以行政为主导的合意行政裁决（Administrative Order on Consent）与行政协议以及需提交法院审查后才可达成的同意令（Consent Decree）[3]。

---

① See United States of America v. The Municipal Authority of Union Township, 150 F. 3d 259 (3d Cir. 1998).

② ［美］理查德·B·斯图尔特：《环境规制的新时代》，王慧编译，《美国环境法的改革——规制效率与有效执行》，法律出版社 2016 年版，第 89 页。

③ 于泽翰：《美国环境执法和解制度探究》，载《行政法学研究》2019 年第 1 期。

（一）环境执法和解制度的特点

其一，规制者与被规制者之间的协商。发达国家环境执法和解制度基于规制机构与被规制者之间的协商、沟通和合作，达成合意行政裁决与行政协议，以及需提交法院审查后才可实施的同意令。在环境执法和解过程中，一方面有效地缓解了因环境违法行为的不确定性、复杂性引发的执法成本过高的问题，降低环境法实施的信息成本、制度成本和社会成本；另一方面，被规制者主动配合执法，改变了传统行政高权下的单向度的行政权力运作，充分尊重被规制者合法、合理的利益诉求，推动规制机构与被规制者之间协商沟通，提高了被规制企业的守法遵从度，降低了行政复议、行政诉讼等成本。其二，执法和解适用范围谨慎。发达国家环境执法和解制度是一种超越于传统行政法范式的新型规制方式，它一定程度上突破了规制行政对形式法和实质法的要求和规范，与传统的依法行政、法律优化、法律保留等原则之间存在一定的张力，在积极开展基于协商的风险规制的同时，也要兼顾法律对协商、和解等新型规制策略的监督和规范，发达国家环境执法和解制度严格限制了适用程序和范围①。如《超级基金法》明确了适用执法和解的环境清理程序，包括污染清理措施、环境恢复性调查及可行性研究、环境恢复方案设计以及环境恢复措施等，又如《清洁水法》中规定了不得和解的事项等。所以，发达国家环境执法和解适用原则是兼顾风险性、必要性、可能性以及不确定性，仅有一部分风险极高、危害极大的事项纳入执法和解范围②。其三，法院作为制衡规制机关的主体。除了通过法律明确规定，来限定环境执法和解的适用范围外，发达国家还通过法院的司法审查制度强化对环境执法和解的监督和制约③。和解协议金额超过50万美元或者涉及环境恢复措施的和解协议应当提交地区法院审查，法院对和解协议的自愿性、公正性、合理性、合法性进行审查，审查同意后以同意令的形式颁布，此时，执法和解协议才具有法律效力，以此来保障司法权对行政权的制衡。其四，公众参与执法和解的实施和监督。发达国家环境执法和解非常重视公众参与制度的完善，不仅《超级基

---

① ［美］詹姆斯·萨尔兹曼、巴顿·汤普森：《美国环境法》（第4版），徐卓然、胡慕云译，北京大学出版社2016年版，第68页。

② 于泽翰：《美国环境执法和解制度探究》，载《行政法学研究》2019年第1期。

③ 夏蜀：《规制第三方实施：理论溯源与经济治理现代化》，载《中国行政管理》2019第6期。

金法》明确规定了司法审查过程中的公众参与程序，如《超级基金法》规定，检察总长在提交和解协议交付法院司法审查前以及法院在作出裁判前必须提供公众评议的机会。而且，在环境执法和解实施过程中，规制机关为提升执法和解的公信力，主动邀请相关公众参与执法和解过程，提高环境执法和解的合法性、合理性和公正性，更容易促进执法和解双方的信任、理解和合作。2014 年 9 月出台的《环保署鼓励公众参与超级基金执行活动的汇编》就详细规定 15 个可能涉及公众参与程序①。如寻找潜在责任方过程中的公众参与，公开合意行政裁决或者行政协议的建议稿，应该允许公众在最终稿形成之前充分评议、研讨，参与建议稿的修改，由区域检察官对污染区域的公众参与计划是否准备执行进行监督等②。

（二）环境执法和解制度的功能

一些发达国家环境执法和解制度的初衷是为了走出命令型环境规制怪圈，缓解传统命令型环境规制给规制机关带来的巨大执法压力和诉讼压力，探索一条规制机关与被规制者协商解决环境规制难题的法律机制，它具有以下"三个方面"的功能：

第一，环境执法和解制度降低了环境规制的不确定性，通过和解协议的方式明确了规制机关和被规制企业之间的权力（利）、义务关系。从环境执法和解的适用范围来看，纳入环境执法和解的都是那些具有很强的专业性、复杂性和不确定性的违法行为，规制机关难以对具体行为的后果、逻辑关系、责任主体等等作出精准的判断和选择③，甚至有些环境规制难题还没有得到科学上的合理解释，针对这样的环境规制难题，如果依然采取命令型环境规制的工具，无法解决环境执法中的不确定性，可能会导致执法行为长期搁置，抑或即使作

---

① 张红：《破解行政执法和解的难题——基于证券行政执法和解的观察》，载《行政法学研究》2015 年第 2 期。

② See Policy on Civil Penalties，EPA General Enforcement Policy# GM -21，recodified as PT.1 —1，Feb.16，1984，p.3.

③ Raeymaeckers，P. & Kenis，P.（2016）.The Influence of Shared Participant Governance on theIntegration of Service Networks：A Comparative Social Network AnalysisInternational Public Management Journal，19（3）.

出法律处罚，也收不到应有的执法效果，甚至规制机关会陷入旷日持久的"行政复议"和"行政诉讼"。为了破解执法中的不确定性，降低环境规制的执法成本，环境执法和解制度引入民事领域的意思自治和协商民主的元素，通过规制机关与被规制企业的协商、沟通和合作，将双方的法律关系确定下来，形成执法和解协议，明确双方的法律权力、责任、权利、义务等内容，提高和解协议的遵从度和可执行性[①]。

第二，环境执法和解制度推动了利益相关者的参与。一些发达国家环境执法和解制度强调信息公开透明，保证利益第三人能够了解环境执法和解的相关信息，《超级基金法》明确规定了司法审查过程中的公众参与程序，检察总长在提交和解协议交付法院司法审查前，以及法院在进行裁判前必须提供公众评议的机会。这种评议的过程就是公众参与协商的体现。在环境执法和解实施过程中，环境规制机关为提升执法和解协议的公信力，往往主动邀请相关利益第三人参与执法和解过程，提高环境执法和解协议的合法性、民主性和公正性，促进环境执法和解协议能够更好地得到遵从和执行，实现基于环境执法和解过程达致的"重叠共识"和"商谈理性"[②]。

第三，环境执法和解制度始终处于法院的司法审查和监督范围之中，确保司法权对行政权的制衡。不管是发达国家的协商制定规则制度，还是环境执法和解制度，都是为了应对命令型环境规制的局限产生的，都是为了打破传统形式法学对环境规制执法的桎梏，都是为了提升环境规制的灵活度和效率，破解环境规制过程中的不确定性。但是，这种基于过程和程序的协商法律机制超越了国会对行政权的授权范围，大大扩张了行政权力的适用领域，很难避免环境规制协商过程中可能会出现"行政权力异化"和"政府俘获"等后果[③]。同时，环境规制机关本身就拥有强大于企业和公民的行政权力，基于对行政权力的制衡以及对企业和公民合法权益保障的双重维度，必须引入司法力量对行政权力进行制衡，确保环境执法和解的适用领域、程序、过程、内容等都符合行政法律的要求，接受司法机关的审查和监督。

---

① ［英］迈克尔·萨沃德：《罗尔斯和协商民主》，何文辉译，载《马克思主义与现实》2006年第3期。

② 何源：《德国行政形式选择自由理论与实践》，载《行政法学研究》2015年第4期。

③ 王曦：《论规范和制约有关环境的政府决策之必要性》，载《法学评论》2012年第1期。

（三）环境执法和解制度的启示

当前，我国的生态环境损害赔偿磋商制度很多方面借鉴了发达国家的执法和解制度的经验，但相比较发达国家的环境执法和解制度，我国协商型环境规制的制度谱系还有待于进一步丰富、优化和拓展，系统性的法律规范和制度保障有待于进一步的强化和完善。所以，应借鉴发达国家环境执法和解制度经验，亟需建立我国环境执法和解法律制度，比如，有的国家专门制定《超级基金法》(Superfund Act)，明确授予行政机关拥有执法和解的权力①。针对我国环境执法面临的专业性、复杂性、不确定性难题，应充分借鉴发达国家经验，建立我国的环境执法和解制度，并在立法过程中突出四个导向：

一是谨慎选择执法和解适用范围。执法和解制度事实上超越了传统的行政法规制范式，引入协商沟通、多元参与、合作共治等元素，如果不谨慎确定适用范围，可能会导致行政权的无限扩张和异化，只能将执法过程面临的具有高度复杂性、不确定性以及必要性的案件纳入执法和解的适用范围②。二是强化规制者与被规制者之间的协商。执法和解是行政机构与行政相对人之间的协商、沟通、互动和合作，为避免行政机关利用行政权力导致"不公正的和解"，应明确执法和解的参与主体、条件、程序、权力（利）、责任（义务）等，确保执法和解的公正性、协商性、平等性③。三是明确法院作为制衡规制机关的主体。为强化对行政机关的规制和规范，应引入司法力量参与执法和解，既可以发挥法院的司法审查功能（对和解协议的司法审查），也可以发挥法院的诉讼救济功能，为行政相对人提供救济的渠道和机制④。四是推动公众参与执法和解的实施和监督。执法和解不是单纯的民事行为和私法行为，它是行政权力行使的一种法律机制，该法律行为事关公共权力的行使、公共利益实现和公民权益的保护，应确保执法和解制度实施过程中的公众参与，提升执法和解的民主性、参与性、价值性和公共性。

① 于泽翰：《美国环境执法和解制度探究》，载《行政法学研究》2019年第1期。
② Satish Joshi, Ranjani Krishnan & Lester Lave, Estimating the Hidden Costs of Environmental Regulation, The Accounting Review, Vol. 2, 2001.
③ 谢伟：《司法在环境治理中的作用：德国之考量》，载《河北法学》2013年第2期。
④ 刘超：《反思环保法庭的制度逻辑》，载《法学评论》2010年第1期。

第二节　基于主体意思自治的分类

一、命令型环境协商：环境行政契约

为了改善命令型环境规制模式和激励型环境规制模式的运行绩效，平衡规制成本和收益的关系、环境规制的科学性与民主性的关系[1]，发达国家开始探索规制者与被规制者以及利益相关者之间开展协商、沟通的机制，并签署环境规制合同或准合同的协议，力求通过规制者与被规制者的协商，达成针对性的环境协议，提高环境规制的灵活性、针对性和实效性，降低环境规制的执法成本，提高企业环境守法意愿，强化利益相关者的参与，促进社会公众对环境规制的认同、理解和支持。一是关于环境行政协议的类型。根据不同的标准，环境协议分为两大类型：其一，根据被规制者是单个企业或项目，还是一个行业或部门，分为微观环境协议和宏观环境协议[2]。其二，根据规制者在环境协商中的主导性强弱，分为命令性协商和自愿性协商，前者是规制机构提出，被规制者必须参加协商，否则将会受到环境规制执法的处置，而自愿性协商，主要是规制机构与被规制机构基于自愿达成的环境合同，在平等协商的基础上，充分尊重双方的权利义务，以协议的形式明确环境规制机构与被规制企业之间的权利义务关系，只要不违反法律保留和法律优先的原则，规制机构与被规制企业都可以达成协商协议。二是环境协议的适用范围。强制性协商和自愿性协商具有不同的适用范围，强制性协商主要是解决环境规制的成本巨大的问题、环境违法行为与后果的不确定性问题以及因企业差异性而引发环境规制的灵活性不足问题，这种协商是以环境行政权为逻辑基础，以环境公共利益为规制目标；而自愿性协商是规制机构与被规制机构基于自愿达成的环境合同，在平等协商的基础上，充分尊重双方的权利义务，以协议的形式明确环境规制机构与被规制企业之间的权利义务关系，只要不

---

① 竺效：《环保重罚措施对法律实施的影响》，载《中国高校社会科学》2016 年第 4 期。

② ［德］迪特尔·格林：《宪法视野下的预防问题》，刘刚译，刘刚主编：《风险规制：德国的理论与实践》，法律出版社 2012 年版，第 18 页。

违反法律保留和法律优先的原则，规制机构与被规制企业都可以达成协商协议[1]。但两类环境协议都可以实现环境规制的灵活性、针对性和差异性，降低环境规制的成本，提高环境规制的公共绩效。三是环境协议的合法性危机。环境协议的目的是提升环境规制的效率和灵活性，通过环境规制机构与被规制企业之间的协商、沟通和自治，达成一致的环境协议。这种协议来代替环境规制法律、法规和规则，虽然经过了法定的程序和过程，但这依然与传统的行政规制范式存在巨大的张力和冲突，面临合法性危机[2]。规制机构有什么样的权力来创设新型规制体制？环境协议是否符合法律保留和法律优先的原则？如果环境协议的规定与现行规制体制和法律内容相冲突时，它的法律效力如何？以及如果规制机构违反了环境协议该如何救济？为弥合环境协议的合法性危机，应在环境协议的谈判和执行阶段构建更完善的责任机制、信息公开机制和透明制度。

为了更好地论述和解构命令型环境协商的类型、特点和功能，本书选择中国的环保约谈[3]作为命令型环境协商的类型谱系，既反映中国协商型环境规制的特殊形态，为第四章对中国协商型环境规制制度反思作好理论铺垫，因为环保约谈是一种命令型环境协商制度，它具有国外命令型环境契约的特点，也同时受中国特殊的党政体制、条块结构、央地关系、政经关系和社会环境的影响，更能反映出命令型环境协商的制度定位。一是执法诉讼风险。随着生态环境执法公示制度、生态环境执法全过程记录制度以及重大执法决定法定审核制度实施以来，一方面强化对环境规制主体行政执法的规范和制约，保障行政相对人以及第三人的权益。但也对生态环境执法部门的执法能力、执法资源、执法装备等提出严峻的挑战。尤其很多基层生态环境执法机构，执法能力、执法

---

① [南]毛里西奥·帕瑟林·登特里维斯:《作为公共协商的民主:新的视角》，王英津等译，中央编译出版社 2009 年版，第 61 页。

② [美]罗纳德·德沃金:《认真对待权利》，信春鹰、吴玉章译，中国大百科全书出版社 2008 年版，第 203 页。

③ 本书之所以选择环保约谈作为环境行政企业的一种具体实践样态，因为该制度是我国命令型环境协商的特色制度，它既有命令型协商的特点、功能和价值，又融合了我国独特的党政体制、条块关系、央地关系、政商关系等要素，是一种非典型命令型环境规制协商。并且，本书第四章在协商型环境规制的中国实践与反思部分，笔者也是以环保约谈为例，对其威慑性实然逻辑和协商性应然逻辑进行深入分析，故在此先介绍环保约谈的类型、特点和功能，为后文系统论述进行铺垫。

资源、执法装备还不能满足生态环境执法"三项制度"的要求,很容易在具体执法过程中成为行政复议、行政诉讼的被告,生态环境执法面临巨大的诉讼风险。这种诉讼风险会迫使生态环境执法机构选择更加灵活、程序便捷的执法工具。环保约谈作为一种尚未被程式化的执法工具,恰好满足了生态环境执法机构的需求。同时,受当下一些不合理的执法考核指标的压力,如生态环境执法机构一旦成为行政复议或行政诉讼的被告,就会影响部门及其负责人的绩效。这也从考核方面促使生态环境执法机构更乐意选择相对柔性的执法措施。二是执法资源不足。随着党和国家对生态环境治理的重视,生态环境治理、绿色发展水平已经成为各级政府和部门重要的考核内容和指标,这种考核内容和指标依托我国特有的压力型体制和行政权力逐级分解,甚至在有些地方出现生态环境质量考核"一票否决"的现象。同时,随着人们生活水平的提高,人民对美好生活的向往也与时俱进,对生态环境质量的关注和诉求也与日俱增,各级政府和环保部门都面临巨大体制性压力和社会性压力。而环境规制又具有新型的风险规制的结构特点,单纯命令型环境规制和激励型环境规制无法解决环境规制的灵活性需求,无法激发企业的环境守法主动性,无法推广先进的环保技术设备,无法兼顾环境公平、民主和正义的价值考量,亟需借鉴协商型环境规制的理论范式和运行机制,发挥协商、沟通、合作、共治、参与、互动等元素在协商型环境规制中的重要作用。协商型环境规制是一种正在探索的实践形态,环境规制协商的程序、方式、机制、过程都还存在不完善的地方,所以,政府和环保部门容易将协商型环境规制的理念和方式嵌入我国的压力型体制之中。三是执法成本巨大。生态环境执法面临的环境问题具有一定的不确定性、专业性、复杂性和系统性,执法主体与相对人之间存在严重的信息不对称,相对来说企业拥有更多的环境信息,由于环境违法往往是一个持续性的过程,它不是一个点上和时间段上的环境违法行为,这对生态环境执法提出更高要求,也进一步加剧了环境执法主体与相对人之间的信息不对称,导致环境执法面临巨大的信息成本。所以,我国环保约谈实践具有深刻的经济社会背景和制度文化逻辑。

2014 年 5 月,原国家环境保护部制定《环境保护部约谈暂行办法》以来,自环保部以下,各省、市、县大多都制定了环境约谈规范性文件,环境约谈风起云涌,从面上数据和媒体报道来看,环保约谈取得了一定的成效。当前,关于环境约谈的研究成果较少,主要集中在环境约谈的作用功能、价值定位、实施困境、完善路径等方面，多是关注环境约谈操作层面存在的问题。笔者试图以一种宏观视野、实证分析和文本研究的思路，将问题聚焦于中央、省、市、县四级环境约谈规范性文件的考察，阐述环境约谈的基本类型，探寻四级环境约谈规范性文件中实施主体、实施对象、约谈责任规定以及约谈列席主体的基本规律和发展趋势，总结环境约谈制度的主要特点，剖析环境约谈制度存在的问题，提出进一步完善环境约谈制度的路径，提升环保约谈制度实施的针对性和操作性。

（一）环保约谈的类型

关于环保约谈的类型，理论界的专题研究较少，基于对我国中央、省、市、区（县）四级环境约谈规范性文件的考察，当前主要存在三种类型：

1. 基于约谈目标分类：诫勉性约谈和预警性约谈。诫勉性约谈指政府、环保部门针对已经出现的环境违法、违规行为对下一级政府、相关部门及企业责任人进行的约谈，主要是为了警戒责任主体，遵守环境保护法律法规，重视存在的环境违法、违规行为，采取整改措施，履行环境保护义务。如《环境保护部约谈暂行办法》第二条就对约谈进行了概念界定，是指环境保护部约见未履行环境保护职责或履行职责不到位的地方政府及其相关部门有关责任人，依法进行告诫谈话、指出相关问题、提出整改要求并督促整改到位的一种行政措施。预警性约谈，主要针对可能发生的环境违法、违规行为的相关责任主体进行约谈，指出发生环境违法、违规的可能性、严重性、破坏性及其法律后果，提醒相关责任主体采取必要的措施，并督促监督其整改落实，防患于未然，预防环境违法、违规行为的发生。自2014年5月出台《环境保护部约谈暂行办法》至2017年4月，环保部约谈了19个省市，40个城市的负责人，约谈数据显示，当前在环境规制领域实施的主要是诫勉性约谈，未来可能会更重视预警性约谈，尤其是针对企业的预警性约谈，切实发挥约谈的风险防控功能。[①]

2. 基于约谈的对象分类：科层环保约谈和市场环保约谈。梳理国家生态环境部、省、市、区（县）四级环境约谈规范性文件，约谈对象大多都涵盖

---

① 张锋：《中国环境约谈的实证分析：基于中央、省、市、区县四级环境约谈规范性文件的考察》，载《延边大学学报》（社科版）2018年第5期。

下一级政府及相关部门和企业单位。之所以做这样的区分，是为了强调针对行政主体的体制内约谈和针对企业的体制外约谈在政策目标、实施程序、事后救济①等方面具有不同的法理支撑、法律依据和目标定位。比如针对行政主体的约谈主要依据"党政同责""一岗双责"以及政府对区域环境质量负责等法律、法规、规范性文件的规定。因为是公权力对公权力的监督，这也是原环保部希望通过约谈实现打破传统体制壁垒、穿透地方保护主义藩篱的制度目标，寻求一种突破现有体制约束的路径，直击问题现场，将环境保护责任真正落实到各级政府和相关部门，发挥我国行政压力型体制的优势。而针对企业的约谈，由于涉及公权力和私权利的平衡以及私权利的保护，尤其是我国具有行政主导型国家的传统，行政权力相对于私权利异常强大，所以，在约谈事由、约谈程序、事后救济等方面都应有更规范的表达和更完善的设计，既要有效诫勉、预警企业的环境违法、违规行为，又要防止行政权力（约谈）的滥用，保护企业的合法权益。梳理国内的约谈规范性文件，仅有少数是专门针对企业约谈的规范性文件。如《天津市环境保护局水环境保护约谈暂行办法》，其中关于约谈对象，主要包括受到按日连续处罚的企业事业单位和其他生产经营者的法定代表人；《杭州市余杭区环境保护局企业约谈暂行规定》第二条：本规定所称约谈，是指由区环保局会同属地镇街对环境违法违规企业法定代表人，通过沟通交流、分析讲评等方式，就企业存在的问题提出整改要求，并督促落实整改。

从总体上分析，我国环境约谈基本上将针对行政主体的约谈等同于针对企业主体的约谈，普遍采用了针对企业的约谈可参照本办法实施的文字表述。缺乏针对企业主体约谈的针对性的规定和差别化的政策。如果将其他没有区分约谈主体的环境约谈规范性文件与专门针对企业的环境约谈的规范性文件比较，如《杭州市余杭区环境保护局企业约谈暂行规定》。可以发现其在表述上的特殊性，如"通过沟通交流、分析讲评等方式"，这就体现约谈的协商性、平等性、双向性、互动性，环境约谈作为一种柔性的行政措施，合意、协商、合作、互动、共治等理念蕴含其中。

3. 基于约谈是否公开：公开型环保约谈和不公开型环保约谈。梳理国内四

---

① 孙秀艳：《环保部约谈暂行办法实施一年多，多地政府负责人被约谈》，载《人民日报》2015年9月12日第10版。

级环境约谈的规范性文件，基本上都是将约谈定义为公开约谈，如《环境保护部约谈暂行办法》第十一条规定：除涉及国家秘密、商业秘密和个人隐私外，约谈应对外公布相关信息并可视情邀请媒体及相关公众代表列席。只有《安徽省环境保护厅约谈暂行办法》①第四条规定：约谈形式分为公开约谈和不公开约谈两种，公开约谈可以邀请媒体参加，并对外发布。不公开约谈则不邀请媒体参加，且不对外发布。本书认为，根据环境约谈的诫勉性约谈、预警性约谈以及体制内约谈和体制外约谈的区分，还是有必要针对不同的类型情形，分别采取公开约谈或者不公开约谈的方式为宜。比如，针对诫勉性的约谈、体制内的约谈，应该以公开为基本要求，应该邀请媒体、公众，甚至社会组织、第三方机构、专家参加，并将约谈情况公布；但是针对预警性约谈、体制外的约谈，就要充分考虑具体的情形，采取不同的约谈形式。如针对企业的预警性约谈，或许第一次约谈就不宜采取公开约谈，充分尊重企业的权利和商业利益，如果企业整改不到位，再次约谈即可以采取公开方式，充分发挥媒体、社会、公众的监督功能②。

（二）环保约谈的特点

环境约谈是我国为传导环境生态压力和破解监管瓶颈而实施的创新实践，中央、省、市、区（县）各有不同的价值诉求和政策定位，根据四级环境约谈规范性文件梳理分析和比较研究，环境约谈制度主要呈现以下特点。

1. 从约谈实施主体来看，随着政府层级的变化主体更加多元化。主要表现为在中央和省两个层面的规范性文件，约谈实施主体基本是以环境部门为主，可以邀请组织部门、监察机关、其他有关部门和机构共同实施。但是到了地市级以后，约谈实施主体发生较大的变化，主体进一步拓展和多元，出现政府主要领导、分管领导以及检察院、司法机关等参与约谈的实施③。这充分说明环

---

① 张锋：《中国环境约谈的实证分析：基于中央、省、市、区县四级环境约谈规范性文件的考察》，载《延边大学学报》（社科版）2018 年第 5 期。

② 郑雅莉、何伟日：《纠偏与规制：试论环保行政约谈制度的完善》，载《成都行政学院学报》2016 第 2 期。

③ 张锋：《中国环境约谈的实证分析：基于中央、省、市、区县四级环境约谈规范性文件的考察》，载《延边大学学报》（社科版）2018 年第 5 期。

境约谈制度重点是督促地市级以下政府及相关部门履行环境监管责任，也说明地市以下政府及相关监管部门在环境保护中的结点地位和关键作用。第一，中央层面的约谈实施主体主要是原环境保护部。《环境保护部约谈暂行办法》第四条规定：约谈可由环境保护部单独实施，也可邀请组织部门、监察机关、其他有关部门和机构共同实施。第二，省级层面的约谈实施主体主要是各省的环境保护厅。如《河北省环境保护厅约谈暂行办法》第四条规定：约谈可由环境保护厅单独实施，也可邀请河北省环境保护厅以外相关部门和机构实施。第三，地市级层面的约谈实施主体开始呈现出多元化的趋势，不仅有地市级环境保护部门，还有地市级政府"一把手"或者"分管领导"。如《烟台市环境保护约谈暂行办法》[①]第一条规定：本办法所称的约谈，是指市政府主要领导或分管领导约见未履行环境保护职责或履行职责不到位的县市区政府（管委）和市直有关部门主要负责人；市环保局主要领导约见未履行环境保护职责或履行职责不到位的县市区环保局主要负责人。濮阳市人民检察院与市环保局联合印发了《关于在生态环境保护工作中建立联合约谈机制的意见》。第四，区县级层面的约谈主体主要是区县政府分管领导、环境保护部门和属地街镇。如《杭州市余杭区环境保护局企业约谈暂行规定》第二条：本规定所称约谈，是指由区环保局汇通属地街镇对环境违法违规企业法定代表人，通过沟通交流、分析讲评等方式，就企业存在的问题提出整改要求，并督促落实整改；《尉犁县环境保护工作约谈暂行办法》第四条：约谈可以县委、县人民政府分管领导单独实施，也可邀请监察机关、组织部门共同实施。[②]

2. 从约谈实施对象来看，随着政府层级变化约谈重点各有侧重。根据四级环境约谈规范性文件分析，约谈的适用条件、约谈的实施对象主要是针对行政主体设计的，而针对企业则使用"参照本办法实施"的兜底表述。但是在环境约谈实践领域，随着政府层级的下沉，约谈对象从行政主体更多的向企业转移，区县级环境约谈主要集中在违法违规的企业。第一，中央层面的约谈对象主要是地市级政府负责人。从 2014 年 5 月到 2015 年 10 月的环境保护部约谈地方数据分析，25 个城市或单位被环保部约谈，除了北京城市排水集团有

---

① 张锋：《环保约谈：一种新型环境法实施制度》，载《上海财经大学学报》2018 年第 4 期。

② 张锋：《中国环境约谈的实证分析：基于中央、省、市、区县四级环境约谈规范性文件的考察》，载《延边大学学报》（社科版）2018 年第 5 期。

限公司是一家国企外，其余 24 家被约谈对象均为各地政府或行政机构。被约谈最多的是地级市，一共 15 个，占总数的 60%，被约谈的县级市有 2 个。第二，省级层面的约谈对象主要是下级政府及相关部门为主，兼顾约谈企业。如 2016 年 5 月，江苏省环保厅对环境信访问题突出的南京浦口、江阴、新沂、徐州云龙区、昆山、张家港、如皋、海门、建湖、高邮等 10 个县（市、区）政府分管领导进行约谈；2017 年 4 月，湖北省环保厅对武汉江夏区、老河口市、谷城县、沙洋县、咸宁咸安区有关环境问题进行约谈；2017 年 6 月，陕西省环保厅对空气质量排名靠后的 6 县（区）政府（管委会）和 6 家存在突出涉气环境问题企业进行约谈。第三，地市级层面的约谈对象是下级政府及相关部门与企业并重。如 2017 年 7 月，济宁市大气污染防治指挥部办公室对 5 月份全市环境空气质量排名靠后的 10 个乡镇（街道）分管负责人进行了公开约谈。第四，区县级层面的约谈对象主要是企业为主。如杭州市余杭区专门制定《杭州市余杭区环境保护局企业约谈暂行规定》。

3. 从约谈责任后果来看，随着政府层级的变化责任规定越具体。基于四级环境约谈的规范性文件分析，生态环境部、各省环保厅关于环境约谈的责任规定比较抽象，只有《河北省环境保护厅约谈暂行办法》明确具体的责任规定。但是，从地市级以下，各市、区县环保约谈责任的规定却比较具体，具有较强的针对性、可操作性。这说明生态环境部约谈地市级政府、相关部门的压力传导机制发挥了作用，也说明地市、区县更需要实际的抓手来推进落实约谈制度及推动环境保护。第一，中央层面的约谈责任规定。《环境保护部约谈暂行办法》采取了抽象表述的方式，其第十条规定，主持约谈部门（单位）负责督促被约谈方将约谈要求落实到位，并将约谈要求落实情况报批准实施约谈的部领导，同时印（抄）送环境监察局存档备案。可以看出，《环境保护部约谈暂行办法》没有列出如何督促落实的具体责任规定，而是采用概述抽象的方式。第二，省级层面的约谈责任规定。分析河北、福建、青海、上海、宁夏、安徽、天津等地的约谈规定，对如何督促落实基本是都是采取环保部的方式，抽象概述表述。如《上海市环境保护约谈规定（试行）》第九条（约谈措施落实）：被约谈方应当积极落实约谈整改措施，并在规定期限内向约谈方反馈整改落实情况。未按规定落实整改措施的，将按照有关规定进行责任追究。只有《河北省环境保护厅约谈暂行办法》明确具体的责任规定。其第六条规定，对被约谈方整改达不到约谈要求的，将对其实施挂牌督办、该企业建设项目限批、区或限批。《天津市环境保护局水环境保护约谈暂行办法》对无故不参加约谈或未按照《责令整改决定书》要求进行整改的，以发文通报、新闻媒体曝光等方式对被约谈人及其相关负责人进行公开通报，并将相关情况存档备案，作为对其环境管理或环境执法中的从严从重情节。[1] 第三，地市级层面约谈责任规定。地市级政府作为我国环境保护的关键结点，以及中央环保约谈的主要对象和重点领域，其关于约谈责任的规定比较具体，体现较强的针对性和可操作性。如《烟台市环境保护约谈暂行办法》第四条：监督落实。约谈对象应在约定时限内实施整改并书面报送整改情况。对约谈所要求整改的事项不落实或落实不到位的，追究被约谈单位和个人的相关责任。第四，区县级层面约谈责任规定。如《海门市环境保护重大问题约谈实施方案》第五条约谈督查：市环保局纪检监察室会同局效能办对约谈的实施及约谈事项的整改落实情况进行督办。对不参加约谈的被约谈对象，由市环保局予以通报批评，并责令写出书面检查；对约谈后不整改、不落实或整改落实不力、效果不佳的，由市环保局予以通报批评，并启动效能问责机制，必要时在媒体上曝光；因约谈事项未整改落实或整改落实不到位而引发环境问题或事件的，由市环保局予以通报批评，情节严重的，依法实施行政处罚；约谈情况同当地、本单位年度目标考核、评先评优等挂钩，并视情况给予"一票否决"。[2]

4. 从约谈列席主体来看，随着政府层级的变化列席主体越来越广泛。对标四级环境约谈的规范性文件，随着行政级别的递减，列席主体代表越广泛，中央层面仅规定媒体、相关公众代表列席；省市级基本都扩大到人大代表、政协委员、环保行风监督员等；但是到区县层级，列席代表却呈现出收紧的趋势，反映了区县政府、相关部门在环境约谈是否邀请社会主体列席方面的谨慎。第一，中央层面列席主体的规定。《环境保护部约谈暂行办法》第十一条规定，除涉及国家秘密、商业秘密和个人隐私外，约谈应对外公布相关信息并可视情况邀请媒体及相关公众代表列席。第二，省级层面列席主体的规定。《福建省环境保护厅约谈暂行办法》第四条规定，约谈可由省环保厅单独实施，也可邀请组织部门、纪检监察机关等有关部门共同实施。必要时，可邀请人大代表、

---

① 张锋：《中国环境约谈的实证分析：基于中央、省、市、区县四级环境约谈规范性文件的考察》，载《延边大学学报》（社科版）2018 年第 5 期。
② 张锋：《我国协商型环境规制构造研究》，载《政治与法律》2019 年第 11 期。

政协委员、环保行风监督员、媒体和公众代表列席。第三，地市级层面列席主体的规定。《无锡市环境保护局约谈暂行办法》第六条第三款规定，必要时，可邀请人大代表、政协委员、环保行风监督员、媒体和公众代表列席。第四，区县级层面：《杭州市余杭区环境保护局企业约谈暂行规定》没有关于邀请社会各界代表列席的内容；《海门市环境保护重大问题约谈实施方案》中也只是规定邀请新闻媒体列席，充分说明了基层单位在是否邀请社会公众参与环境约谈的谨慎和顾虑。①

（三）环保约谈的功能

环保约谈是我国一种新型环境协商规制制度，原环境保护部推动环保约谈制度，是为了破解地方环境保护部门监管无力和环境政策执行中的"中梗阻"问题②，但是环保约谈作为一种结构开放的环境规制机制，客观上推动了上级环保部门、下级政府、环保部门、环境违法企业之间的协商、互动、合作和共治，同时也拓展参与环境规制的主体结构，具有风险规制、多元参与、协商沟通、社会共治等功能机制。

一是强化环境规制过程中规制者与被规制者之间的协商。传统的环境法实施模式主要基于私权利主体之间的对抗式的实施模式，是建立在双方主体的对立、对抗、不信任、不合作、不认同的基础上的。由于环境违法行为及环境损害的特殊性，必须发挥协商式环境法实施制度的优势，重构实施主体与对象之间的协商、沟通、合意和契约，提高环境法实施的可接受性和回应性。不管是针对体制内主体的环保约谈还是针对体制外主体的环保约谈，都体现了"约"和"谈"的意蕴，尤其是针对私权利主体的环境企业约谈，更应充分尊重私权利主体的合法权益，将约谈中的平等协商、谈判沟通、合意自觉等元素体现出来，提高环境企业遵守环境法律法规的主动性、自觉性和自发性。

二是破解当前环境规制过程中的"中梗阻"难题。完善环保约谈实施主体之间的权力责任的合理配置，发挥环保约谈实施主体之间信息沟通、资源共享

---

① 张锋：《中国环境约谈的实证分析：基于中央、省、市、区县四级环境约谈规范性文件的考察》，载《延边大学学报》（社科版）2018 年第 5 期。

② ［美］詹姆斯·约翰森：《支持协商：关于某些怀疑的思考》，约·埃尔斯特主编《协商民主：挑战与反思》，周艳辉译，中央编译出版社 2009 年版，第 58 页。

和功能互补的作用。环保约谈将环境法实施中的权力主体纳入环境法实施的制度化平台，有利于环境违法行为的综合规制，有利于降低环境法实施的成本，提高环境法实施的社会效益[①]。尤其是一些地市将检察院纳入环保约谈的实施主体，可以有效将环保约谈制度与环境公益诉讼制度衔接，发挥检察院作为环境公益诉讼主体的制度优势。完善约谈实施主体与对象之间的协商制度。改变当前环保约谈实施主体单方面的强势局面，规定被约谈对象在环保约谈中享有的权利和承担的义务，允许被约谈对象对环保约谈实施主体的约谈事由、整改意见进行解释、沟通和说明，力求最大限度的提高环保约谈的协商性[②]。

三是推动环境规制结构的开放。明确环保约谈参加主体的协商制度。环境违法行为具有系统性、扩散性、跨区域性以及代际性，推动环境法的实施需要环境监管主体之间协作、协同和协调，需要建立制度性的多元主体沟通协商机制。环保约谈中要听取环保约谈相关利益主体的诉求、观点和意见，让多元主体共同参与到环境治理的结构中来。环保约谈制度中吸纳环保企业、人大、政协、环保行风监督员、公众和媒体等多元主体的参与，让利益主体在环保法实施过程中表达自己的诉求，发表自己的观点，对环境违法及环境损害做出自己的判断，制度化参与环境法实施，有利于激发社会主体的积极性、主动性和创造性，提高契约的科学性、民主性和合法性。环保约谈制度实现人大、政协、环保行风监督员以及公众、媒体的社会性监督，人大、政协可以发挥参与性监督作用，媒体可以发挥舆论的监督约束作用，公众可以发挥举报、起诉的作用，共同实现对环境违法和环境损害的监督[③]。

二、自愿型环境协商：自愿性环境协议

随着新冠肺炎疫情在我国得到有效控制，复工复产、恢复经济与疫情防控逐渐成为各级党委政府的中心工作，特别是在我国 8 个省份宣布对基建投资总计 34 万亿元的背景下，环境规制是否会为其中的高碳投资让路？后疫情时代，

---

① 王树义、郑则文：《论绿色发展理念下环境执法垂直管理体制的改革与构建》，载《环境保护》2015 年第 24 期。

② ［英］伊丽莎白·费雪：《风险规制与行政宪政主义》，沈岿译，法律出版社 2012 年版，第 62 页。

③ ［美］奥斯特罗姆：《公共事务的治理之道》，余逊达译，上海三联出版社 2000 年版，第 37 页。

我国环境规制将如何应对风险社会的严峻威胁，环境规制将如何转型创新已经成为政府、学界和社会高度关注的重大课题。2020 年 3 月 3 日，国家生态环境部印发了《关于统筹做好疫情防控和经济社会发展生态环保工作的指导意见》，提出多元化管理、引导、服务的理念，改变过去单一"查—罚"的后端命令控制型环境规制模式，避免"一刀切"导致的环境规制僵化和失灵，探索兼顾生态文明建设和经济发展的差异化、精准化的环境规制模式，促进政府、企业、环保社会组织、第三方机构和公众的多元共治，以制度创新构建政府与企业之间的互信和良好伙伴关系，提升环境规制的灵活性、内生性、自愿性、针对性和实效性。

　　基于我国后疫情时代环境规制的风险挑战，自愿性环境协议制度①具有很强的适用性、针对性和实践性，它能够促进政府、企业、环保社会组织、第三方机构以及公众之间的协商、合作、互信、共治，缓解生态环境风险的不确定性，激发企业守法的内生动力，提升环境规制的自愿性、灵活性、差异性和实效性。自愿性环境协议是指政府、企业、行业协会以及环保社会组织等主体基于协商、沟通、合作所缔结的协议，其目标是改善环境治理或促进自然资源高效利用②。自愿性环境协议发端于 20 世纪 50 年代至 60 年代的日本公害防止协定，至 20 世纪 70 年代逐渐为发达国家环境规制广泛接受和应用，一些西方发达国家结合各自独特的政治、经济、社会、文化、法律等特点，演变出丰富多样的实践样态，如自愿性环境协议、环境契约、志愿协议、环境伙伴等③。自愿性环境协议蕴含环境风险规制民主主义范式的特征、结构、要素和内容，它是一种协商型环境规制制度，它注重规制结构开放、规制主体合作、规制程序

---

① 基于环境污染的负外部性，应建立合作规制，综合运行行政监管和司法控制，因此命令型环境规制具有其必要性和合理性。结合国外发达国家自愿性环境协议的实践经验，自愿性环境协议主要适用于提高能源效率、减少温室气体排放和保护环境等领域，该领域具有以下特点：一是需要持续性的规制；二是规制存在严重的信息不对称；三是监管成本巨大；四是环境自愿性协议的内容一般是超出法律、法规和政策的技术标准的磋商协议。但随着环境风险不确定性、复杂性和系统性的增加，自愿性环境协议作为一种协商型环境风险规制机制，它的适用范围将会继续拓展和深化，并对环境风险规制的理论和实践带来较大的影响。

② Brouhle K, Grif fiths C, Wolverton A .The Use of Voluntary Approachesfor Environmental Policy-making in the U.S [M] .The Handbook of Envi ronmental Voluntary Agreements .Netherlands ： Springer, 2005 ；107 —134.

③ 蔡守秋、王萌：《论美国第四代环境法中"一体化多模式"的治理方式》，载《中国人口·资源与环境》2019 年第 11 期。

规范的"协商理性"，强调环境风险规制的多元参与、协商沟通、合作共治等。

自西方生态政治运动兴起以来，贝克提出风险社会理论，他不仅关注环境风险的主观性、建构性、价值性等特征，还注重对公众的环境权益、环境正义和环境伦理的回应，强调风险社会背景下环境规制的复杂性、不确定性、系统性更加凸显①。环境风险规制模式选择一直存在科学主义和民主主义之争。环境风险规制科学主义者强调专家、知识、理性在环境风险规制中的重要性，认为良好的规制是科学和专业的决策②。如布雷耶将"公众对风险的认知、国会的行动和应答、规制过程的不确定性"及三个因素的相互强化，称之为环境风险规制的"恶性循环"，主张重构规制机构，发挥专家、专业知识和行政权威等理性功能③。英国规制法学者伊丽莎白·费雪在《风险规制与行政宪政主义》一书中指出，规制理论应充分借助协商民主的理论资源和分析范式，建构一种基于过程、程序、商谈的风险规制主义范式，将协商民主的理论引入到风险规制的研究之中，她强调法律对规制具有重要的意义，但法律的重要性更多的是建构一种制度化的法律程序、协商过程和沟通机制，而推动风险规制的重要动力是协商的过程、程序的保障和结构的开放性，将民主协商、公众参与、多元治理的理论资源嵌入到风险规制的研究范式之中，跳出传统的"理性—建构"主义范式下的风险规制，走向一种更加开放、多元、和谐的"商谈—过程"的规制范式④。环境风险规制民主主义者认为，风险具有主观性、建构性和公共性，主张民主协商和主观判断是风险规制的基础，注重公众对风险规制的影响、参与和选择。它在承认风险客观性、专业性和科学性的前提下，注重对环境风险主观性、建构性和公共性的回应⑤。从民主、参与、协商、沟通、认同等维度审视环境风险规制的范式转型和价值重构，完善环境信息公开透明制度，推动环境规制者与被规制者及利益相关者之间的协商沟通，促进多方的理

---

① ［德］乌尔里希·贝克：《风险社会》，何博闻译，译林出版社 2004 年版，第 68 页。

② ［美］诺内特·塞尔兹尼克：《转变中的法律与社会》，张志铭译，中国政法大学出版社 1994 年版，第 97 页。

③ ［美］史蒂芬·布雷耶：《打破恶性循环：政府如何有效规制风险》，宋华琳译，法律出版社 2009 年版，第 105 页。

④ ［英］伊丽莎白·费雪：《风险规制与行政宪政主义》，沈岿译，法律出版社 2012 年版，第 73 页。

⑤ ［澳］约翰·S. 德雷泽克：《协商民主及其超越：自由与批判的视角》，丁开杰译，中央编译出版社 2009 年版，第 61 页。

解、合作和共治，将环境风险规制的不确定性难题转化为规制者与被规制者、利益相关者之间具体的权利义务、行为规范和绩效目标，降低环境风险规制的实施成本、诉讼成本和社会成本[①]。

自愿性环境协议作为一种协商型环境风险规制模式，它主要运用商谈型、信息型、程序型和参与型方法实现对环境风险的规制。其一，破解环境风险信息的不对称。基于环境污染的技术性、专业性和复杂性特征，环境风险规制中政府与企业之间存在严重的风险信息不对称，命令型环境风险规制将面临巨大的信息成本。自愿性环境协议通过政府、企业、环保社会组织、行业协会、公众代表的多元协商，强化风险信息的沟通交流，缓解环境风险信息的不对称，强化多元主体对环境风险的认知、理解和合作；其二，推动环境风险分配的公正性。自愿性环境协议强化政府、企业、环保社会组织、行业协会及公众代表之间平等协商，多元主体都能充分表达环境风险诉求，基于民主参与的过程达成环境协议，促进环境风险分配的公正性。其三，促进环境风险责任的均衡性。自愿性环境协议推动政府、企业、环保社会组织、行业协会以及公众代表构成环境风险责任共同体，它们按照协议的内容承担环境风险责任，激发多元主体的能动性和创造性；其四，强化环境风险预防。自愿性环境协议通过政府、企业、环保社会组织、行业协会、公众代表的协商、沟通、合作和互动，通过信息型、商谈型、程序型和参与型机制，将企业环境守法责任转换为企业的内生动力和价值目标，促进企业环境风险的自我规制。

后工业化时代的环境风险与农业时代、工业时代环境风险的最大差异是不确定性[②]，环境规制面临未知、未来的风险，甚至超出人类认知能力和专业水平，如转基因风险、核泄漏风险、大规模生物入侵风险等。人类是在风险社会和高度不确定性的背景下实施环境规制的决策、管理、执法和监督等，导致环境规制机制僵化、环境规制低效率、环境诉讼压力增加以及环境规制法律滞后。自愿性环境协议制度蕴含环境风险规制民主主义范式的功能和特征，能够降低环境规制的行政性成本，提升环境规制的灵活性和遵从度，破解环境规制的不确定性、专业性和复杂性难题。它不仅是一种柔性环境执法

---

① ［美］凯斯·R.桑斯坦：《风险与理性——安全、法律及环境》，师帅译，中国政法大学出版社 2009 年版，第 129 页。

② ［美］史蒂芬·布雷耶：《打破恶性循环：政府如何有效规制风险》，宋华琳译，法律出版社 2009 年版，第 78 页。

方式，亦是推动环境风险规制的价值认同、情感互动和信息交流的机制，能够促进哈贝马斯倡导的"协商理性"和"沟通理性"①和罗尔斯主张的"重叠共识"和"分配正义"②。

当前，学界关于自愿性环境协议制度的研究成果较少，主要采取传统命令型环境风险规制范式③，缺乏协商型环境风险规制范式的研究视角，即使借鉴了协商民主的理论，但也大多采用政府规制的研究路径④，缺乏从形式法律、实质法律和自律性法律的制度演进，公权力、私权利和社会权力的平衡以及环境规制程序与过程的融合的整合分析，缺乏对自愿性环境规制主体多元性、规制方式灵活性、规制内容创新性以及规制过程动态性的价值考量，导致研究结论难以解释自愿性环境协议的功能逻辑和价值目标，无法回应后疫情背景下我国自愿性环境协议的理论困境和实践需求。

本书拟从风险规制视角研究自愿性环境协议制度，借鉴协商型环境风险规制理论方法，从形式法律、实质法律和自律性法律的历史维度，从公权力、私权利和社会性权力良性互动的视角，从环境规制的程序与过程融合机制层面论述自愿性环境协议的功能逻辑；基于对命令型环境风险规制和协商型环境风险规制的比较，论述自愿性环境协议蕴含的规制主体多元性、规制方式灵活性、规制内容创新性和规制过程动态性的价值目标；聚焦我国自愿性环境协议实践中面临的参与主体结构封闭、程序性机制失范以及激励机制缺乏内生性等制度性困境，借鉴发达国家的先进经验，建构我国自愿性环境协议的组织体系、程序制度和激励机制，提升自愿性环境协议的预防性、灵活性、内生性、自愿性、针对性和实效性。

---

① [德] 哈贝马斯：《公共领域的结构转型》，曹卫东译，学林出版社 1999 年版，第 60 页。

② [美] 罗尔斯：《作为公平的正义：正义新论》，姚大志译，三联出版社 2002 年版，第 137 页。

③ 王慧娜：《自愿性环境政策工具与管制压力的关系——来自经济模型的验证》，载《经济社会体制比较》2013 年第 5 期；董战峰：《环境自愿协议机制建设中的激励政策创新》，载《中国人口·资源与环境》2010 年第 6 期；马品懿：《环境管理自愿协议的法律思考》，载《环境保护》2006 年第 4 期；王琪、张德贤：《志愿协议：一种新型的环境管理模式探析》，载《中国人口·资源与环境》2001 年第 12 期。

④ 如王勇：《自愿性环境协议在我国应用之必要性证成——一种政府规制的视角》，载《生态经济》2016 年第 9 期；生延超：《环境规制的制度创新：自愿性环境协议》，载《华东经济管理》2008 年第 10 期。

（一）自愿性环境协议的法律性质

以往研究已从行政法、民法角度讨论了自愿性环境协议的法律性质，主要从政府和企业的二元主体开展探讨，要么强化纵向的公法规制，抑或强调横向的私法衡平，即使法律规制体系中注重对第三方利益的回应，也更多的体现为程序性价值，对环境风险规制中的环保社会组织、行业协会、公众代表等主体的能动性缺乏制度性回应。基于经济法角度研究自愿性环境协议的法律性质，能够更好地凸显经济法的促进法属性，提升企业的守法动力和守法能力，强化自律性环境规制；能够彰显自愿性环境协议主体的多元性，即经济法主体的多元性及其互动机制的多向性、网络性和协同性；能够突出经济法的整合性，实现环境风险规制的实体性权利、程序性价值和民主性诉求的统一。

所以，当下针对自愿性环境协议法律性质的研究面临"两个误区"：其一，仍然采取命令型环境风险规制范式进行研究，强调环境规制机关对企业的行政高权、命令控制、威慑强制，其结论自然无法关照自愿性环境协议的特征、功能和机制。其二，即使运用协商型环境风险规制范式进行研究，但停留在"形式法律"和"实质法律"的层面，形式法律主张运用合同法、侵权法、财产法等私法工具论述自愿性环境协议的法律性质；实质法律强调运用行政法等公法工具分析自愿性环境协议的制度逻辑，导致规制结构封闭，缺乏从自律性法律维度探究环境法律、政府、企业、利益第三人等多中心的协商、沟通和互动机制，缺乏对自愿性环境协议的程序和过程的制度性回应[①]。所以，亟需超越形式法律和实质法律的局限，强化公权力、私权利和社会权力的互动，推动环境风险规制中程序与过程的融合，发挥自愿性环境协议蕴含的自律性环境规制、网络性环境规制和协商性环境规制的功能逻辑。

1. 自律性环境规制：超越形式法律规制与实质法律规制的局限

随着法律科学理论和实践的演进，法律的基本形态逐渐发展和变迁，从形式性法律发展到实质性法律，再演进至自律性法律。形式性法律是建立在个人主义方法论之上，以自由主义理论为指导，通过高度形式化的法律主体、法律

[①] 李俏：《通过契约实现行政任务：美国环境自愿协议制度研究》，载《行政法学研究》2014 年第 2 期。

关系、法律行为、法律责任等实现对违法行为的规制和矫正。形式性法律主要包括民法、商法等私法规范，如合同法、财产权法以及侵权行为法等。其中，针对环境侵权的法律适用以及环境民事诉讼等都是形式性法律在环境风险规制中的法律适用①。

环境违法行为具有不确定性、复杂性和损害规模性及不可逆性等特征，确定性、稳定性和形式化的环境法律已经很难回应环境法实施的实践需求，环境规制的法律形态转向实质性法律。典型范式就是命令型环境风险规制模式，追求环境规制结果的公平和正义，运用排污标准、绩效结果、行为控制和技术工艺等强制性工具策略，实现对企业环境违法行为的规制②。命令型环境规制难以解决环境规制的不确定性难题，不能激发企业环境守法的主动性和主体性，无法促进企业环保技术创新，缺乏对环境规制民主性、公共性和价值性的回应，导致环境规制的僵硬、单一、固化，增加环境规制的法律成本和社会成本。

基于形式性法律和实质性法律的结构性困境，自律性环境规制不是强调对企业具体环境行为的规制和环境标准的统一，而是通过规制主体与被规制者、利益第三方及环保社会组织、公民代表、专家、媒体的协商、沟通、合作和互动，将环境规制的价值和目标转化为企业自我行动的纲领和章程，将环境法律的要求转变为企业自我规制的行为目标和价值选择，将环境规制变成企业自觉、自发、自主的理性行为，这就是自律性环境法律规制的制度价值和功能逻辑。卢曼认为通过环境规制各子系统之间的协商沟通，能够促进法律与其他社会子系统之间的互动与合作，激励政府、企业、环保社会组织、社区、公众等多元主体的主体性和能动性③。自愿性环境协议是基于自律性导向的自我规制，它将自我规制内容以环境协议的形式确立下来，界定环境行政机关应该承担的责任和义务，明确企业自我规制的权利义务，通过协商、沟通、合作和互动将职权职责和权利义务不断进行调整、优化和改进，促进环境规制协商的动态

---

① ［澳］尼尔·冈宁汉姆：《建立信任：在监管者与被监管者之间》，杨颂德译，载《公共行政评论》2011 年第 2 期。

② ［美］理查德·斯图尔特：《美国行政法的重构》，沈岿译，商务印书馆 2002 年版，第 86 页。

③ Raeymaeckers，P. ＆ Kenis，P.（2016）.The Influence of Shared Participant Governance on theIntegration of Service Networks：A Comparative Social Network Analysis. International Pub-licManagement Journal，19（3）.

性、整体性和系统性。

2. 网络性环境规制：促进公权力、私权利和社会权利的互动

自律性法律认为，法律、政治、社会、文化等社会子系统均具有独特功能逻辑和运行机制，针对环境风险规制的复杂性和不确定性，不应单纯依赖公权力代表的政府规制机关，不宜单纯采取命令型环境规制的法律工具策略，应采取多中心的规制结构，推动网络性环境规制，促进规制机关、企业、公众、环保社会组织、行业协会、媒体等公权力、私权利和社会权利的协商、合作和互动[①]。环境风险规制具有公共物品属性，体现较强的公共性、社会性和公益性，容易出现"搭便车"现象，政府单向度治理环境风险的信息成本巨大，不同层级政府之间存在利益冲突。公众是环境利益最大关切者，但公众受知识能力和信息成本约束，缺乏参与环境风险规制的渠道、能力和动力，容易出现"公地悲剧"现象。环境风险规制既是民主问题，也是技术问题，提高民主性需要强化公众参与，强化科学性需要提高参与者的知识能力[②]。

自愿性环境协议能够促进政府、社会、市场、环境社会团体、环境基金会和环境社会服务机构等，推动环境规制公权力、私权利、社会权利的互动和互补，通过多元主体的协商、参与、合作、互动和共赢的精神，将传统命令型环境规制转向协商型环境规制，更好地发挥环保社会组织在环境规制机构、企业及公众之间的桥梁和纽带作用，推动环境规制公权力、私权利、社会权利的互动和互补，形成网络性环境规制结构。如环保社会组织发起者具有较强的环保素养、专业知识和法律技能，环保社会组织吸引了关注环境公益和志愿环境保护的行动者，他们能够更好地兼顾环保的科学性、民主性、公共性的统一，更容易比较全面的了解公众的环保利益诉求和期待，降低利益诉求的成本，提高环保利益诉求的质量。

3. 协商性环境规制：推动环境规制程序与过程的融合

自愿性环境协议是兼顾规制过程和规制程序的新型规制机制，它不拘泥于

---

① 金自宁：《风险规制与行政法》，法律出版社 2012 年版，第 107 页。

② Do Voluntary Programs Reduce Pollution？ Examining ISO 14001's Effectiveness across Countries[J] . Matthew Potoski,Aseem Prakash. Policy Stud J . 2013（2）.

命令型环境规制的问题导向和结果导向，而是强调协商过程、协商程序、协商形式、协商结果、协商参与、协商内容、协商反馈等要素在环境规制中的重要作用。它通过法律程序规范行政机关与企业、利益第三人、环保社会组织、公民代表、专家、媒体等多元主体在自愿性环境协议达成过程中的权力、权利、责任和义务，充分保障多元主体的利益诉求、利益表达、利益协调和利益沟通，促进基于协商程序的"沟通理性"和"价值理性"，将环境规制难题具体化为自愿性环境协议中各参与主体的责任，激发多元主体能动性。

基于协商型环境规制将新型环境风险纳入自愿性环境协议范畴，弥补环境法律法规的空白和缺失，建构适应环境法律实施新形势的环境协议[①]。命令型环境规制对环境的绩效标准、工艺流程、技术参数都有明确要求，但受环境法律法规稳定性、滞后性影响，导致最新环境规制的绩效标准、工艺流程和技术参数没有纳入法律规制。自愿性环境协议能够通过行政规制机关与企业、行业协会等主体之间的协商、沟通、合作，将新型环境规制技术、设备、流程等纳入自愿性环境协议的适用条款，促进环保新技术应用，激发环保市场主体的活力和动力[②]。

（二）自愿性环境协议的主要特征

自愿性环境协议蕴含环境风险规制民主主义范式的参与性、协商性、民主性、互动性等特征，具有环境规制主体多元性、环境规制方式灵活性、环境规制内容创新性和环境规制过程动态性的价值目标，能够建构环境规制机关、被规制者及利益第三人之间的协商、沟通、合作和互动机制，规避"环境法律不完备性和环境风险不确定性"的缺陷[③]。

1.环境规制主体的多元性

自愿性环境协议改变传统形式理性对行政法定的要求，打破环境行政规制

---

① See Carlos Wing-Hung Lo, Gerald E.Fryxell and Bebjamin van Rooij, Changes in Regulatory Enforcement Styles Among Environmental Enforcement and Planning A ,2706.

② 杨东宁、周长辉：《企业自愿采用标准化环境管理体系的驱动力：理论框架及实证分析》，载《管理世界》2005 年第 2 期。

③ 张宝：《环境规制的法律构造》，北京大学出版社 2018 年版，第 107 页。

主体仅包括行政机关与行政相对人和利益第三人的结构局限，将参与环境规制的主体拓展到环保社会组织、公民代表、媒体、专家、律师等。环境损害不仅仅涉及行政机关、行政相对人和利益第三方，它还涉及整个社会的公共利益，具有很强的公共性和公益性[①]。针对新型环境风险的规制，如转基因技术、生物多样性保护、核安全以及生态环境的可持续发展等，这些议题就不是单纯靠行政主体与行政相对人以及利益第三方参加能够解决的，无法有效解决涉及社会公共利益、人类发展的环境损害行为或事件。基于环境风险规制的不确定性、规模性、公共性、复杂性、专业性和主观性等特性，亟需引入更加广泛多元主体参与环境规制协商，提升环境规制的公正性、科学性、民主性和合法性[②]。自愿性环境协议自律性、网络性和程序性等规制机制，促进行政主体、行政相对人、利益第三方、社区、公民代表、环保社会组织、媒体、专家等多元主体的参与、协商、合作和共治，能够有效地化解环境规制面临的不确定性难题，建构网络式的环境规制结构，探索多中心分散化的权力责任、权利义务分配机制。

2.环境规制方式的灵活性

命令型环境规制存在实施程式化、僵硬化和强制化等缺陷，它主要通过绩效、标准、产出和生产技术工艺等工具策略，实现对企业环境行为的能力规制和行为管制。由于不同企业的环境守法能力的差异和守法意愿的不同，单纯管制性、单向度和强制性的环境规制路径难以解决环境规制实践中的执法难题。当前，我国整体上处于发展中国家的环境治理水平，区域生态环境困境的差异、经济发展能级的差异、生态环境执法能力的差异还比较大，简单采用命令型环境规制缺乏灵活性和针对性，甚至会导致环境规制执法的"一刀切"。命令型环境规制受环境法律形式理性要求，控制环境规制部门的自由裁量空间，遵循依法行政的法律原则，强调对环境行政部门法律实施的规制，防止环境行政部门的权力扩张和权力异化[③]。

---

① 潘翻番等：《自愿型环境规制：研究进展及未来展望》，载《中国人口·资源与环境》2020年第1期。
② 郑少华：《论企业环境监督员的法律地位》，载《政治与法律》2014年第10期。
③ 任胜钢等：《自愿型环境规制会促进企业绿色创新吗？——以ISO14001标准为例》，载《研究与发展管理》2018年第6期。

由于环境规制的不确定性、专业性、主观性等特征，形式法律理性在事实上限制了环境规制执法的实际效果。企业在命令型环境规制框架内，只能选择遵守法律、法规要求的技术标准、绩效产出和公益设备，僵硬的法律条文无法激励企业采取更环保、更绿色的新技术、新工艺，制约企业实施环境自我规制的能动性和创新性，实质上损害了社会整体的环境福利水平①。自愿性环境协议通过行政主体与行政相对人、利益第三人以及其他相关主体的协商、沟通、合作和共治，尊重企业环境守法能力的实际水平，综合考虑企业环境守法意愿等因素，兼顾环境规制部门、行政相对人、利益第三人、社区、环保社会组织等多元主体的环境利益诉求，通过自愿性环境协议的方式确定行政主体、行政相对人以及其他相关主体之间的职权职责分配和权利义务关系，能够综合运用法律、财政、金融、税收等多种方式，最大限度的激发企业环境自我规制的潜力、活力和动力②。

3. 环境规制内容的创新性

命令型环境风险规制是建立在确定性、准确性前提下的环境法实施机制，高度形式化的环境法律规制面临结构性困境和制度性局限，无法解决面对过程、未知、未来的环境风险法律规制③。而实践中适用的环境法律法规，主要是以确定性为条件的形式法规则和实质法规则，它们是建立在长期环境规制的总结、累积和习惯的基础上，强调环境规制的稳定性、确定性和规律性。新型环境风险规制是面向未来、未知和过程的规制行为，人类甚至对有些环境风险尚无科学的认知和判断，导致环境法律法规滞后于新型环境风险，出现环境法律法规的"空白和盲区"。

基于环境法律不完备性和环境风险不确定性的双重张力，高度形式化、理性化和程式化的命令型环境规制难以有效防控新型环境风险。自愿性环境协议是以自愿、协商、合作和互动为特征的环境自我规制模式，它通过环境行政主体与行政相对人、利益第三人以及其他相关主体的协商、沟通和合

---

① Which Types of Environmental Management Systems Are Related to Greater Environmental Improvements? [J]. NicoleDarnall, YounsungKim. Public Administration Review . 2012 (3) .

② 陈海嵩:《绿色发展中的环境法实施问题:基于PX事件的微观分析》，载《中国法学》2016年第1期。

③ 吴隽雅:《论环境公私协作的法律规制》，载《南京工业大学学报（社科版）》2016年第6期。

作，针对环境法律的"不完备性"和环境风险的"不确定性"特征，通过自愿性环境协议的法律机制，将不完备的环境法律法规具体化和实践化，将不确定性的环境风险转化为多方主体明确的权力、责任、权利、义务。环境规制部门和企业、社区、环保社会组织通过协商、沟通、合作和共治，达成自愿性环境协议内容，采取环保治理新技术、新设备、新工艺，创新环境规制中相关主体的权力责任和权利义务的分配机制，弥补环境法律法规的"空白和盲区"①。

4.环境规制过程的动态性

命令型环境规制主要是针对企业具体环境违法行为的单次执法活动，通过罚款、扣押、拘留等行政手段，制止或矫正环境违法损害的，它更可能是碎片化、即时性和具体性的环境法律规制。而自愿性环境协议不是简单地关注环境法律主体、法律关系、法律事实，而是更加关注环境问题背后复杂的制度结构、主体互动、程序过程、社会环境和政策约束，它强调建构于过程、程序、互动基础上的动态性、整体性和系统性的环境规制②。环境是一种公共物品，具有典型的"供给非竞争性"和"消费非排他性"，容易陷入"公地悲剧"的尴尬，导致环境规制过程中出现"集体行动的困境"和"有组织的不负责任"。环境风险的动态性、整体性、系统性，决定了环境规制的过程忄和程序性，而不应仅仅停留在具体环境执法行为，应建构环境规制的办商机制、程序机制、互动机制和合作机制，推动环境行政主体、行政相对人、利益第三人以及其他相关主体之间的协商、沟通、合作、理解和互动，达成自愿性环境协议，多元主体都是自愿性环境协议的法律关系主体，都具有推动自愿性环境协议落实的权利义务，实现对环境风险规制决策前、过程中、结束后的动态性规制③。

---

① 王建秀等：《中国企业自愿环境规制的驱动因素研究》，载《经济问题》2019 年笫 6 期。
② 单飞跃：《改革开放 40 年中国经济法学研究的回顾和展望笔谈》，载《现代法学》2019 年第 1 期。
③ 张小筠、刘戒骄：《新中国 70 年环境规制政策变迁与取向观察》，载《改革》2019 年第 10 期。

（三）自愿性环境协议的"中国实践"及其困境

我国自 1999 年正式引入自愿性环境协议制度[①]，2003 年 4 月，山东省济南钢铁集团总公司、莱芜钢铁集团有限公司与山东省经贸委达成自愿性环境协议，承诺三年内节能 100 万吨标煤，比原定目标节能 14.3 万吨标煤，这是我国第一个自愿性环境协议的实践试点。2004 年 6 月中期评估时两家企业主要节能指标都达到自愿性环境协议中设定目标，共节能 22.4 万吨标准煤，减排二氧化硫 4022 吨，二氧化碳 12.4 万吨，实现节能效益 1.22 亿元，取得良好成效。但山东自愿性环境协议试点实践面临制度性困境：

1. 自愿性环境协议参与主体结构有待于进一步优化

自愿性环境协议是基于政府、企业、行业协会、环保社会组织等多元主体协商、沟通和合作缔结的契约，它的突出优势就是破解命令控制型环境规制主体结构僵化问题，实现环境规制主体之间的"多元参与"和"协商理性"。如发达国家自愿性环境协议达成过程中，政府、企业、环保社会组织、第三方机构、公众代表能够制度化地参与自愿性环境协议制定，充分听取利益相关者的表达诉求和价值偏好，提升自愿性环境协议的可接受性、遵从度和公正性，将自愿性环境协议制度作为一种环境风险沟通、环境民主参与和环境公共治理的

---

① 自 2003 年山东试点以来，我国其他地区也开展了自愿性环境协议的试点工作：如 2007 年 3 月，南京钢铁联合公司等 14 家中国企业加入欧盟"自愿减排"协议，欧盟将给予技术方面的支持，中国政府也将提供相关优惠政策。涉及钢铁、石化、化工、建材等行业的 14 家首批加入欧盟"自愿减排"协议的中国企业承诺，未来三年内每年要提高 3% 至 5% 能源利用率，减少污染物排放 3% 至 5%；2005 年 7 月，南京市环保局与中国石化扬子石化股份有限公司、宝钢集团、上海海山钢铁有限公司等 6 家企业签署了开展自愿协议环境管理示范合作备忘录，采取自愿协议环境管理模式以调动企业的自觉性与主动性，积极履行环境责任，降低环境成本；2010 年 5 月 19 日，江西首个节能自愿协议在九江市共青城正式签署。九江市人民政府与共青城开放开发区管委会签订节能自愿协议，同时，共青城开放开发区管委会与共青鸭鸭（集团）公司、江西启维光伏科技股份公司签署了节能自愿协议书。山东省济南钢铁集团总公司、莱芜钢铁集团有限公司与山东省经贸委作为中国第一家自愿性环境协议试点单位，本书重点分析该试点的成效和困境。参见徐德艳：《我国环境自愿协议研究》，载《山东大学 2011 年硕士学位论文》。

实施机制[1]。但山东试点项目实践中，自愿性环境协议主要是由山东省经贸委（政府）和山东钢铁集团总公司、莱芜钢铁集团有限公司参与，自愿性环境协议达成过程中缺乏行业协会、环保社会组织、第三方机构以及公众代表等多元主体参与，影响了自愿性环境协议的科学性、合理性和可执行性，制约了自愿性环境协议的公共性、社会性和参与性[2]。

2. 自愿性环境协议程序性机制有待于进一步健全

自愿性环境协议是建立在风险社会和环境规制不确定性的前提下，它是对环境规制僵化、环境规制效率低下、环境诉讼压力以及法律不完备等瓶颈的制度性回应。它超越了形式法规制和实质法规制的窠臼，强调规制机关、企业、行业协会等主体之间的协商、沟通、合作和互动，提升环境规制执法的灵活性和创新性。针对环境法律法规的滞后性问题，通过环境规制主体的协商、沟通和合作达成契约，通过缔结环境协议的方式，从形式上颠覆了传统秩序行政范式的要求，从实质上重构了政府、企业、行业协会以及环保社会组织之间的权力责任和权利义务，弥补"环境法律的不完备性"和"环境风险的不确定性"。所以，需要对自愿性环境协议的达成、执行、监督、评估等程序性机制进行规范。但实践中容易导致环境行政权的扩张和异化，违背协商型环境规制的初始目标和价值原则。规制机构是否有权力来创设新型规制体制？环境协议是否符合法律保留和法律优先原则？如果环境协议的内容与现行规制体制和法律规定相冲突，它的法律效力如何？山东济南钢铁集团总公司、莱芜钢铁集团有限公司与山东省经贸委签订自愿性环境协议，对自愿性环境协议双方主体的职权职责、权利义务、评估标准、争议解决机制等法律条款规定不够全面、翔实和规范，导致自愿性环境协议的执行、评估、救济缺乏法律保障[3]，缺乏完备的程序性机制保障，容易遭遇"合法性"风险和"公正性"风险[4]。

---

① 于连超等：《环境政策不确定性与企业环境信息披露——来自地方环保官员变更的证据》，载《上海财经大学学报》2020 年第 2 期。

② 詹国彬、陈健鹏：《走向环境治理的多元共治模式：现实挑战与路径选择》，载《政治学研究》2020 年第 2 期。

③ 李波：《公共执法与私人执法的比较经济研究》，北京大学出版社 2008 年版，第 58 页。

④ 吕忠梅：《论环境法的沟通与协调机制——以现代环境治理体系为视角》，载《法学论坛》2020 年第 1 期。

3. 自愿性环境协议的激励内生性有待于提升

自愿性环境协议不是完全私法意义上绝对意思自治，它是以双方履行超越法律、法规的责任和义务为条件，共同促进自愿性环境协议的执行[1]。比如，企业要承担达到法定标准的环境绩效或承担比现行环境法律更严苛的环境责任；政府要承担对企业的财税激励、政策支持和协议范围内的执法豁免。所以，应强化自愿性环境协议的激励机制，通过财政补贴、税费减免、排污权交易、技术支持、信息共享以及声誉激励等，激发企业环境自我规制的内生动力，要构建市场化机制促进企业自觉履行自愿性环境协议。但山东试点实践中对两家企业除采取挂牌、免予能源审计、国债贴息优先等激励政策外，对自愿性环境协议实施绩效影响更大的财政补贴、税费减免、绿色金融、排污权交易、技术支持、信息共享等政策缺失。尤其是绿色金融、排污权交易、信息共享具有更强的市场导向，能够激发企业践行自愿性环境协议能动性，通过利益驱动将企业环境法守法行为转化为组织的行动准则和价值目标。

（四）我国自愿性环境协议的制度完善

学界关于自愿性环境协议的制度建构研究大多从理论层面进行探索，主要从自愿性环境协议法律效力、环境协议履行及环境协议救济机制等方面进行完善，涉及的法律关系主体局限于环境规制部门和企业，忽视协议达成、实施、履行和救济的法律程序制度，强调环境规制主体的行政高权，缺乏对企业主体性的激励机制，这仍是一种形式法律理论和实质法律理论的研究进路，并且缺乏对域外典型经验的借鉴[2]。因此，笔者将借鉴自律性法律理论和协商型环境风险规制范式，结合国内外的制度实践，围绕风险的预防性、主体的多元性、过程的程序性、激励的内生性，从组织体系、程序制度、激励机制等方面建构自愿性环境协议的制度体系。

---

① 于泽瀚：《美国环境执法和解制度探究》，载《行政法学研究》2018 年第 11 期。

② 李干杰：《以习近平生态文明思想为指导 坚决打好污染防治攻坚战》，载《行政管理改革》2018 年第 11 期。

1. 完善自愿性环境协议的组织体系

形式法律理论和实质法律理论更关注自愿性环境协议制度中的行政主体和行政相对人，即使涉及利益第三人，其涵盖范围和代表性非常局限，不利于破解环境风险规制的不确定性、公共性、社会性和复杂性难题①。自律性法律理论注重对环境风险的多中心分散化规制，协商型环境风险规制强调多元主体的参与、协商、沟通、合作和互动，力求推动多元主体参与自愿性环境协议制度的实施。自律性法律理论认为，应采取去中心化的多主体治理结构，形成行政规制机关、企业、环保社会组织、行业协会等多元主体参与自愿性环境协议的网络结构②。

荷兰是欧洲采取自愿性环境协议推动节能和减排时间最早、覆盖面最广、执行效果最好的国家之一，荷兰非常重视自愿性环境协议的组织体系建设，除了政府与企业两大核心主体外，还吸纳行业协会、环保社会组织以及第三方认证机构参与，形成政府、企业、行业协会、环保社会组织以及第三方认证机构多元主体参与的自愿性环境协议制度。1992—2000 年，荷兰共签署 44 份协议，涉及 29 个工业部门，能效提高 22.3%（每年约为 2%），相当于节能 157PJ，每年减排二氧化碳 900 万吨，经测算，节能自愿性协议给荷兰工业部门带来的经济效益高达 7 亿欧元③。

借鉴荷兰经验，健全我国自愿性环境协议的组织体系：其一，吸纳行业协会组织参与自愿性环境协议。充分发挥行业协会在政府、企业之间的桥梁和纽带作用，提升资源型环境协议的科学性和实效性。其二，建构环保社会组织参与自愿性环境协议的机制。加快转移政府职能，推动落实"放管服"政策，发挥环保社会组织的专业性、公益性、社会性等优势，完善政府部门、企业、行业协会、环保社会组织等公法主体和私法主体良性互动的治理结构。其三，大

---

① ［美］约·埃尔斯特：《协商民主：挑战与反思》，周艳辉译，中央编译出版社 2009 年版，第 137 页。

② Piotrowski, S. J. (2017) .The"Open Government Reform" Movement：The Case of the Open-Government Partnership and U.S.Transparency Policies. American Review of PublicAdministration，47（2）．

③ ［美］奥利·洛贝尔：《当代法律思想中的管制的衰落与治理的兴起》，成协中译，罗豪才编：《行政法的新视野》，商务印书馆 2011 年版，第 81 页。

力培育环境第三方认证机构。自愿性环境协议的实施需要专业的认定机构、鉴定机构、科研机构等，保障自愿性环境协议实施过程中的技术支持、绩效评估、指标监测、执行监督等，提升自愿性环境协议实施的专业性、针对性和系统性①。

2.规范自愿性环境协议的程序制度

风险规制是针对不确定、未知、未来的风险决策、管理和沟通，它不是仅仅关注具体环境风险问题的解决，而是强调基于过程、程序的法律机制建构，通过对自愿性环境协议达成、履行、救济等过程的法律程序机制的完善，将环境风险的不确定性转化为相关主体之间具体的权力责任，创设法律权利义务来弥补环境法律法规的空白，这是对传统行政规制的一种超越和颠覆。它突破了秩序行政对环境规制的形式要件和实质要件的要求，拓展了环境规制的主体结构，引入私法主体参与公法的实施，极大地冲击了行政法规制的依法行政、法律保留、法律优先等法律原则，大大扩张了行政机关的规制权力和自由裁量空间，容易导致环境规制权力的异化，应强化自愿性环境协议达成的程序性建构②。

发达国家建立完善的程序性制度，如信息披露制度、利益相关方的参与制度和争端解决制度等，实现自愿性环境协议缔结过程中对公权力的制衡和监督，保障企业、行业协会、环保社会组织以及公众的合法权益③。借鉴发达国家经验，健全自愿性环境协议的程序制度：其一，在自愿性环境协议达成之前，要强化环境信息公开，只有建立完善的自愿性环境协议的信息公开透明机制，才能更好地激励企业遵守自愿性环境协议，监督环境规制机关更好地履行自愿性环境协议承担的责任和义务，也更好地推动利益第三人、环保社会组织、社区、专家、公民代表、媒体等参与自愿性环境协议的达成、执行以及执行情况的监督，切实保障公民的环境知情权、参与权、监督权、诉讼权等。其

① 杜辉：《挫折与修正：风险预防之下环境规制改革的进路选择》，载《现代法学》2015 年第 1 期。

② ［英］马克·史密斯、皮亚·庞萨帕：《环境与公民权：整合正义、责任与公民参与》，侯艳芳、杨晓燕译，山东大学出版社 2012 年版，第 103 页。

③ 刘水林、王波：《论环境法公共设施与私人实施的结合与衔接》，载《甘肃政法学院学报》2011 年第 6 期。

二，在自愿性环境协议达成过程中，要保障企业、社会组织、第三人平等、自愿、充分参与自愿性环境协议的讨论。政府作为公权力主体可能会给企业带来行政压力和心理威慑，制约企业在自愿性环境协议达成过程中的真实意思表达，增加行业协会和环保社会组织的参与，能够强化对政府的制衡和监督，提高自愿性环境协议的公正性、公平性和科学性；其三，在自愿性环境协议达成之后，要健全企业、社会组织和第三人的救济性程序，如调解、仲裁、诉讼等制度化的救济机制[①]；对已经参与自愿性环境协议，并且信誉良好的企业给予一定的执法豁免，减少命令型环境规制的执法频度，或者在轻微环境违法时，给予减轻或者免于处罚的激励[②]。

3. 健全自愿性环境协议的激励机制

协商型环境风险规制是一种兼具"工具理性"和"价值理性"的环境法实施机制，针对环境风险的不确定性、规模性、复杂性、系统性和不可逆性特征，它更加注重激活企业、公众的内生动力，通过协商、合作、互动、参与和共治等方式，更加注重环境规制过程中的主体参与、信息透明、价值认同，更加注重激发企业的自觉性、自发性和自主性。

荷兰通过法律激励机制，促进企业参与自愿性环境协议，至1996年，约占荷兰工业能源消费90%的1000家公司参与了自愿协议。2001年12月，荷兰政府还针对中等规模的能源用户与16个部门的520家企业签署了新一轮的长期协议（LTA—2），协议期限为2001—2012年。与自愿性环境协议相配套，荷兰政府承诺不再采取新的、更严厉的节能或减排法规，减免节能投资税，给予一定的经济补贴，允许企业可以在相对灵活的时间内采取相对灵活的方式方法完成节能减排目标等[③]。

借鉴荷兰经验，健全企业参与自愿性环境协议的激励机制：其一，完善财政、税收激励机制。建议地方环保专项资金、技术改造专项资金、环境基金、节能减排专项资金等明确规定支持企业参与自愿性环境协议的资金比例，鼓励地方财政设立自愿性环境协议专项预算支出。建议将自愿性环境协议制

①　Becker, Gary S., Stigler, George J. Law Enforcement, Malfeasance, and Compensation of Enforces, Journal of Legal Studies, Vol. 3, Issue 1,1974, pp.1—18.

②　生延超：《环境规制的制度创新：自愿性环境协议》，载《华东经济管理》2008 年第 10 期。

③　张红凤、杨慧：《规制经济学沿革的内在逻辑及发展方向》，载《中国社会科学》2011 年第 6 期。

度纳入环境税法，对企业参与自愿性环境协议从事节能减排技术、环保设备和产品以及环保建筑等研发和应用项目，给予减免税额、降低税率、提高税前扣除比例、再投资退税等税收优惠，激发企业参与自愿性环境协议的内生动力。其二，创新环境金融激励机制。鼓励金融机构创新金融产品和服务，针对可参与自愿性环境协议的企业给予优先融资，减少准入限制，适用融资简易程序；强化对政策性银行和商业银行的信贷引导，制定科学的绿色信贷的正面清单、负面清单，完善金融工具对企业参与自愿性环境协议的支撑机制。其三，健全企业声誉激励机制。针对较好执行自愿性环境协议的企业，除了财政、税收、金融等激励外，还应通过挂牌、表彰、荣誉称号等方式，建构完善的企业信用、信誉和声誉机制，强化企业的成就感、荣誉感和责任感，将企业遵守自愿性环境协议和环保法律规范内化为企业的文化内涵和精神追求[1]。

自愿性环境协议契合环境风险规制民主主义范式特征，蕴含自律性环境规制、网络性环境规制和协商性环境规制的功能逻辑，具有规制主体多元性、规制方式灵活性、规制内容创新性和规制过程动态性的价值目标，能够突破环境形式法律规制与实质法律规制的局限，促进公权力、私权利和社会权力的互动，推动环境规制中程序与过程的融合。围绕我国自愿性环境协议的试点中存在的参与主体结构封闭、程序性机制失范、激励缺乏内生性等制度性困境，借鉴发达国家自愿性环境协议的制度经验，建构自愿性环境协议的组织体系、程序制度和激励机制等实施路径，充分发挥自愿性环境协议的灵活性、针对性、实效性等优势，破解环境规制的不确定性、专业性和复杂性难题，推动政府、企业、环保社会组织、第三方机构、公众代表等多元主体合作协商共治。

尤其是在后疫情时代，我国要在风险不确定性状态下实现疫情防控和经济社会发展"双胜利"，促进经济高质量发展与生态环境高水平保护，这对我国自愿性环境协议制度建构提出更高的要求。由于我国具有行政主导的国家传统和文化环境，政府在自愿性环境制度实施过程中容易滥用"行政高权"和"政治权威"，导致自愿性环境协议的"自愿性""平等性"和"协商性"不足，甚

---

① 董战峰等：《环境自愿协议机制建设中的激励政策创新》，载《中国人口·资源与环境》2010年第6期。

至违背自愿性环境协议的制度初衷，导致"制度异化"。同时，自愿性环境协议作为政府、企业、环保社会组织、第三方机构以及公众代表等多元主体达成的"契约"，它亦可能突破"法律保留"和"法律优先"的基本原则，导致自愿性环境协议面临"合法性"风险，应探索司法机关对自愿性环境协议的"合法性"审查，建构自愿性环境协议的社会性监督机制和司法性制衡机制，避免贝克所担忧的"风险的制度化以及制度化的风险"尴尬。

第四章 协商型环境规制的中国实践与反思

　　基于对我国协商型环境规制结构要素和基本类型的分析，笔者将研究视野转向了我国协商型环境规制的制度实践，力求通过类型化①对我国协商型环境规制实践谱系进行梳理和总结，力求探寻制约我国协商型环境规制的内在逻辑和运作机制，为反思我国协商型环境规制的实践困境提供铺垫。考虑到当前我国协商型环境规制实践样态"体系化"以及受政府重视的程度，本书对我国协商型环境规制进行了类型化处理，分成两个类型，基于受政府高度重视的环保约谈，笔者将其归纳为"体系化"协商型环境规制的制度，从环保约谈的威慑性实践逻辑与协商性应然逻辑的比较分析，力求总结环保约谈之所以呈现这样的特点，论述其背后的党政体制、条块关系、央地关系、政商关系、社会环境等因素；结合环保约谈的规范性文件，进行了反思和完善。同时，对相对比较分散的协商型环境规制实践样态，将其归纳为"分散化"协商型环境规制样态，重点论述环境行政合同、生态环境损害赔偿磋商和环境污染社会第三方治理等制度形态，总结它们的价值定位，反思它们在运行中面临的结构性困境和制度性难题，结合相关法律文本进行了完善②。最后，协商型环境规制作为一种源

---

① 基于我国协商型环境规制实践样态受政府重视的程度以及自身规范性的情况，笔者将我国协商型环境规制的实践谱系分为，"体系化"协商型环境规制样态和"分散化"协商型环境规制样态，之所以这样分类是为了解释为何我国政府会如此重视"体系化"的命令型环境协商规制，为什么"分散化"的协商型环境规制没有受到政府的强力实施呢？将"体系化"和"分散化"作为类型的名称，还有待于进一步的归纳和研究，笔者只是为了更好地挖掘不同协商型环境规制形态背后的内在逻辑及运作机理，力求从我国党政体制、条块关系、央地分权、政商关系、社会结构和文化环境等反思中国环境协商规制的实践。

② See Rooij B V. Implementation of Chinese Environmental Law：Regular Enforcement and Political Campaigns,Development& Change, 37（1），2010, pp.57—74.

于国外的理论范式、制度经验和实践模式，它们在我国整体上呈现什么的特征和面临什么样的困境呢？基于对我国环境协商规制进行了总体性反思，提出了三个"实践难题"：即如何进一步强化协商型环境规制的协商机制？如何进一步提高协商型环境规制的公众参与度？如何进一步提升协商型环境规制的权威性？[①] 这三个问题直接挑战我国协商型环境规制的理论解释力和实践生命力，笔者力求从我国独特的党政制度、条块关系、央地分权、社会结构和文化环境等维度进行阐述论证，提高对协商型环境规制"实践难题"的解释力和建构性。

第一节　"体系化"协商型环境规制

"约谈"一词来源于中国香港，其主要应用于税收领域，针对可能触犯税法的企业和个人进行约谈，就相关税收法律法规和当事人可能存在的违法行为进行沟通，约谈后给予当事人一定时间自查，税务机关根据当事人的整改情况采取不同的行政措施。自 2003 年起，中国大陆引入约谈制度，主要应用于税收、价格、土地、环境风险等方面，但在环保领域的约谈并不多见。自 2014 年原国家环保部制定《环境保护部约谈暂行办法》以来，环保约谈开始在环境规制领域大范围的使用，取得了一定的积极效果。环保约谈是指上级政府、生态环境部门因为行政不作为、地方政府环境责任没有得到落实等因素引发的区域性、流域性的生态环境风险或者已经出现的重大环境违法事件，约谈下级地方政府、生态环境部门或环境违法企业等，环保约谈的实施主体向被约谈对象指出环境违法事实，并提出整改要求，被约谈对象表态，形成约谈纪要，报上级约谈部门，并督促被约谈对象落实整改方案，遵守环保法律法规。

当前关于环保约谈的研究主要集中在环保约谈的制度层面，如从风险社会的视角研究行政约谈制度的因应、反思与完善，强调约谈应转向行政过程论的角度[②]；从环境管理体制的转型、法律依据、责任主体等层面研究环保督政约谈

---

① Chayes, A., The role of the judge in public law litigation. Harvard Law Review, 89（7），1976, pp.1281—1316.

② 王虎：《风险社会中的行政约谈制度：因应、反思与完善》，载《法商研究》2013 年第 1 期。

制度①；从环保约谈制度的概念、模式、性质和作用等方面开展研究②；从环保约谈条文的对比分析，研究环保行政约谈存在的问题及发展方向③；从环保约谈法治化的视角，认为环保行政约谈是一种柔性执法方式，符合法治政府、服务型政府的理念，需要完善法律依据、明晰功能定位、规范启动条件以及强化制度保障等④。

国外与环保约谈相关的研究成果主要集中在：关于环境协商规制的理论研究，借鉴协商民主的理论、公共治理的理论⑤、风险社会的理论等，创新环境协商型规制研究的视角、理论和方法；关于环境协商型规制的范式研究，认为环境污染具有很强的不确定性、流动性、风险性和代际性，传统的命令控制范式制约了环保规制的绩效，应采取民主、协商、合作的视角研究环境法的实施和环境规制，提出建构以"风险—协商"为重点的环境规制路径⑥；关于协商型环境规制具体制度的研究，以环境契约（宏观和微观）、环境自愿性协议、环境合同、环境认证体系等为重点，研究推动环境协商型规制的制度体系⑦；关于环境协商规制的运行机制研究，主要从契约、合意、认同、协商的社会维度和从激励、引导、促进、保障的市场维度，共同推动环境规制体制的运行⑧。

国内相关研究成果为深入开展环保约谈制度提供研究基础，但大多是对既有环保约谈制度的一种宏观分析，缺乏对环保约谈机制的类型化分析和动态性研究，导致研究结论的针对性和可操作性不强，尚需结合环保约谈规范性文本，深化对环保约谈功能发挥机制研究。国外研究成果主要从理论、方法、范

---

① 葛察忠等：《环保督政约谈制度探讨》，载《环境保护》2015 第 12 期。

② 郭少青：《环境行政约谈初探》，载《西部法学评论》2012 年第 4 期。

③ 范兴嘉：《环境行政约谈检视》，载《甘肃政法学院学报》2018 年第 1 期。

④ 张福刚：《生态文明建设的法治保障——以环境行政执法约谈法治化为视角》，载《毛泽东邓小平理论研究》2013 年第 6 期。

⑤ Robert Stavins. Market-Based Environmental Policies：What Can We Learn from U.S. Experience (and Related Research)？. Discussion paper 03-43, Resources for the Future, 2003. 13.

⑥ [英] 伊丽莎白·费雪：《风险规制与行政宪政主义》，沈岿译，法律出版社 2012 年版，第 48 页。

⑦ Richard Stewart. A New Generation of Environmental Regulation, Capital University Law Review, 2001（1）.

⑧ David Driesen. Is Emissions Trading an Economic Incentive Program？：Replacing the Command and Control/Economic Incentive Dichotomy. Wash. & Lee L. Rev., 1998（2）.

式、制度和机制等方面对协商型环境规制进行分析，具有较强的借鉴价值，但是国外研究缺乏对我国党政运行体制独特性和我国生态环境问题的复杂性进行实证分析，尚需将国外的协商型环境规制理论嵌入到我国的环保约谈机制之中。所以，本书以环保约谈机制研究对象，以环境法实施的命令控制型范式和民主协商型范式为双重分析视角，基于对环保约谈规范性文本的实证分析，从类型化① 的视角论述我国环保约谈机制的实践逻辑，基于民主协商型范式下环境法实施的特点，反思我国环保约谈机制存在的问题，建构一种兼具命令控制型和民主协商型功能优点的混合型环保约谈机制。

环境污染治理具有公共物品的属性和特点，针对环境污染治理的理论依据是"市场失灵"和"政府失灵"，传统建构环境治理制度的基础是基于农业社会和工业社会时期的"命令—控制"范式。但随着风险社会理论的研究深入，发现环境污染受农业社会、工业社会和后工业社会的多重影响，环境风险呈现不确定性、流动性、代际性、不可修复性等特征，"命令—控制"范式下的环境污染规制面临制度性瓶颈和结构性困境，亟需探索新的范式。建构于风险社会基础上的"协商合作"范式具有事前预防、多元共治、协商合作等功能，能够比较有效地化解环境污染带来的风险、危害和不确定性，环保约谈制度就是一种"协商—合作"范式下环境污染治理的新型制度②。2015 年原环境保护部制定了《环境保护约谈暂行办法》（以下简称"约谈暂行办法"），环保约谈是指原环境保护部约见未履行环境保护职责或履行不到位的地方政府及其相关部门有关负责人，依法进行告诫谈话、指出相关问题、提出整改要求并督促整改到位的一种行政措施③。

环保约谈是我国一种新型环境规制制度，原环境保护部推动环保约谈制度，是为了破解地方环境保护部门监管无力和环境政策执行中的"中梗阻"问题④，但是环保约谈作为一种结构开放的环境规制机制，客观上推动了上级环

---

① LOWI T J. Four Systems of Policy, Politics, and Choice [J]. Public Administration Review,1972,32（4）：131—143.

② ［英］迈克尔·萨沃德：《罗尔斯和协商民主》，何文辉译，载《马克思主义与现实》2006 年第 3 期。

③ 张锋：《中国环境约谈的实证分析：基于中央、省、市、区县四级环境约谈规范性文件的考察》，载《延边大学学报》（社科版）2018 年第 5 期。

④ 詹姆斯·约翰森：《支持协商：关于某些怀疑的思考》，约·埃尔斯特主编：《协商民主：挑战与反思》，周艳辉译，中央编译出版社 2009 年版，第 76 页。

保部门、下级政府、环保部门、环境违法企业之间的协商、互动、合作和共治，同时也拓展参与环境规制的主体结构，具有风险规制、多元参与、协商沟通、社会共治等功能机制。一是强化环境规制过程中规制者与被规制者之间的协商。传统的环境法实施模式主要基于私权利主体之间的对抗式的实施模式，是建立在双方主体的对立、对抗、不信任、不合作、不认同的基础上的。由于环境违法行为及环境损害的特殊性，必须发挥协商制环境法实施制度的优势，重构实施主体与对象之间的协商、沟通、合意和契约，提高环境法实施的可接受性和回应性。不管是针对体制内主体的环保约谈还是针对体制外主体的环保约谈，都体现了"约"和"谈"的意蕴，尤其是针对私权利主体的环境企业约谈，更应充分尊重私权利主体的合法权益，将约谈中的平等协商、谈判沟通、合意自觉等元素体现出来，提高环境企业遵守环境法律法规的主动性、自觉性和自发性。二是破解当前环境规制过程中的"中梗阻难题。完善环保约谈实施主体之间的权力责任的合理配置，发挥环保约谈实施主体之间信息沟通、资源共享和功能互补的作用。环保约谈将环境法实施中的权力主体纳入环境法实施的制度化平台，有利于环境违法行为的综合规制，有利于降低环境法实施的成本，提高环境法实施的社会效益。尤其是一些地市将检察院纳入环保约谈的实施主体，可以有效地实现环保约谈制度与环境公益诉讼制度衔接，发挥检察院作为环境公益诉讼主体的制度优势。完善约谈实施主体与对象之间的协商制度。改变当前环保约谈实施主体单方面的强势局面，规定被约谈对象在环保约谈中享有的权利和承担的义务，允许被约谈对象对环保约谈实施主体的约谈事由、整改意见进行解释、沟通和说明，力求最大限度的提高环保约谈的协商性[①]。三是推动环境规制结构的开放。明确环保约谈参加主体的协商制度。环境违法行为具有系统性、扩散性、跨区域性以及代际性，推动环境法的实施需要环境监管主体之间协作、协同和协调，需要建立制度性的多元主体沟通协商机制。环保约谈中要听取环保约谈相关利益主体的诉求、观点和意见，让多元主体共同参与到环境治理的结构中来。环保约谈制度中吸纳环保企业、人大、政协、环保行风监督员、公众和媒体等多元主体的参与，让利益主体在环保法实施过程中表达自己的诉求，发表自己的观点，对环境违法及环境损害做出自己的判

---

① ［英］伊丽莎白·费雪：《风险规制与行政宪政主义》，沈岿译，法律出版社 2012 年版，第 62 页。

断，制度化参与环境法实施，有利于激发社会主体的积极性、主动性和创造性，提高契约的科学性、民主性和合法性。环保约谈制度实现人大、政协、环保行风监督员以及公众、媒体的社会性监督，人大、政协可以发挥参与性监督作用，媒体可以发挥舆论的监督约束作用，公众可以发挥举报、起诉的作用，共同实现对环境违法和环境损害的监督[①]。

一、威慑性实践逻辑

针对我国一些地方面临的突出环境问题，地方保护主义、条块冲突，环保行政不作为、欠作为等是导致我国环境生态恶化的重要原因，受我国环境权力的条块分割、央地分权以及环境复杂性的影响，中央层面"条"上的生态环境部有时无法直接监管地方"块"上的政府环境决策行为，地方生态环境部门无法解决跨区域、跨层级的环境污染。所以，中央引入环保约谈制度的目的就是要打破环保体制的桎梏，突破条块分割、层级制约、权力固化的瓶颈，通过中央"条"上环保约谈机制，将环境规制压力传导至"块"上的地方政府或生态环境部门的"一把手"，地方政府或生态环境部门的"一把手"再将环境压力传导至相关职能部门和企业，彻底激活体制内的规制资源，破解环境规制中的突出问题。针对这种主体清晰、原因特殊、问题突出的环境风险或环境违法行为，环保约谈主要通过压力机制、监督机制、责任机制来发挥作用。

（一）环保约谈的压力机制

我国环保约谈机制深深地嵌入到我国政府运作的"压力型体制"之中，契合"压力型体制"的基本特征[②]：一是指标和任务的确定，主要是环保约谈主体向被约谈主体指出问题和要求；二是被约谈对象（下一级党政领导、相关部门、大型国企）集中力量和资源，按照约谈主体的要求，以整改方案为内容，开展环境整治；三是多层级的评价体系，主要体现为被环保约谈的对象如果不

---

① [美]奥斯特罗姆：《公共事务的治理之道》，余逊达译，上海三联出版社 2000 年版，第 11 页。

② 何香柏：《我国威慑型环境执法困境的破解——基于观念和机制的分析》，载《法商研究》2016 年第 4 期。

能按时完成整改任务，需要承担的责任、压力和处罚等①。这种依托压力型体制推进的环保约谈制度是一种"命令—控制"型的环境规制机制，它主要通过党政同责、一岗双责、条块互动、央地协同将环保压力传导至下一级政府、部门、企业及其负责人。

其一，以政治责任为核心的压力源。命令控制型环保约谈的基础是我国的"压力型"体制，其压力源来自自上而下的政治权威和行政高权，契合我国长期实施的中央集权式行政管理的传统，从纵向央地关系来看，地方政府要服从中央政府，下级政府要服从上级政府，上级政府控制着大量的行政资源，包括下级政府官员晋升、项目审批、资金划拨、评比考核②等，这种压力更多的是一种政治压力。新时代以来，从宏观上党中央、国务院高度重视生态环境治理，将生态建设写入党章、写进宪法，成为执政党推进社会主义现代化"五大建设"的重要内容，将绿色发展作为新发展理念之一，将污染防治作为"三大攻坚战"之一，先后制定《关于加快推进生态文明建设的意见》《生态文明体制改革总体方案》《党政领导干部生态环境损害责任追究办法（试行）》《环境保护督察方案（试行）》等法律法规和中央文件，充分说明了生态环境治理已经成为执政党的一种价值追求、政治使命、执政目标，这种政治责任形成对各级政府和生态环境部门的压力倒逼③。

从中观和微观层面分析，环保约谈机制设计上也体现了以政治责任为核心的压力源。为了保证环保约谈威慑力、权威性和高压性，在约谈实施主体上吸收组织部门、纪检监察部门、人民检察院等强势部门参加，组织部门掌管领导干部的晋升和调任，纪检监察部门负责监督领导干部的党风政绩，人民检察院拥有对失职、渎职行为的职务犯罪侦查、起诉以及生态环境公益诉讼的权力，这些具体的机制设计充分体现了生态环境治理的高压性、政治性，结合"党政同责""一岗双责"等制度，形成对地方政府、生态环境部门的心理震慑和权力威慑。如河南濮阳建立人民检察院和市环保局联合开展环保约谈的机制，市人民检察院加入环保约谈，增加了对被约谈对象的威慑、高压和督促，人民检察院可以通过环保约谈发现违法线索，对渎职、失职、腐败等问题进行侦查，

① 杨雪冬：《压力型体制：一个概念的简明史》，载《社会科学》2012年第11期。
② 冉冉：《压力型体制下的政治激励与地方环境治理》，载《经济社会体制比较》2013年第3期。
③ 黄新华：《政府规制研究：从经济学到政治学和法学》，载《福建行政学院学报》2013年第5期。

还可以利用环保公益诉讼的主体资格，针对政府和企业环境违法行为提起环保公益诉讼。

其二，以纵向压力为导向的传导路径。命令控制型环保约谈三要是上级政府部门约谈下级政府的主要负责人或者生态环境部门的负责人，通过环保约谈制度将环境规制的压力和责任传导到下一级党委政府或部门负责人，实现将中央的环保规制压力传导至地方政府，又通过地方党政或部门的负责人（一把手）激活整个行政区域内的规制资源，发挥"压力型体制"下"一把手"的资源凝聚力、整合力和行动力，推动整个区域或部门集中力量完成环保约谈提出的治理任务和指标。当前，我国地方实行党委领导下行政首长负责制，党委、政府"一把手"掌握地方、部门资源的核心权力，只有将压力传导到"一把手"，才能充分调动方方面面的资源，推动问题的解决。约谈地方政府、生态环境部门"一把手"，切实激活被约谈区域、部门的行政资源，整合条块、党政合力，有效推动环境领域的综合整治和地方政府环境责任的落地。如 2015 年 2 月，原环保部对某地级市环境主要负责人进行了约谈。约谈后，该市先后召开 4 次全市性大气污染防治工作会议、7 次专题会议；该市市长专题调研大气污染防治工作，制定最严格的执法检查、监督管理、追责问责等制度体系；专门成立以市长为组长、分管副市长为副组长、相关职能部门负责人为成员的生态环境整治领导小组，全面落实环保约谈整改方案要求。据统计，2015 年该市累计出动执法人员 42050 人次，查处违法企业 180 家，行政处罚 145 家，罚款 1045.85 万元，停产整治 81 家，关停取缔 54 家，行政问责 28 人，治安拘留 24 人，曝光违法案例 21 起，有力地打击了环境违法行为[①]。

其三，以政绩考评为重点的激励机制。助推"压力型体制"发挥作用的重要因素是政绩考评机制[②]。按照"党管干部"原则，上级政府、部门可以借助党的组织体系对下级党委、政府、部门施加压力，通过对党委、政府、部门负责人职位的调整督促任务的落实。环保约谈制度通过邀请组织部门、纪检监察等部门的参与，打破以往由同级党委、政府对生态环境部门的绩效考评方式，

---

① 张锋：《中国环境约谈的实证分析：基于中央、省、市、区县四级环境约谈规范性文件的考察》，载《延边大学学报》（社科版）2018 年第 5 期。

② 杨雪冬：《压力型体制：一个概念的简明史》，载《社会科学》2012 年第 3 期。

在上级党委、政府、生态环境部门与下级党委、政府和生态环境部门之间建构了一种以生态环境治理为内容的政绩考评机制，实现了跨层级的政绩考评，为环保约谈制度提供一种激励机制，这是一种资格的竞争，避免因环境污染治理不力影响官员晋升的资格。环保约谈制度在上级党委政府与下级执行者之间建立了沟通联系的直通道，将上级部门和领导的权威传导至下级党政部门及有关领导，在这种纵向压力之下，下级党政部门和领导高质量的完成环境治理工作，以此向上级领导展示自己的工作能力、业务水平和政治忠诚，避免给上级领导留下负面印象，影响自己的职务晋升，所以说，该机制具有正向激励的功能①。

（二）环保约谈的监督机制

命令控制型环保约谈制度的理论假设是上级行政主体与下级行政主体或行政相对人之间是对抗的、不信任的、冲突的，其强调行政高权对下一级行政主体或行政相对人的压制、监督和制约，往往通过设计系统的监督制约机制来实现规制目标。环保约谈作为嵌入到我国"压力型体制"下的环境法实施制度，也是通过多重监督机制来保障环保约谈制度的运行。

其一，强化内部力量的监督。环境规制缺乏权威、高效和强硬的内部监督是制约我国环境法实施的重要瓶颈，环保约谈通过高级别的党政部门、领导直接约谈下一级党政部门领导，压力型体制内的政治压力直接传导到下一级党政部门、领导，借助"党政同责、一岗双责、生态环境责任制、环境离任审计"等制度，形成威慑、高压和监督，发挥内部性力量的监督作用。②组织部门、监察部门都会对相关领导的政治前途、未来晋升产生很大的影响，甚至一些地方环保约谈规定检察院参与，这还可能带来党纪处分、行政问责、行政诉讼（环境公益诉讼），实现领导干部的外部环境风险成本的内部化。

其二，引入外部力量的监督。环保约谈制度优化了生态环境治理的组织

① 李波、于水：《达标压力型体制：地方水环境河长制治理的运作逻辑研究》，载《宁夏社会科学》2018年第2期。

② Lieberhal,K.1997. China's Government System and Its Impact on Environmental Policy china Environment Series. Washington, DC：Woodrow Wilson.

结构，引入了外部性力量，改变了传统仅有体制内主体推动生态环境治理的局面，激发了社会主体的活力和动力，重构了生态环境治理的利益结构和权力（利）格局。如《福建省环境保护厅约谈暂行办法》规定，必要时，可邀请人大代表、政协委员、环保行风监督员、媒体和公众代表列席①。拓展了环保约谈列席主体的范围，通过环保约谈机制将被约谈党委、政府领导或生态环保部门负责人置于公众代表、媒体、人大代表、政办委员、环保行风监督员的监督之下。尤其是媒体的监督，对被约谈对象造成很大的心理压力和舆论威慑。据原环保部领导介绍，受环保约谈带来的政治和舆论双重压力之下，很多地方政府和生态环境部门"一把手"无不"战战兢兢、如履薄冰"，深感"压力很大""感到羞愧""强烈震动"。舆论、舆情的压力对以上城市的领导带来很大触动，较好地发挥了社会力量参与环境政府约谈的规制作用。

其三，推动信息公开的监督。我国《环境保护部约谈暂行办法》第十一条，除涉及国家秘密、商业秘密和个人隐私外，约谈应对外发布相关信息并可视情邀请媒体、相关公众代表列席。从中可以得出，约谈信息一般应当公开，这样就通过信息公开的方式，将地方政府、相关部门、企业环境违法行为"广而告之"，强化对地方政府、有关部门和企业的舆论压力，将环保压力有效的传递到地方相关责任人身上。环境约谈通过媒体公开约谈内容，让被约谈对象在巨大的社会监督压力之下，认真落实约谈整改内容。保证环境约谈的威慑力、长效性和实效性，强化环保社会主体的参与和监督，形成强大的社会舆论监督，让被约谈对象在社会性监督下认真履行环保约谈整改方案②。

（三）环保约谈的责任机制

命令控制型环保约谈的压力传导路径就是将环保责任从中央转移到地方、部门、企业及其负责人，通过组织部门、纪检监察部门、检察院等公权力的介入，将环保责任与政府属地责任、部门监管责任、领导干部的政治晋升、行政

---

① 张锋：《中国环境约谈的实证分析：基于中央、省、市、区县四级环境约谈规范性文件的考察》，载《延边大学学报》（社科版）2018 年第 5 期。
② 林灿铃：《环境法实施的立法保障》，载《比较法研究》2016 年第 11 期。

责任、法律责任紧密结合起来，切实发挥命令控制型环保约谈的威慑和倒逼功能。

其一，针对地方政府和部门的责任机制。命令控制型环保约谈实施重点是地方政府环保行政不作为，其运行基础是压力、监督和责任，尤其是刚性的责任机制，能够给被约谈主体带来威慑、震撼和压力[1]。虽然《环境保护部谈暂行办法》没有规定环保约谈整改不力的责任后果，但省、市地方生态环境部门为提升环保约谈的效力，普遍增加了环保约谈整改不力的责任后果内容，如挂牌督办、区域限批、流域限批、限期整改、行政问责、媒体曝光、事后督察等责任机制倒逼地方政府、相关部门和企业。这种针对地方政府和部门的责任机制，将生态环境治理的成效与地方经济社会发展、GDP 增长以及政府和部门的绩效紧密连接在一起，形成利益捆绑机制，导致地方政府和部门履行环境法律法规和生态环境约谈整改方案。

其二，针对地方政府和部门负责人的责任机制。命令控制型环保约谈制度将上级政府、生态环境部门、组织部门、纪检监察部门、检察院等公权力引入地方环境规制，让环保不力的地方政府、部门的负责人直面上级部门、领导的责任压力，形成高压威慑。将生态环境治理责任具体到党委、政府和部门的有关负责人，实现生态环境治理责任的内部化和个人化，避免因生态环境是公共产品而无人负责的尴尬。

其三，针对企业及负责人的责任机制。命令控制型环保约谈让被约谈企业及负责人处于舆论的压力之下，并将企业约谈整改情况作为环境管理或环境执法的重要参考因素。如《天津市环境保护局水环境保护约谈暂行办法》对无故不参加约谈或未按照《责令整改决定书》要求进行整改的企业及负责人，采取三种方式问责[2]。一是内部发文通报，并将相关情况存档备案，对被约谈对象的职务晋升、绩效考评产生负面影响；二是通过新闻媒体曝光，借助社会舆论的压力实施对被约谈人及其相关负责人的问责；依据环境法的具体规定，将环保约谈整改落实情况作为对其环境管理或环境执法中是否适用从严从重的重要因素。

---

① ［美］詹姆斯·博曼：《公共协商：多元主义、复杂性与民主》，黄湘怀译，中央编译出版社2006 年版，第 56 页。

② 张锋：《中国环境约谈的实证分析：基于中央、省、市、区县四级环境约谈规范性文件的考察》，载《延边大学学报》（社科版）2018 年第 5 期。

二、协商性应然逻辑

国外环境规制理论和实践发展经历了从传统的命令控制型规制范式向民主协商型范式的转化，强化规制结构的开放性、规制过程的协商性和规制程序的法定性，强调基于契约、过程为基础的信任、互动、沟通、参与、共治的功能①。如一些发达国家《协商制定规则法》《环境自愿性协议》《环境契约》《能源合同管理》以及各种环境认证制度等，都深深地蕴含协商型环境规制的基本范式、价值取向和运行规律。所以，环保约谈制度应积极借鉴以风险预防、商谈沟通、多元参与为特点的民主协商范式，促进环保约谈机制的"工具理性"与"价值理性"的统一。

（一）风险预防机制

环境污染风险具有不确定性，这种不确定性表现为何时发生具有不确定性，会带来多大的环境损害具有不确定性，环境损害原因和致害后昊的因果关系具有不确定性，以及环境违法主体与环境损害对象具有不确定性。正如贝克所说："存在着一旦发生就意味着规模达到以至于在其后不可能采取任何行动的破坏的风险。因而，即使作为猜测，作为对未来的威胁和诊断，风险也拥有并发展出一种与预防性行为相联系的实践联系。风险意识的核心不在于现在，而在于未来"②。正是环境污染风险的不确定性特征，需要加强对环境污染规制的事前预防和风险防控，防患于未然。传统的环境污染规制是一种"命令—服从"范式，强调环保规制部门与被规制对象之间的冲突、矛盾和不信任，主张通过法律制裁、处罚、问责等方式，对环境违法行为进行校正和补救，这种对抗式的环境规制方式是事后的规制，该范式对规制主体、规制对象、违法行为、因果关系有着明确的要求。③而环境违法行为显然不符合"命令—服从"范式的条件特点和结构要求，不能适应环境污染规制的实际需求。建构于风险

---

① See Zhang, M., Feng, G., Yin, W., Xie, B., Ren, M., Xu, Z., Zhang, S., Cai, Z. Airborne PCDD/Fs in Two E WasteRecycling Regions after Stricter Environmental Regulations. Journal of Environmental Sciences Vol. 62（2017）,pp.3—10.

② ［德］乌尔里希·贝克：《风险社会》，何博闻译，译林出版社 2004 年版，第 75 页。

③ 单飞跃：《公共灾难事件行政调查：目的、主体与机制》，载《社会科学》2014 年第 11 期。

社会理论背景下的"风险—建构"范式具有更强的解释性和建构性，它契合了环境违法行为的特点，能够兼顾环境污染风险的客观性和主观性、渐进性和累积性、突发性和不可修复性，强调对环境风险的预防性规制，主张通过风险监测、风险分析、风险评估、风险沟通和风险管理，从源头上避免环境污染的风险后果①。

环保约谈机制将可能存在环境损害风险或者已经发生的重大环境危害和事件作为一种环境风险，通过约谈的形式，推动环保约谈主体、被约谈对象、相关利益主体共同参与环境风险的监测、分析、评估、沟通、管理，形成关于环境风险治理的整改方案，从而预防环境风险的发生或者更严重的环境损害后果。这种机制既可以破解事后惩罚型环境规制的不足，也可以强化利益相关者之间的沟通和互动，促进彼此的理解和信任，深化对环境污染问题的认识，形成一种"价值理性"层面的"环境共识"。

（二）商谈沟通机制

不管是一种政治理论，还是作为一种政治实践，协商民主在当代西方国家都有很大的影响②。协商民主的适用领域是关于公共领域的讨论和商谈，是一种基于决策导向的民主参与和协商合作，是一种参与性民主和实践性民主。协商民主关注的是一些具有争议性的公共话题，强调相关利益主体的参与、协商和决策，而不是一种单向度的行政行为、强制措施。协商民主理论的发展给传统的行政行为注入了合作、服务、协商的新理念。如规制理念就深深地根植于更宽泛的民主治理思想。也就是说，发挥监管功能所涉及的任务，不仅包括各种工具的设计和实施以及工具之间的协调配合，还包括那些内在的与民主治理有关的更广泛问题，如透明度、可问责性、效率、适应性和一致性③。当然，协商民主的公共领域建构是基于公民社会的发展，需要大量公共性、草根性、

---

① ［英］伊丽莎白·费雪：《风险规制与行政宪政主义》，沈岿译，法律出版社 2012 年版，第 84 页。
② ［澳］约翰·S. 德雷泽克：《协商民主及其超越：自由与批判的视角》，丁开杰译，中央编译出版社 2009 年版，第 27 页。
③ 经济合作与发展组织：《OECD 国家的监管政策 从干预主义到监管治理》，陈伟译，法律出版社 2006 年版，第 37 页。

专业性和公益性的社会组织，形成公共领域的巨大舆论，来引导和影响公共政策的制定、发展和变迁。

环保约谈作为一种柔性的行政措施、过程性的规制，通过环保约谈实施主体与下级地方政府、生态环境部门、企业的当面沟通协商，共同面对环境污染问题，达成一致的整改意见，提高地方政府、生态环境部门、企业环境规制的自觉性、主动性和积极性，起到"事半功倍"的效果。内嵌于环保约谈机制的协商性、平等性、双向性、互动性特点，有利于环保利益相关者共同面对环境风险的不确定性、主观性、流动性、代际性以及不可修复性。通过环保约谈，相关环保利益主体参与到环境规制的管理、决策、监督全过程，构建一种基于商谈、过程的环境行为决策模式，从源头上规避环境风险，从过程上规制环境的违法行为，从契约上激励环境主体的行为，实现环境正义、规制责任、公民权、社会参与的统一。当前，应培育大量环保社会组织，推动环保公共政策的公众参与、公共协商和良性互动，解决环境规制作为一种公共物品面临的"市场失灵"和"政府失灵"，以及规制过程中的"搭便车""道德风险"、"信息不对称"和"集体行动的困境"等问题①。

（三）多元参与机制

由于个人对风险缺少足够的认知，也欠缺相应的信息和知识，因此无法从容不迫地去因应风险；而风险问题涉及大量的科学政策问题，自由市场很难去对诸多社会现象所蕴含的风险和收益进行评估，在不同的甚或难以相互权衡的价值之间进行衡量；因此风险社会要进行行政法的转型，要求必须结合国家和社会的力量，进行有效率的风险规制②。传统的环境政策执行的框架是一种矩阵式的逻辑进路，纵向上表现为上级生态环境部门对下级生态环境部门的领导和管理，横向上表现为生态环境部门与发改委、规土部门、经信委、市容绿化部门、农业部门等职能部门之间的协同。由于我国行政权力存在条块分割、信息壁垒以及部门利益等问题，针对有利

---

① 刘水林：《风险社会大规模损害责任法的范式重构——从侵权赔偿到成本分担》，载《法学研究》2014 年第 3 期。

② ［美］史蒂芬·布雷耶：《打破恶性循环：政府如何有效规制风险》，宋华琳译，法律出版社2009 年版，第 104 页。

可图的环境管理职能，相关职能部门各自为政，部门利益优先；一旦发生环境损害事件和风险事故，相互推诿；与环境利益密切相关的环保社会组织、公众、专家、媒体以及人大代表、政协委员、环保监督员等更是排除在环境规制权力体系之外，严重制约了环境政策的执行效果[①]。推动生态环境社会共治需要环境规制主体的合作，环保信息的共享、环境规制体制的优化、环境规制资源的整合，共同面对由于环境领域的条块、层级、区域、环节等带来的问题。

环保约谈机制通过组织结构创新，引入体制外公众代表、人大代表、政协委员、环保政风监督员、媒体等社会性主体的参与，搭建生态环境部门、纪检监察部门、检察院、组织部门、人大代表、政协委员、环保监督员、环保社会组织、媒体、专家、公众等多元主体制度化参与平台，建构多元主体共同参与的生态环境社会共治体系，完善相关利益主体参与环保约谈的程序、内容、形式、机制和保障，激活体制内外部的资源，调动行政性主体、经济性主体、社会性主体的积极性，实现多元参与、合作共治，建构一种网络化、互动式、协同性的环境规制机制，通过环境规制体系的完善，健全环境规制的公共政策，规范环境规制的过程，破解当前环境规制权力的分散化和权威的碎片化瓶颈[②]。

三、理性反思与完善

基于对我国中央、省级、地市级、区县级四级环境约谈制度文本的规范分析和实证考察，梳理了我国环境约谈的基本类型和主要特点，但从环境约谈的政策诉求和目标定位来看，本书认为当前我国环境约谈制度还存在以下瓶颈短板。

---

① 胡苑、郑少华：《从威权管制到社会治理——关于修订〈大气污染防治法〉的几点思考》，载《现代法学》，2010 年第 6 期。

② ［英］马克·史密斯、皮亚·庞萨帕：《环境与公民权：整合正义、责任与公民参与》，侯艳芳、杨晓燕译，山东大学出版社 2012 年版，第 73 页。

（一）理性反思

1.环保约谈的法律依据问题。根据原环境保护部制定的规范性文件《约谈暂行办法》第一条规定来看，环保约谈制度的法律位阶较弱，其制定依据是《国务院关于加强环境保护重点工作的意见》（国发〔2011〕35号）、《国务院关于印发大气污染防治行动计划的通知》（国发〔2013〕37号〕和《国务院办公厅关于转发环境保护部"十二五"主要污染物总量减排考核办法的通知》（国办发〔2013〕4号），可以看出，《约谈暂行办法》的法律位阶较低，其立法的依据也是较低的国务院制定的规范性文件，缺乏《环境保护法》等法律法规的授权和支撑，制约了环保约谈的法律效力和执法权威①。当前环境约谈的法律依据主要是《环境保护法》第六条第二款："地方各级人民政府应当对本行政区域的环境质量负责"；《国务院大气污染防治十条措施》第十条；《国务院水污染防治行动计划》第九条。以上是能从法律及国务院规范性文件中找到的环保约谈实施依据。对照法律法规，发现环保约谈制度存在以下问题：第一，《环境保护法》中并没有直接关于"约谈"的表述，而是根据法律、规范性文件派生、创制出来的行政措施，依据上缺乏法律的权威性和合法性。同时，不管是《环境保护法》《大气污染防治十条措施》《水污染防治行动计划》都只能找到针对政府、相关职能部门约谈的依据，但都没有关于针对企业约谈的具体表述，并且针对企业的约谈是公权力对私权利一种行政措施，导致针对企业的环境约谈缺乏法律依据②。第二，环境约谈的内涵和外延不清晰。针对政府及相关职能部门的环境约谈作为体制内的约谈，是一种上级行政机关对下级行政机关的诫勉性约谈，是公权力对公权力的行政措施，可以援引行政法的理念和法律法规的规定。但是，针对企业的约谈，这种行政措施的法律性质需要清晰的界定，否则容易导致环境约谈的合法性和权威性不足。

2.环保约谈实施主体问题。基于对我国中央、省级、地市级、区县级四级政府环境约谈规范性文件的梳理分析：第一，中央层面和省级层面的实施主体基本是稳定的，大都是环境主管部门、组织部门、纪检监察部门及相关机构，考虑到这两个层级约谈对象大多是下级政府及相关职能部门，

---

① 吴隽雅：《论环境公私协作的法律规制》，载《南京工业大学学报》2016年第6期。

② 范兴嘉：《环境行政约谈检视》，载《甘肃政法学院学报》2018年第1期。

应增加人大机关参加，人大是权力机关，能够衔接启动地方监督问责，落实"党政同责"、"一岗双责"等规定①。第二，在地市级与区县级层面的实施主体，由于地市级政府在整个环境约谈环节中的结点地位和区县级政府落实约谈的关键作用，应增加"人大机关"、"检察院"等主体，这样既能衔接人大启动问责机制，还能更好地衔接检察院作为环境公益诉讼主体的制度设计。如河南濮阳市环保部门的约谈制度就增加了检察院联合参加约谈。

3. 缺乏对两类环保约谈的分类立法。从《国家环境保护部约谈暂行办法》到《尉犁县环境保护工作约谈暂行办法》四级环境约谈规范性文件存在以下问题：第一，缺乏针对企业环境约谈的专门规定。除了《天津市环境保护局水环境保护约谈暂行办法》、《杭州市余杭区环境保护局企业约谈暂行规定》是专门针对企业的约谈制度外，其他的都是将针对政府及相关部门的约谈与针对企业的约谈一并实施，没有进行区分，主要表述为"针对企业负责人的约谈可参照本法实施"。第二，对预警性环境约谈重视不够。根据环境约谈的类别，环境约谈有诫勉性约谈、预警性约谈和体制内约谈和体制外约谈，但考虑到环境污染的不确定性、流动性、代际性以及不可修复性，应深入分析不同类型环境约谈背后的法理支撑。当前，亟需强化对预警性约谈和体制外约谈的制度完善②。缺乏对两类环保约谈的分类立法。《约谈暂行办法》第二条规定：约谈是环境保护部约见未履行环境保护职责或履行职责不到位的地方政府及相关部门有关负责人，整个《约谈暂行办法》从第一条到第十一条，都是针对地方政府及相关部门的负责人，从约谈事由、约谈实施主体、约谈程序、约谈的列席主体到约谈信息公开等，都是针对地方政府及部门负责人的内容。仅仅是在第十二条作了兜底性规定：对大型企业集团负责人的约谈可参照本办法实施。这里面存在两个突出问题：第一，关于大型企业集团负责人的理解问题。从上面关于约谈的具体内容来看，《约谈暂行办法》重点是约谈体制内的政府及相关机构的负责人，以此类推，这里的大型企业集团负责人应该是针对大型国企负责人的约谈，而不包括大量的民营企业、外资企业，等等。即使将大型企业集

---

① 葛察忠等：《环保督政约谈制度探讨》，载《环境保护》2015 第 12 期。
② 张福刚：《生态文明建设的法治保障——以环境行政执法约谈法治化为视角》，载《毛泽东邓小平理论研究》2013 年第 6 期。

团负责人理解为大型国企，能否直接适用针对地方政府及相关机构负责人的约谈规范，这个值得疑问和反思？第二，针对大量的民营企业、外资企业，如何进行环保约谈，这种针对体制外企业主体的约谈，如果还是参照适用针对地方政府及相关机构负责人的约谈办法肯定是存在很大的问题。这里不仅涉及到公权与私权之间的平衡和制衡，还事关环保约谈到底是一种什么法律行为？《约谈暂行办法》将环保约谈界定为一种行政措施，但是针对这种行政措施，它是一种具体行政行为还是抽象行政行为？它的法律性质是什么？针对这种行政措施，企业能否提起诉讼，其诉讼的依据是什么？这一系列问题都说明了，针对民营企业、外资企业的环保约谈，不能直接适用《约谈暂行办法》，应该制定专门针对企业的《约谈办法》。

4.环保约谈责任问题。综合分析当前我国环境约谈制度文本，关于环境约谈责任主要存在以下问题：第一，环境约谈责任"抽象化"问题。环境约谈既然有法律上的依据，并且作为破除地方保护主义约束、穿透环境监管体制藩篱的一种行政措施，应当明确不落实约谈整改的责任后果。如环保部、大多数省级的环境约谈制度都没有明确具体的责任内容。第二，环境约谈责任"扩大化"问题。环境约谈是一种行政措施，尤其是针对企业的约谈，更多是一种预警性的约谈，是一种公权力与私权利的合意，是双方沟通协调的契约，针对企业约谈的责任应该谨慎，充分尊重企业的权利和商业利益。第三，环境约谈责任"直接化"问题。有些针对被约谈对象的责任，并不是直接由约谈派生出来的，而是行政措施与行政执法、人大问责、公益诉讼等制度的责任衔接，不应直接表述为环境约谈责任[1]。环保约谈整改方案落实缺乏多元监督机制。《约谈暂行办法》第十条：主持约谈部门（单位）负责督促被约谈方将约谈要求落实到位，并将约谈要求落实情况通报批准实施约谈的部领导，同时印（抄）送环境监察局存档。该条规定了督促监督整改落实的责任主体和程序要求，但还存在以下问题：第一，督促监督主体范围比较窄，只规定了约谈主持单位，而没有涵盖参加实施约谈的其他主体（组织部门、纪检监察部门、其他部门）；第二，列席约谈的相关公众代表与约谈整改方案落实情况息息相关，直接关于他们的环境利益和环境权益，但是他们却排除在对约谈整改方案落实的参与、督促和监督之外，这与环保约谈制度的功能目标和

---

① 　杨雪冬：《压力型体制：一个概念的简明史》，载《社会科学》2012 年第 11 期。

价值导向是相悖的；第三，针对整改方案的落实，《约谈暂行办法》没有对整改落实情况明确信息公开的要求，这也与环保约谈制度的信息公开、多元参与和社会性监督的目标是冲突的。

5.环保约谈列席主体。从全国四级环境约谈规范性文件的文本分析：第一，中央层面约谈的列席主体较少。《环境保护部约谈暂行办法》第十一条："约谈应对外公布相关信息并可视情邀请媒体及相关公众代表列席"，可以借鉴有关省、市的规定，增加人大代表、政协委员、环保行风监督员、媒体和公众代表列席，更有利于形成对被约谈对象的压力和威慑。第二，针对企业约谈的列席主体可增加社会组织、第三方机构和专家的参与。当前，不管是体制内约谈还是体制外约谈，基本都没有邀请社会组织和第三方机构列席的规定，尤其是针对企业的约谈，按照约谈的本意，更应该体现双方的合意和多元主体的共治，社会组织和第三方专业机构的参与，有利于提高约谈整改方案的针对性和科学性。针对行政主体的约谈，有社会组织和第三方的参与，也可以增加社会性监督的力量，强化社会组织对行政机关提起公益诉讼的压力①。第三，根据约谈类型不同，体制内约谈应当邀请媒体、相关公众、人大代表、政协委员、环保行风监督员、媒体列席；但针对企业的体制外约谈，可视具体情况区别对待，体现约谈的协商性、合意性和合作性，充分尊重企业的意愿和合法利益。《约谈暂行办法》第十一条规定，除涉及国家秘密、商业秘密和个人隐私外，约谈应对外公布信息并可视情邀请媒体及相关公众代表列席。该条存在两个问题：第一，环保约谈往往针对地方政府重大的环境不作为、环境违法、环境风险等实施的行政措施，而且约谈的对象是地方政府及相关机构负责人，这种针对地方政府及相关机构负责人的约谈，应该邀请媒体参加，而不应视情况，增加媒体对地方政府及相关机构负责人的监督和压力。第二，相关公众代表列席规定的太多模糊，环保约谈的事由都是区域性的环境重大风险问题，基于环境风险的公共性、社会性、公益性和不确定性，应该明确相关公众代表的具体对象，如利益相关者、环保社会组织、专家学者等，强化环保约谈的公众参与和社会性监督②。

---

① 胡苑、郑少华：《从威权管制到社会治理——关于修订〈大气污染防治法〉的几点思考》，载《现代法学》2010年第6期。
② 杨杰、庞鹏：《形式理性视角下行政约谈机制研究》，载《探索》2016年第1期。

6.环保约谈权利救济问题。《约谈暂行办法》第八条规定：约谈程序如下：（一）主持约谈方说明约谈事由和目的，指出被约谈方存在的问题；（二）被约谈方就约谈事项进行说明，提出下一步拟采取的措施；（三）主持纠谈方和邀请参加方（共同实施约谈的部门和机构）依法提出相关整改要求及时限；（四）被约谈方对落实整改要求进行表态。可以发现，约谈程序中存在以下问题：第一，约谈缺乏双方的深度协商、沟通和互动，更多的是约炎实施方对被约谈对象的质问，提出整改要求，被约谈对象说明问题，对落实整改进行表态，体现为一种行政高权和纵向威慑，如果是环境保护部针对地方政府及相关机构负责人，该机制还具有一定的合理性，如果针对民营企业或外资企业，这种依靠行政权力的纵向压力机制，可能会面临执法困境和合法性危机，不利于环境法的有效实施。[1] 第二，整个约谈程序只有约谈主持方、约谈实施方、被约谈对象的内容，而对列席的公众代表的权利义务没有提及，这种设计与环保约谈制度能够促进公众参与的初衷是违背的，也不利于提高环保约谈的公正性、专业性和合法性。因为，相关公众代表可能是环境重大风险问题的受害者，他们应该在环保约谈过程中享有参与权、表达权和监督权。"有权利必有救济"。梳理国家环境保护部、省级、地市级、区县级的环境约谈规范性文件，环境约谈缺乏救济性内容。第一，不管是针对行政主体的体制内约谈，还是针对企业的体制外约谈，均没有约谈救济的内容，这是一个很大的遗憾和缺失。第二，容易导致环境约谈的异化。尤其是针对企业的约谈，事关公权力对私权利实施的一种行政措施，并且按照当前我国环境约谈的规范性文件分析，基本上都对被约谈方规定了很多不利的后果和责任。如果没有相应的救济机制，容易导致行政权力的滥用，很难保证私权利不受非法侵害，出现环境约谈的扩大化、过度化，甚至异化的后果。

（三）完善路径

基于对我国环保约谈存在问题的分析，应借鉴发达国家协商型环境规制的制度经验，完善我国环保约谈法律制度体系：

---

[1]　周珂、腾延娟：《论协商民主机制在中国环境法治中的应用》，载《浙江大学学报（人文社会科学版）》2014年第6期。

1. 推动环保约谈分类立法。针对缺乏环保约谈的分类立法问题。建议采取分类立法的方式，针对党委、政府、环保部门等行政主体的作为体制内环保约谈，而针对企业等市场主体的作为体制外环保约谈，分别设计针对性的实施主体、参与主体、列席主体以及相关主体的权力、责任、权利和义务，保证环保约谈的针对性和有效性。加快推进《环境保护法》修改，增加环境约谈的具体内容。针对行政主体的约谈和企业的约谈应设定不同条件、程序、责任、救济等内容，做到有法可依，提高环境约谈制度的合法性和权威性。环境约谈是风险社会下为了避免环境事件的发生采取的一种特殊措施，具有独立的内涵和特有意向；虽然不具有权力性的行政行为，主要是基于协商达成一致的意见，但是会对相对人产生较大的影响（通过舆论压力和制度压力），尤其是以企业为约谈对象的约谈，出于"信赖保护"的原则，将环保约谈定性为行政行为也有利于权利的救济和保护①。第二，明确环保约谈是一种行政指导行为，不管是约谈还是整改意见，更应该是双方协商一致的合意，而不应是行政权力单方面的强制，否则不符合环保约谈的价值定位。但是，一旦环保约谈无效或者没有达到预期的效果，执法者可以启动行政执法措施，如按日计罚、区域限批、查封扣押、行政拘留等执法措施。

2. 健全环保约谈的实施主体。在继续坚持环境主管部门、组织部门、纪检监察部门及相关机构作为环境约谈实施主体的同时，逐步扩大主体的范围。第一，增加各级人大作为环境约谈实施主体。增加人大部门的领导参加，按照组织法，地方政府的领导由同级人大选举产生，增加人大可以强化对地方政府的监督问责，甚至提起弹劾、罢免，充分发挥现有体制的资源优势。第二，增加检察院主体。探索检察院联合约谈机制，发挥检察院能够提起环境公益诉讼的制度优势，提高环境约谈的威慑力②。同时，检察院参加环境约谈，有利于环境领域的行刑衔接，对约谈后仍不整改或者整改不力，造成严重后果，触犯刑法的违法主体追究环境刑事责任。

---

① 李永宁等：《完善生态环境损害赔偿制度全面促进生态文明建设》，载《中国生态文明》2018第 2 期。

② 余耀军、高利红：《法律社会学视野下的环境法分析》，载《中南财经政法大学学报》2003第 4 期。

表 1：《环境保护约谈暂行办法》问题与建议

内容	存在问题	法律建议
《约谈暂行办法》第二条规定：约谈是环境保护部约见未履行环境保护职责或履行职责不到位的地方政府及相关部门有关负责人，整个《约谈暂行办法》从第一条到第十一条，都是针对地方政府及相关部门的负责人，仅仅是在第十二条作了兜底性规定：对大型企业集体负责人的约谈可参照本办法实施。	关于大型企业集团负责人的理解问题，能否直接适用针对地方政府及相关机构负责人的约谈规范，值得疑问和反思？针对大量的民营企业、外资企业，适用针对地方政府及相关机构负责人的约谈办法带来巨大法律风险？	修改为：针对缺乏环保约谈的分类立法问题，建议采取分类立法的方式，针对党委、政府、环保部门等行政主体的作为体制内环保约谈，而针对企业等市场主体的作为体制外环保约谈，分别设计针对性的实施主体、参与主体、列席主体以及相关主体的权力、责任、权利和义务，保证环保约谈的针对性和有效性。
《约谈暂行办法》第八条规定：约谈程序如下：（一）主持约谈方说明约谈事由和目的，指出被约谈方存在的问题；（二）被约谈方就约谈事项进行说明，提出下一步拟采取的措施；（三）主持约谈方和邀请参加方（共同实施约谈的部门和机构）依法提出相关整改要求及时限；（四）被约谈方对落实整改要求进行表态。	缺乏双方的深度协商、沟通和互动的程序性规范；整个约谈程序只有约谈主持方、约谈实施方、被约谈对象的内容，而对列席的公众代表的权利义务没有提及。	修改为：建议明确环保约谈列席主体的权利义务，他们与环保约谈的利益息息相关，作为环保约谈第三人，应该明确他们在环保约谈过程中享有的参与权、表达权和监督权。
《约谈暂行办法》第十一条规定，除涉及国家秘密、商业秘密和个人隐私外，约谈应对外公布信息并可视情邀请媒体及相关公众代表列席。	环保约谈往往针对地方政府重大的环境不作为、环境违法、环境风险等实施的行政措施，而且约谈对象是地方政府及相关机构负责人，这种针对地方政府及相关机构负责人的约谈，应该邀请媒体参加，而不应视情况，以此增加媒体对地方政府及相关机构负责人的监督和压力。相关公众代表列席规定的太模糊。	修改为：建议应该明确相关公众代表的具体对象，如利益相关者、环保社会组织、专家学者等等，强化环保约谈的公众参与和社会性监督。

151

续表

内容	存在问题	法律建议
《约谈暂行办法》第十条：主持约谈部门（单位）负责督促被约谈方将约谈要求落实到位，并将约谈要求落实情况通报批准实施约谈的部领导，同时印（抄）送环境监察局存档。	督促监督主体范围比较窄，只规定了约谈主持单位，而没有涵盖参加实施约谈的其他主体（组织部门、纪检监察部门、其他部门）；列席约谈的相关公众代表与约谈整改方案落实情况息息相关，他们却排除在对约谈整改方案落实的参与、督促和监督之外；针对整改方案的落实，《约谈暂行办法》没有对整改落实情况明确信息公开的要求。	修改为：建议拓展环保约谈整改方案督促监督主体范围，除了约谈主持单位，应涵盖参加实施约谈的其他主体(组织部门、纪检监察部门、其他部门)，还包括列席约谈的相关公众代表；明确环保约谈整改落实情况信息公开的要求。

3.完善环保约谈的类型内容。环保约谈制度理论依据是西方公共行政理论，针对具有风险性、不确定性、流动性、代际性、不可修复性的环境污染问题，应从传统"命令—控制"型的行政规制转向"协商—合作"型的行政规制，强调环境治理的预防性、合意性、协商性、合作性、共治性等[1]，所以亟需完善环保约谈的类型内容。第一，完善对体制外约谈的制度规范。针对环境企业等市场主体，应合理设计环境约谈的事由、主体、程序、环节、责任、救济等，改变当前普遍采用的兜底性表述——针对企业主体参照现行环保约谈规范性文件适用，充分尊重市场主体的权利，规范环境规制主体的权力。第二，完善对预警性约谈的制度规范。充分发挥环保约谈的风险预防功能、多元共治功能和协商合作功能，重点突出环保约谈的预防性，调动环境规制机构、环境企业、环保社会组织、媒体、公众等多元主体的积极性，形成多元协商共治的环保约谈机制[2]。

4.优化环保约谈的列席主体。第一，针对体制内约谈，除非涉及国家秘密、商业秘密、个人隐私外，应尽量邀请媒体、公众代表、人大代表、政协委员、环保行风监督员参加，强化公众参与和社会监督的力度，这也是符合新环

---

① 董正爱、王璐璐：《迈向回应型环境风险法律规制的变革路径》，载《社会科学研究》2015年第4期。

② 李永宁等：《完善生态环境损害赔偿制度全面促进生态文明建设》，载《中国生态文明》2018第2期。

保法的规定（新环保法专章规定公众参与内容）。第二，针对体制外的约谈，应视情况不同差别对待，总的原则是充分尊重企业的权利和商业利益，发挥多元主体的合作共治功能，强调行政主体与企业之间的协商合意。可以增加环境社会组织、第三方专业机构参加，环境社会组织可以衔接对企业的环境公益诉讼，第三方专业机构有利于提高约谈整改方案的针对性、科学性。针对企业的约谈是否公开应依法谨慎。建议将《约谈暂行办法》第十一条规定，约谈应对外公布信息并可视情邀请媒体及相关公众代表列席，修改为"应该邀请媒体参加"，而不应视情况，增加媒体对地方政府及相关机构负责人的监督和压力。建议应该明确相关公众代表的具体对象，如利益相关者、环保社会组织、专家学者等等，强化环保约谈的公众参与和社会性监督。

　　5. 强化环保约谈的责任机制。第一，规范环境约谈的程序。针对环保约谈程序问题，建议《约谈暂行办法》中明确约谈实施主体、约谈参与实施主体、对被约谈对象、列席对象等多元主体在环保约谈过程中的程序、权力、责任、权利和义务[1]，尤其是被约谈主体，应充分尊重被约谈对象的表达权、解释权。建议明确环保约谈列席主体的权利义务，他们与环保约谈的利益息息相关，作为环保约谈第三人，应该明确他们在环保约谈过程中享有的参与权、表达权和监督权。环境约谈程序应根据约谈对象的不同做出不同的规定，针对政府与相关部门负责人的约谈按照当前的规定即可，但对于企业的约谈应该更加注重程序的规范，因为约谈企业涉及公权力与私权利的平衡协调，一不小心可能就会出现公权力的滥用，对企业合法权益的侵害，所以应进一步细化以企业为约谈对象的具体程序。第二，细化环境约谈的责任。应尽量完善环境约谈的责任内容，尤其是中央和省级的环境约谈制度应明确环境约谈的具体责任，避免约谈责任的"抽象化"[2]；针对不同类型的约谈，设计差异化、针对性、可操作的责任体系，增强环境约谈的实效性；加强环境约谈责任与环境行政执法措施、环保督查、环境公益诉讼、环境问责等制度的衔接和优化，提高制度之间的协调性和包容性，避免约谈责任的"扩大化"[3]。针对环保约谈整改方案落实问题，建议拓展环保约谈整改方案督促监督主体范围，除了约谈主持单位，应涵盖参

---

①　孟强龙：《行政约谈法治化研究》，载《行政法学研究》2015 年第 6 期。

②　刘水林、王波：《论环境法公共实施与私人实施的结合与衔接》，载《甘肃政法学院学报》2011 年第 6 期。

③　张梓太、王岚：《论风险社会语境下的环境法预防原则》，载《社会科学》2012 年第 6 期。

加实施约谈的其他主体（组织部门、纪检监察部门、其他部门），还包括列席约谈的相关公众代表；明确环保约谈整改落实情况信息公开的要求。

（四）机制建构

1. 环保约谈的信息机制

基于环境风险的主观性、建构性和流动性特点，环保约谈就是要促进规制者、被规制者、利益相关者之间的协商沟通和良性互动，强化环境风险规制中社会各系统之间的协调、协同和合作，而信息型规制策略能够促进反身法范式下法律、政府、市场、社会及文化等系统的互动和互补。

信息机制是环保约谈有效运行的基础，环境信息公开和信息沟通是建构我国环保约谈的制度内容和运行机制。如果环境风险信息不能公开透明，或者环保约谈主体之间存在巨大的环境信息不对称，那么基于协商型环境规制的环保约谈制度就难以有效实施。不论是发达国家环境契约制度、环境执法和解制度、协商制定规则制度，抑或我国的环保约谈制度、生态环境损害赔偿磋商制度和环境第三方治理制度都以环境信息公开透明为支撑。如我国特色的生态环境损害赔偿磋商制度，由于对企业造成环境损害的信息公开透明的规定不全面、不系统、不明确，导致与生态环境损害赔偿相关第三人难以参与赔偿磋商和磋商监督。发达国家环境执法和解制度之所以取得良好效果，就是因为环境规制部门、企业、相关机构的环境信息公开、透明、充分和及时，环境执法和解实施全过程处于阳光之下，增加公众对企业、规制部门的监督，推动公众、环保社会组织参与。如发达国家实施的非政府组织标签计划：绿色印章（Green Seal）和科学认证体制（Scientific Certification Systems），以及环保署发起的标签计划——能源之星（Energy Star）等，发达国家正是通过这三个生态环境标签计划，实现了对企业的环境风险自我规制的内在激励和行动指导。

所以，应落实环保约谈多元主体的信息公开机制，明确政府环境信息公开职责、企业、环保社会组织的环境信息公开责任，为有效开展环保约谈提供信息基础；其次，强化环保约谈实施过程中的信息沟通机制，听取企业、环保社会组织、公众代表、专家等关于环保约谈内容的利益诉求和价值偏好，政府也将环保约谈信息沟通机制作为一次法律宣传以及与相关主体利益沟通的契机，更好地落实环保约谈整改方案；最后，约谈结束后，关于环保约谈的结果应该公开，并完善对环保约谈整改方案实施情况的信息公开、绩效评估、反馈机制。

2.环保约谈的程序机制

针对不确定风险，人类尚未拥有充分信息、技术和能力判断风险危害、因果关系、损害后果、追责机制及预测风险何时爆发等，防控环境风险靠单纯依赖实体性规制是无法回应和化解的，须借鉴风险规制理论和范式，以过程为中心的程序性法律机制，将环境风险规制重心从注重具体规则、权力（利）、义务（责任）等实体性规制，转向以参与、过程、协商、互动等为主要内容的程序性规制，建构促进环境风险规制者、被规制者及利益相关者自我反思的制度结构、程序规则和动力机制，推动环境风险规制从末端治理转为全过程预防，将环境法律法规内化为被规制者的价值理念、行动指南和组织章程。

协商型环境风险规制重视程序型机制的功能逻辑，强调通过程序性规范来保障环境协商规制的实践绩效。发达国家环境执法和解制度的精妙之处就是程序型机制的功能逻辑，不论是环境执法和解之前的调查、取证程序，还是环境执法和解启动时的信息公开程序和环境执法和解进行过程中的商谈程序，以及环境执法和解结束后的司法确认程序和环境执法和解失败后的司法诉讼程序等，都体现程序型机制在协商型环境风险规制中的地位和作用。如加拿大通过"工业节能活动（CIPEC）""绿色计划""可替代与高效能源计划"等制度，建构政府与企业、第三方协商、沟通、合作的程序性机制，将环境法律、法规内化为企业的价值目标、行动指南和组织章程，通过建立内部环境风险管理制度来遵从环境法律、法规。自 1990 年以来，加拿大 GDP 增长 17.2%，而能源消费仅增长 10%，工业界年均提高能效 0.9%。

环保约谈作为一种非程式化的环境规制工具，之所以受到政府的青睐也是因为其对程序性机制要求较低，更容易避免命令型环境执法带来的法律风险和执法成本巨大。但随着环保约谈实践的深入，环保约谈制度应强化程序性机制的建构，对环保约谈的类型、事由、主体、内容、形式等进行明确和完善，避免环保约谈的"随意化、扩大化和异化"，避免以环保约谈的形式代替环境执法处罚，防止环境规制机关公权力的恣意、滥用和扩张。

3.环保约谈的商谈机制

商谈机制是协商型环境风险规制的理论内核，是区别于命令型环境风险规制和激励型环境风险规制的最本质特征。该机制定位是促进规制机关与被规制者之间协商沟通，争取双方对和解内容达成一致共识，促进双方的理解、让步、合作和认同，提高环境执法效果，节约环境执法的制度成本和诉讼成本；该制度还致力于推动环境规制机构与相关公众、环保社会组织、社区等利益第三方之间的协商，促进社会性主体对环境执法和解议题的理解、认同、接受和支持，增加环境规制执法的公正性、公平性、参与性、民主性和科学性，推动环境风险规制的"公共理性"和"重叠共识"。

协商型环境风险规制通过完善的程序机制，保障环境规制多元主体之间充分的协商沟通，从制度上破解环境风险规制中面临的复杂性、不确定性、主观性和民主性等法律困境，最大限度地激发环境风险协商规制的潜力和价值。协商型环境风险规制不仅能够强化环境利益相关者的信息沟通，彰显"工具理性"，还具有推动环境规制者、被规制者和利益相关者互动、认同和理解，体现"价值理性"，建构环境风险规制的协商文化。

如发达国家环境执法和解就是一种典型的协商型环境风险规制制度，《超级基金法》（Superfund Act）是第一部明确授予行政机关执法和解权的联邦法律，该制度能够促使潜在责任方积极、自愿达成协议，高效履行环境规制责任。环境执法和解通过规制者与被规制者、利益第三方之间的协商、沟通与合作，将环境执法的不确定性转化为环境执法和解协议，明确环境规制者与被规制者之间的权利义务；二是环境执法和解充分尊重被规制者的诉求和意见，提升环境执法的遵从度，降低环境执法的制度性成本；三是激励公众参与环境执法和解，提升环境规制的过程性、民主性和公正性；四是强化法院对环境执法和解协议的"合法性审查"，确保环境执法和解制度的自愿性、公正性、合理性、合法性。

具体到环保约谈制度之商谈机制建构，应改变当前责任约谈的实施机制，单纯强调环境规制主体对企业的问责、训诫等，应充分听取企业在环境守法的过程中面临的实践困境和具体场景的解释，形成更具科学性、针对性和实效性的环保约谈整改方案，将环保约谈作为环境规制主体、企业、相关利益主体协商沟通的制度性平台，通过多元主体的协商沟通、合作理解，实现环保约谈的

"工具理性"与"价值理性"功能。

第二节　"零散化"协商型环境规制

一、环境行政合同

环境规制理论的发展变迁与环境规制实践的需要是密切相关的，环境规制理论肇始于工业时代，是人类面对工业化时期环境风险的制度性回应[①]，它强调规制机构在环境风险规制中的重要作用，将环境风险纳入高度规则化的行政规制法体系之中，强调规制法的秩序导向，坚持形式理性法学范式，严格依法行政，约束和控制行政权力的运行[②]。环境规制权力作为一种行政性权力，它相对于企业、公民、环保社会组织等社会性权利主体来说，具有强势权威和主导地位，秩序行政视野下环境风险规制必然是一种突出环境行政机关规制权威性、威慑性、专业性和科学性的命令型环境规制模式[③]。该模式一方面强调环境行政主体运用技术标准、绩效产出和行为规范实现对环境行政相对人制裁、处罚、威慑、矫正和规训；另一方面，命令型环境风险规制在形式理性和实质理性的双重约束下，环境行政主体和行政相对人被限制在高度形式化、规则化和程式化的环境法律法规之中，导致环境规制结构封闭、环境程序僵化，导致环境风险规制缺乏应有的灵活性、创新性和协商性。

随着风险社会的来临，人类进入后工业化时期，出现了超越传统工业化时代的新型环境风险，如生物技术、转基因、核污染等等，这种新型环境风险具有不确定性、复杂性、主观性和公共性的特征，有些环境风险甚至还没有得到科学解释和法律界定，并且这种新型环境风险与传统环境风险叠加互动，人

---

① 赵玉民等：《环境规制的界定、分类和演进》，载《中国人口·资源与环境》2009 年第 6 期。

② ［美］E. 博登海默：《法理学：法律哲学与法律方法》，邓正来译，中国政法大学出版社 1999 年版，第 107 页。

③ 王树义、蔡文灿：《论我国环境治理的权力结构》，载《法制与社会发展》2016 年第 3 期。

类处于一种基于未知、未来的环境风险规制①。基于新型环境风险的不确定性，以秩序行政为导向，以形式法理性和实质法理性为规则的命令型环境风险规制面临结构性局限和制度性阻碍，如缺乏对环境法律不完备性的制度化回应、缺少对环境规制相对人的激励、制约环境技术的创新应用等。环境风险规制亟需引入协商型规制的理论范式，为环境风险规制注入协商、参与、合作、互动和共治的元素，拓展环境规制权力的结构，扩大环境规制主体的行政权力自由裁量空间，赋予环境规制行政相对人更多参与环境风险规制的程序性权利和实体性权利。如在协商型环境规制过程中，就赋予环境规制行政主体更大的自由裁量权和协商引导权，允许私权利主体参与行政权的运作和实践，以期更好地履行环境风险规制的行政职责。

环境行政合同是指环境行政主体为了行使行政职能、实现特定的行政管理目标，而与公民、法人或其他组织经过协商、沟通和合作，基于相互意思表示一致所达成的环境协议。环境行政合同制度超越了传统环境行政主体依法行政的刚性规范和形式约束，通过环境行政主体与相对人以及第三方的协商、沟通与合作，用环境行政合同来破解环境风险规制面临的不确定性和复杂性②。

环境行政合同，也可称之为环境行政契约，是指环境行政主体为了行使行政职能、实现特定的行政管理目标，而与公民、法人或其他组织经过协商，相互意思表示一致所达成的协议。基于环境行政合同的概念，笔者可以推导出环境行政合同的特点，它是拥有环境行政管理权的行政机关与行政相对人，基于实现环境行政管理目标，经过双方的协商沟通，相互意思表示一致所形成的环境契约。建构于工业化时代的命令型环境规制难以解决环境规制中的法律不完备性、执法方式僵化、激励机制缺失和实施成本巨大等难题，亟需借鉴协商型环境规制的范式；环境行政合同蕴含协商型环境规制的理念、特征和功能，具有公法性、协商性和生态性，能够弥补环境法律的不完备性，激发环境行政主体与相对人的能动性，激励企业注重环保技术创新；基于对影响环境行政合同的因素分析，完善协商规制视域下环境行政合同的制度体系。

---

① 　王明远、金峰：《科学不确定性背景下的环境正义——基于转基因生物安全问题的讨论》，载《中国社会科学》2017 年第 1 期。

② 　叶榅平：《自然资源国家所有权行使人大监督的理论逻辑》，载《法学》2018 年第 5 期。

（一）主要特点

1.环境行政合同的公法性

行政主体是环境行政合同必然当事人，不管是环境规制机关与其他行政机关，还是环境规制机关与行政相对人之间签订的环境行政合同，环境行政机关都是必然的合同当事人，这是环境行政合同最典型的特点，这也反映了环境行政合同的公法色彩，它不是基于完全的主体自由和意思自治达成的普通合同，它是行政主体为了完成特定的环境规制任务而达成的环境契约。建立环境行政合同的出发点是为了环境公共利益，通过行政合同的方式将双方当事人的权力责任、权利义务确定下来。同时，在环境行政合同签订、履行的过程中，环境行政机关具有一定的行政优益权，为了环境公共利益，享有变更和撤销环境行政合同的权力①。

2.环境行政合同的协商性

环境行政合同虽然具有很强的行政色彩和公法特征，但它也具有合同法上私法元素，典型的表现就是环境行政合同的协商性，体现了环境行政机关与行政相对人之间的意思表示一致、协商沟通、达成合意②。环境行政合同的协商性体现在以下几点：其一，环境行政合同双方主体之间的环境法律关系、环境法律事实、环境法律程序等应以合同约定为准，不能违反合同条款；其二，环境行政合同的内容应当经过环境行政机关与行政相对人之间的平等协商，在双方协商的过程中环境行政机关不能利用自己的行政权力对行政相对人施压、威慑和恐吓，违背合同协商性、平等性和自愿性原则；其三，环境行政机关与行政相对人都要受到环境行政合同的约束，承担经协商达成合同的法律责任③。

3.环境行政合同的生态性

环境行政合同区别于其他行政合同最大的特点就是环境行政合同的生态

---

① 罗丽：《日本环境权理论和实践的新展开》，载《当代法学》2007年第3期。
② 陈慈阳：《环境国原则建构下之环境预防及救济机制》，载《法学新论》2012年第37期。
③ 叶榅平：《完善自然资源国家所有权行使人大监督立法的法理思考》，载《学术月刊》2018年第6期。

性，它主要是为了解决生态环境行政管理问题，运用环境行政合同这种契约的方式，其根本目的是实现环境规制，是环境规制的一种特殊方式或柔性执法机制，它是协商型环境规制的具体机制，其根本目的是维护环境公共利益和保障相关主体环境权益。基于环境风险的不确定性、复杂性、主观性、不可逆性以及规模性等特征，命令型环境规制不易解决新型环境风险的适用性难题，通过环境行政合同的方式来提升环境规制执法的灵活性、环保技术的创新性和环境主体的能动性，正是协商规制视域下环境行政合同的制度初衷和价值定位。

（二）价值定位

1. 弥补环境规制法律的不完备性

环境行政合同作为一种协商型环境规制的法律机制，它能够解决因环境法律的不完备性带来的僵化和固化，充分考虑环境行政相对人的守法能力和守法意愿，通过环境行政机关与行政相对人的协商、沟通和互动，以环境行政合同的方式，提高环境规制法律适用的针对性和灵活性，破解命令型环境规制模式的缺陷与不足。随着新型环境风险的增多，环境违法行为的不确定性和复杂性增加，很多环境违法行为可能还缺少法律规范，但为了强化对新型环境风险的法律防控，环境规制机关与行政相对人通过环境行政合同的方式，在双方平等协商的基础上，达成环境行政合同，弥补环境法律空白和立法滞后[①]。而且，经过实践检验，逐渐将那些能够很好解决环境违法问题的行政合同内容，通过立法程序转化为环境法律法规，发挥环境行政合同作为环境立法的"试验田"作用。

2. 激发环境行政主体与行政相对人的能动性

命令型环境规制的主要工具策略是标准、绩效、技术、工艺等刚性的强制性手段，运用行政高权和纵向权威，通过对环境行政相对人的罚款、扣押、拘留、停产停业等行政强制措施，推动环境法的实施[②]。但这种命令型环境规制

---

① 张保伟：《公众环境参与的结构性困境及化解路径——基于协商民主理论的视角》，载《中国特色社会主义研究》2016 年第 4 期。

② 胡苑：《论威慑型环境规制中的执法可实现性》，载《法学》2019 年第 11 期。

思路，由于环境风险本身的不确定性、复杂性和主观性，越来越感觉"力不从心"，并导致环境规制执法过程中出现"异化"和"走形"。如命令性执法和"一刀切"导致行政相对人的消极守法，甚至积极抵制和抵抗环境规制执法，增加环境规制的实施成本和社会成本，效果令人堪忧。

环境行政合同作为一种协商型环境规制机制，它虽然是环境行政机关为了完成生态环境管理职权所采取的行政方式，但它是一种柔性的法律实施机制，充分尊重行政相对人的权利，在双方平等协商的基础上，达成意思表示一致的行政合同，是双方协商合意的契约。环境行政机关考虑到环境守法主体的差异化诉求，环境行政合同是经行政相对人协商同意的产物，更容易被行政相对人接受和遵从，提高了环境行政合同的可执行性，激发了环境行政相对人的能动性和积极性，将环境守法行为转变为自己的目标导向和行动指南[1]。同时，基于环境行政合同的协商性、合意性、平等性以及互动性，避免因采取命令型环境规制策略带来的法律风险和社会矛盾。

3. 激励企业注重环保技术的创新

命令型环境规制强调统一的标准、技术和绩效，它具有稳定性、统一性和确定性，方便环境规制主体的执法，但是这种统一的技术、标准和绩效缺乏对企业的有效激励，企业往往认为自己只要达标就可以了，排放达标就不会违反环境法律法规，无法激励企业采取更加先进的环保技术、工艺和设施。因为企业通过环保技术改进并不能获得经济收益，而且要承担环保技术改进的成本，并且担心一旦采用先进环保技术，环境规制机关可能会进一步提高环境技术、标准和绩效的要求，导致更好的环保技术无法应用实践。如果通过修改法律来推动先进环保技术的应用，受立法程序、立法环节和立法时间的约束，将会面临旷日持久的立法等待，导致环境规制的福利损失。

环境行政合同作为一种协商型环境规制机制，能够在遵守环境法律、法规的前提下，在满足法律最低排放标准和技术工艺的要求下，通过环境行政机关与行政相对人之间平等的协商、沟通和合作，达成环境行政合同，将先进的环保技术应用到环境规制实践之中，激励环保技术的创新、改进和转化，降低环

---

[1]　郑少华：《环境与资源保护法学》，复旦大学出版社 2000 年版，第 78 页。

保技术应用的制度性成本①。

（二）环境行政合同的完善路径

环境行政合同是协商型环境规制模式的一种法律机制，契合协商型环境规制的理论范式，它强调面向过程的环境规制，注重协商、沟通、合作和互动等，而不是单纯关注具体环境问题的解决，它更加注重环境规制过程中的程序的规范、主体的能动和救济的保障。

1.健全环境行政合同的程序机制

其一，关于环境行政合同的缔结程序。一要坚持有限制的契约自由原则，环境行政合同具有公法属性，它是基于环境行政机关的环境管理权而衍生出的法律行为，环境行政机关在缔结环境行政合同时，应在法律法规的自由裁量权范围内，不得违背公序良俗和环境公共利益，环境行政机关才能自由地与行政相对人协商缔约②。二要采取要式合同，考虑环境行政合同的行政性，它不仅涉及环境行政机关与行政相对人的职权职责和权利义务，还涉及整个社会的公共利益，应采取要式合同的方式缔结合同，保障环境行政合同的规范性。其二，关于合同的履行程序。一是环境行政主体对环境行政合同具有优益权，根据行政相对人的环境履约行为采取相应的措施，环境行政合同不是单纯的民事合同，它是涉及公共利益和环境管理权行使的公法合同。二是关于行政相对人履行合同的方式，应该明确实际履行和自己履行原则，除非有明确的法定事由，否则不适用代履行和支付违约金③。其三，关于环境行政合同的变更和取消。环境行政主体因为拥有合同上的优益权，可以随着根据履约人的实际履行情况变更或取消行政合同，但应当及时告知行政相对人；而行政相对人是不能随意变更和取消环境行政合同，除非有明确正当的事由，并且经过行政主体的许可，在行政主体不同意的前提下，环境行政相对人可以申请法院裁定，但裁定期间不能停止环境行政合同的履行。

---

① 陈富良、黄金钢：《政府规制改革：从公私合作到新公共服务》，载《江西社会科学》2015 年第 4 期。
② 李波：《公共执法与私人执法的比较经济研究》，北京大学出版社 2008 年版，第 63 页。
③ 何艳梅：《环境法的激励机制》，中国法制出版社 2014 年版，第 160 页。

2.创新环境行政合同的激励机制

为了更好地激励环境行政主体与行政相对人主动履行环境行政合同内容，应完善相应的激励机制[1]。其一，完善环境行政合同履行的信息公开透明机制。通过信息公开，让环境行政相对人的行为曝光在环境行政主体与社会公众面前，在多方监督压力的促使下，倒逼企业自觉履行环境行政合同。其二，优化经济激励的措施，可以采取环境税费减免、环境金融贷款、环境押金返还等方式，激励企业自觉主动履行环境行政合同。其三，完善对环境行政机关的考核机制，针对环境行政主体建立针对性的考核奖励机制，促使环境行政主体在环境决策和管理过程中充分考虑环境规制的复杂性，激励环境行政主体主动采取环境行政合同。

3.建构环境行政合同的救济机制

"有权利就有救济"。针对环境行政合同履行的救济问题，可以采取三种途径：其一，执行委员会协商救济。一旦环境行政合同发生纠纷，可以提交环境合同执行委员会进行调节，执行委员会是双方当事人合意产生的人选，有利于环境行政合同纠纷的低成本解决。其二，行政复议救济。如果是因环境行政主体的问题导致环境行政合同纠纷，环境行政相对人可以提起行政复议，请求行政机关给予解决。其三，司法救济途径。如果执行委员会和行政复议都不能解决环境行政合同纠纷，当事人可以向法院请求解决。如果是环境行政机关不履行行政合同，环境行政相对人可以提起行政诉讼；如果环境行政相对人不履行环境行政合同，环境行政机关可以依照环境法律法规或生态环境部门规章、规范性文件实施强制措施，或者申请法院强制执行[2]。

二、生态环境损害赔偿磋商

2015年12月，中共中央办公厅和国务院办公厅联合印发了《生态环境损

---

[1] 卢现祥、朱巧玲：《新制度经济学》，北京大学出版社2012年版，第74页。

[2] 蔡守秋、潘凤湘：《论我国环境损害责任制度：以综合性责任分担为视角》，载《生态经济》2017年第3期。

害赔偿制度改革试点方案》（以下简称"试点方案"），2017 年 2 月出台的《生态环境损害赔偿制度改革方案》①（以下简称"改革方案"）在试点方案基础上对赔偿磋商主体、赔偿磋商启动条件、赔偿磋商内容、赔偿协议司法确认等具体规则进行了细化和完善②。生态环境损害赔偿磋商制度是指经国务院授权的赔偿权利人就已经发生的生态环境损害在进行生态环境损害调查、鉴定评估、修复方案编制等工作的基础上主动与赔偿义务人磋商，达成赔偿磋商协议并对生态环境进行修复的制度流程，它具有程序的前置性、政府的主导性、内容的法定性和协议的强制性等特点。

（一）主要特点

1. 程序的前置性

根据《改革方案》工作原则第三条的规定：主动磋商，司法保障。生态环境损害发生后，赔偿权利人组织开展生态环境损害调查、鉴定评估、修复方案编制等工作，主动与赔偿义务人磋商③。磋商未达成一致，赔偿权利人可依法提起诉讼。基于对该条的规范性分析，磋商已经成为生态环境损害赔偿制度的前置程序，只要开展生态环境损害赔偿，必须先由赔偿权利人对赔偿义务人开展磋商，如果达成磋商，即按照磋商协议开展赔偿修复；一旦磋商失败，赔偿权利人即可向人民法院提起民事诉讼。生态环境损害赔偿磋商的前置性，也充分证明了生态环境损害赔偿的专业性、不确定性、复杂性、主观性等特征，如果直接进行环境民事诉讼，可能会面临巨大的诉讼成本、执行成本和社会成本，不利于生态环境损害赔偿的实现和生态环境的修复。引入磋商制度，由赔偿权利人与赔偿义务人针对损害事实和程度、修复启动时间和期限、赔偿的责任承担方式和期限等具体问题与赔偿义务人进行磋商，统筹考虑修复方案技术可行性、成本效益最优化、赔偿义务人赔偿能力、第三方治理可行性等情况，

---

① 张锋：《我国协商型环境规制构造研究》，载《政治与法律》2019 年第 11 期。

② 王腾：《我国生态环境损害赔偿磋商制度的功能、问题与对策》，载《环境保护》2018 第 13 期。

③ 董正爱、胡泽弘：《协商行政视域下生态环境损害赔偿磋商制度的规范表达》，载《中国人口·资源与环境》2019 年第 6 期。

达成赔偿协议，更具有实践上的可行性、操作性①。

2.政府的主导性

基于对《改革方案》的法理解释和文本分析，可以发现生态环境损害赔偿磋商作为一种新型的协商型环境规制制度，它是一种公法属性的协商规制，政府在整个磋商过程中居于主导性定位②。其一，从赔偿权利人的主体来看，是由省级人民政府、地市级人民政府及其指定的部门或机构，生态环境损害赔偿不是简单的民事赔偿，它是生态环境管理权的行使和延伸，不仅仅涉及赔偿权利人与赔偿义务人之间的法律关系，还涉及生态环境损害有关的公民、社区、环保社会组织、环境公共利益等多重法律关系；其二，从生态环境损害赔偿的执行来看，《改革方案》规定，由赔偿权利人及其指定的部门或机构对磋商或诉讼后的生态环境修复效果进行评估，以确保生态环境得到及时有效修复。

3.协议的强制性

一旦生态环境损害赔偿磋商赔偿协议不能得到有效的执行，赔偿权利人可以依照民事诉讼法向人民法院申请司法确认③。经司法确认的赔偿协议，赔偿义务人不履行或不完全履行的，赔偿权利人及其指定的部门或机构可向人民法院申请强制执行。磋商未达成一致的，赔偿权利人及其指定的部门或机构应当及时提起生态环境损害赔偿民事诉讼，可以说在生态环境损害赔偿磋商启动、磋商、执行、监督等环节都充分体现了政府的主导性，这也是生态环境损害赔偿磋商的公共性和公益性所在，它不能简单适用环境民事法律关系、法律行为和法律后果④。

（二）价值定位

生态环境损害赔偿磋商制度具有协商型环境规制的理论逻辑和运作机理，

---

① 康京涛：《生态环境损害赔偿磋商的法律性质及规范构造》，载《兰州学刊》2019 年第 4 期。
② 王腾：《我国生态环境损害赔偿磋商制度的功能、问题与对策》，载《环境保护》2018 年第 13 期．
③ 王腾：《我国生态环境损害赔偿磋商制度的功能、问题与对策》，载《环境保护》2018 第 13 期。
④ 张锋：《我国协商型环境规制构造研究》，载《政治与法律》2019 年第 11 期。

具有以下功能定位：

1. 减少生态环境损害赔偿的不确定性

生态环境损害赔偿涉及生态环境知识、技术标准、损害鉴定、因果关系等多维因素，具有很大的不确定性，甚至很多生态环境损害赔偿很难给出科学和精确的解释，而且损害结果与损害行为之间的逻辑也不易界定，如针对生物多样性减少等，很难准确判断生态环境损害多少，也很难准确找出导致生态环境损害赔偿的主体和原因。所以，引入生态环境损害赔偿磋商制度，可以大大地降低生态环境损害赔偿的不确定性，推动赔偿权利人与赔偿责任人之间的协商、合作和互动。

2. 降低生态环境损害赔偿的交易成本

关于如何鉴定生态环境损害赔偿的技术标准、因果关系和后果损害，都是一个很强的技术性难题，环境规制机构如果要按照传统的环境执法模式，通过调查、取证，找出因果关系，测算精确的生态环境损害，将会面临巨大的信息成本、执法成本和制度成本。而且，因为生态环境损害赔偿因果关系的复杂性，可能无法让损害赔偿责任人信服和接受，带来执法过程中的抵触和抵制，甚至会增加行政复议、行政诉讼等制度性成本。引入生态环境损害赔偿磋商制度，充分尊重生态环境损害责任人的权利，通过损害赔偿权利人与义务人之间的协商、沟通、合作和理解，共同达成生态环境损害赔偿协议，可以大大降低生态环境损害赔偿的交易成本[①]。

3. 扩大生态环境损害赔偿的公众参与

生态环境具有公共物品属性，它具有较强的公共性和公益性，它不仅仅涉及以地方政府和生态环境监管机构的利益，还涉及生态环境损害发生区域的公民、社区、环保社会组织等多元主体的利益，这些环境权利主体都有权利享有环境规制的知情权、参与权、监督权和诉讼权，如何保障生态环境损害赔偿的公众参与机制，是当前生态环境损害赔偿制度中的难题。所以，引

---

① 周珂、腾延娟：《论协商民主机制在中国环境法治中的应用》，载《浙江大学学报（人文社会科学版）》2014年第6期。

入生态环境损害赔偿制度，可以扩大和拓展生态环境损害赔偿过程中的公众参与，提供生态环境损害赔偿的公共性、公益性和公信力。同时，环保社会组织、环保专家学者的参与，也可以进一步提高生态环境损害赔偿的专业性、技术性。

4. 强化生态环境损害赔偿的司法监督和制衡

生态环境损害赔偿磋商制度是一种新型的环境法实施制度，它跳出了传统命令型规制和激励型规制的理论范式，引入民主协商的机制，破解生态环境损害赔偿过程中面临的不确定性、专业性、主观性等难题。生态环境损害赔偿磋商制度扩张了传统的行政权力范围和路径，引入了私法规制的元素和协商沟通的机制，探索私权利主体参与到环境规制公权力处分的过程中，这是一种新型的环境规制范式和路径[①]。它虽然具有降低生态环境损害赔偿的不确定性、减少生态环境损害赔偿交易成本，增加生态环境损害赔偿公众参与等作用，但也面临行政权扩张和合法性危机，需要引入司法力量参与对行政权力的监督和制衡，同时，也强化对生态环境损害赔偿责任人履行磋商协议的司法保障。

（三）生态环境损害赔偿磋商制度的完善路径

生态环境损害赔偿磋商作为一种协商型环境规制样态，但对照协商型环境规制的理论范式、基本特征、价值目标和内在机理，它还存在以下问题：

1. 生态环境损害赔偿磋商信息公开的法治化

《改革方案》第二条（工作原则）第四款信息共享，公众参与。实施信息公开，推进政府及其职能部门共享生态环境损害赔偿信息；可以看出，《改革方案》中明确的信息公开，主要指政府及其职能部门之间的信息共享，而与生态环境损害赔偿磋商制度密切相关的利益相关者、社会组织、公众等并没有纳入信息公开和信息共享的范畴，这显然与生态环境损害赔偿磋商制度的公共

---

① 常纪文：《新常态下我国生态环保监管体制改革的问题与建议——国际借鉴与国内创新》，载《中国环境管理》2015 年第 5 期。

性、公益性、社会性特征格格不入，也侵犯了公众的环境信息知情权、参与权、监督权和救济权①。

《改革方案》第二条第四款规定，生态环境损害调查、鉴定评估、修复方案编制等工作中涉及公共利益的重大事项应当向社会公开。对此是否理解为，如果生态环境损害调查、鉴定评估、修复方案编制中不涉及公共利益的重大事项，就无需向社会公开，这显然与《改革方案》第三条适用范围规定内容是相矛盾的，也制约了生态环境损害赔偿磋商制度信息公开的功能和价值。因为，《改革方案》第三条适用范围明确规定：（一）有下列情形之一的，按本方案要求依法追究生态环境损害赔偿责任：（1）发生较大及以上突发环境事件的；（2）在国家和省级主体功能区规划中划定的重点生态功能区、禁止开发区发生环境污染、生态破坏事件的；发生其他严重影响生态环境后果的②。据此可以看出，我国生态环境损害赔偿磋商制度适用的范围就是针对较大的环境危害，也必然涉及公共利益的重大事项，可以说，只要适用生态环境损害赔偿磋商制度，相关的损害赔偿磋商信息就应该向社会公开，而无需再以"涉及公共利益的重大事项"为向社会公开的条件，避免生态环境损害赔偿权利人或行政部门借机封锁生态环境赔偿磋商信息，制约了生态环境损害赔偿磋商制度的功能和绩效。

建议将与生态环境损害赔偿磋商制度密切相关的利益相关者、社会组织、公众等纳入信息公开和信息共享的范畴，提升生态环境损害赔偿磋商制度的公共性、公益性、社会性，保障公众的环境信息知情权、参与权、监督权和救济权。建议只要适用生态环境损害赔偿磋商制度，相关的损害赔偿磋商信息就应该向社会公开，而无需再以"涉及公共利益的重大事项"为向社会公开的条件，避免生态环境损害赔偿权利人或行政部门借机封锁生态环境赔偿磋商信息③。

---

① 王腾：《我国生态环境损害赔偿磋商制度的功能、问题与对策》，载《环境保护》2018 第 13 期。
② 张锋：《我国协商型环境规制构造研究》，载《政治与法律》2019 年第 11 期。
③ 康京涛：《生态环境损害赔偿磋商的法律性质及规范构造》，载《兰州学刊》2019 年第 4 期。

表 1：《生态环境损害赔偿磋商制度》问题与建议

内容	存在问题	法律建议
《改革方案》第二条（工作原则）第四款信息共享，公众参与。实施信息公开，推进政府及其职能部门共享生态环境损害赔偿信息。	《改革方案》中明确的信息公开，主要指政府及其职能部门之间的信息共享，而与生态环境损害赔偿磋商制度密切相关的利益相关者、社会组织、公众等没有被纳入信息公开和信息共享的范畴。	修改为：建议只要适用生态环境损害赔偿磋商制度，相关的损害赔偿磋商信息就应该向社会公开，而无需再以"涉及公共利益的重大事项"为向社会公开的条件。
《改革方案》第二条第四款规定，生态环境损害调查、鉴定评估、修复方案编制等工作中涉及公共利益的重大事项应当向社会公开。	如果生态环境损害调查、鉴定评估、修复方案编制中不涉及公共利益的重大事项，就无需向社会公开。	修改为：建议应该扩大、拓展和深化专家、利益相关的公民、法人和其他组织的参与的方式、平台和机制。
《改革方案》第二条第四款规定：生态环境损害调查、鉴定评估、修复方案编制等工作中涉及公共利益的重大事项应当向社会公开，并邀请专家和利益相关的公民、法人、其他组织参与。	该规定缩小了公众参与生态环境损害赔偿磋商制度参与的条件和范围，按照该规定，如果没有涉及公共利益的重大事项，就无需邀请专家、利益相关的公民、法人、其他组织的参与。	修改为：建议拓展磋商参与主体，吸收事关生态环境损害赔偿的相关公民、法人、其他社会组织参与磋商程序，提升赔偿磋商的公正性、民主性、科学性；为避免出现"强制磋商、恶意磋商、消极磋商"等情形，建议完善赔偿磋商过程中各方主体的权利义务、程序流程。
《改革方案》第四条第四款开展磋商，对磋商的适用条件、磋商内容、注意事项、磋商协议的履行保障以及磋商与诉讼的衔接等作了具体规定。	而事关生态环境损害赔偿的相关公民、法人、其他社会组织没有直接体现在磋商程序中，这既是对公众程序性权利的侵害，也在实体上侵犯了公众的环境权益。对赔偿权利人、赔偿义务人之间开展磋商的程序性规范不足。	修改为：建议完善磋商与诉讼之间的衔接机制，如果在磋商过程中出现环保社会组织提起环境公益诉讼，法院可以暂不立案，同时吸收环保社会组织参与赔偿磋商过程，这样既可以尊重《改革方案》中磋商前置的程序性规定，同时也保障了环保社会组织的知情权、参与权、监督权。
《改革方案》第四条第四款规定：磋商未达成一致的，赔偿权利人及其指定的部门或机构应当提起生态环境损害赔偿民事诉讼。	但针对磋商与诉讼之间的衔接机制没有明确，这导致生态环境损害赔偿诉讼实践中遭遇法律适用困境。如磋商机制与环境公益诉讼之间缺乏衔接，如果正在磋商的生态环境损害，社会组织提起了环境民事公益诉讼，法院能否立案？	修改为：建议在确保磋商协议执行的方式选择上，尽量适用法律已经明确规定的代履行，既可以保障磋商协议的有效履行，同时又预留了未来提起诉讼的制度空间。

2.生态环境损害赔偿磋商公众参与的体系化

《改革方案》第二条第四款规定：生态环境损害调查、鉴定评估、修复方案编制等工作中涉及公共利益的重大事项应当向社会公开，并邀请专家和利益相关的公民、法人、其他组织参与。该规定缩小了公众参与生态环境损害赔偿磋商制度参与的条件和范围，按照该规定，如果没有涉及公共利益的重大事项，就无需邀请专家、利益相关的公民、法人、其他组织的参与。而我国生态环境损害赔偿制度的适用范围就是针对比较严重的环境事件、环境危害，考虑到环境污染风险的不确定性、复杂性、不可逆性以及主观性和建构性，应该扩大、拓展和深化专家、利益相关的公民、法人和其他组织的参与的方式、平台和机制[1]。

因为我国生态环境损害赔偿制度的适用范围就是针对比较严重的环境事件、环境危害，考虑到环境污染风险的不确定性、复杂性、不可逆性以及主观性和建构性，建议应该扩大、拓展和深化专家、利益相关的公民、法人和其他组织的参与的方式、平台和机制。

3.生态环境损害赔偿磋商程序的规范化

《改革方案》第四条第四款开展磋商，对磋商的适用条件、磋商内容、注意事项、磋商协议的履行保障以及磋商与诉讼的衔接等作了具体规定，但是存在以下问题：第一，关于磋商程序中利益相关主体参与磋商问题。根据《改革方案》第四条第四款规定，磋商主体主要包括赔偿权利人、赔偿义务人、法院，而事关生态环境损害赔偿的相关公民、法人、其他社会组织没有直接体现在磋商程序中，这既是对公众程序性权利的侵害，也在实体上侵犯了公众的环境权益，导致赔偿磋商的公正性、民主性、科学性不足[2]；第二，对赔偿权利人、赔偿义务人之间开展磋商的程序性规范不足。由于赔偿权利人是地方政府及其相关机构，相对于赔偿义务人，它们拥有行政权力，容易在磋商过程中出现"强制磋商、恶意磋商、消极磋商"的情形，而赔偿义务人往往处于弱势地

---

① 刘超：《协商民主视域下我国环境公众参与制度的疏失与更新》，载《武汉理工大学学报》（社会科学版）2014年第1期。

② ［美］迈克·费恩塔克：《规制中的公共利益》，戴昕译，中国人民大学出版社2014年版，第95页。

位，如果不在赔偿磋商程序中明确具体双方的权利义务、程序流程，很可能会违背赔偿磋商制度的价值初衷。

建议拓展磋商参与主体，吸收事关生态环境损害赔偿的相关公民、法人、其他社会组织参与磋商程序，提升赔偿磋商的公正性、民主性、科学性；为避免出现"强制磋商、恶意磋商、消极磋商"等情形，建议完善赔偿磋商过程中各方主体的权利义务、程序流程。

4. 生态环境损害赔偿磋商与诉讼的衔接互动

《改革方案》第四条第四款规定：磋商未达成一致的，赔偿权利人及其指定的部门或机构应当提起生态环境损害赔偿民事诉讼。该规定明确了磋商作为诉讼的前置程序，但会遇到与其他环境诉讼机制冲突的情形：根据《改革方案》，磋商作为生态环境损害赔偿诉讼机制的前置程序，并明确"磋商未达成一致的，赔偿权利人及其指定的部门或机构应当及时提起生态环境损害赔偿民事诉讼"，但针对磋商与诉讼之间的衔接机制没有明确，这导致生态环境损害赔偿诉讼实践中遭遇法律适用困境。如磋商机制与环境公益诉讼之间缺乏衔接，如果正在磋商的生态环境损害，社会组织提起了环境民事公益诉讼，法院能否立案？如果法院立案，磋商是否继续进行？如果法院不立案，这与《最高人民法院关于审理环境民事公益诉讼按键适用法律若干问题的解释》[1]的规定有冲突，《解释》没有规定磋商是环境民事公益诉讼的前置程序，如果法院不立案，提起诉讼的社会组织能否参加到赔偿磋商之中呢？[2]

建议完善磋商与诉讼之间的衔接机制，如果在磋商远程中出现环保社会组织提起环境公益诉讼，法院可以暂不立案，同时吸收环保社会组织参与赔偿磋商过程，这样既可以尊重《改革方案》中磋商前置的程序性规定，同时也保障了环保社会组织的知情权、参与权、监督权。

5. 生态环境赔偿磋商协议的司法确认

根据《改革方案》第四条规定：对经磋商达成的赔偿协议，可以依照民事

---

[1] 王腾：《我国生态环境损害赔偿磋商制度的功能、问题与对策》，载《环境保护》2018 年第 13 期。

[2] 谢伟：《司法在环境治理中的作用：德国之考量》，载《河北法学》2013 年第 2 期。

诉讼法向人民法院申请司法确认。经司法确认的赔偿协议，赔偿义务人不履行或不完全履行，赔偿权利人及其指定的部门或机构可向人民法院申请强制执行。但我国现行法制体系里，司法确认制度仅适用民事调解领域。根据《民事诉讼法》以及《人民调解法》规定，司法确认制度仅适用于由人民调解委员会组织达成的民事性质的调解协议。而我国的赔偿磋商实践，磋商程序都是以行政机关为组织者，这是一种由行政行为主导的协商，不能简单适用民事调解司法确认制度①。同时，生态环境损害的专业性、复杂性和不确定性，更加适合行政规制机构的规制组织、规制技术、规制能力和规制体系，相比较法院来说，行政机关更适宜作为磋商协议的实施主体。根据《人民调节法》第 33 条规定，司法确认遵循一审终审制，制裁生效后如果效力过于严苛，可能会损害第三人或者当事人的权益。建议在确保磋商协议执行的方式选择上，尽量适用法律已经存在的代履行方式，该方式既可以保障磋商协议的有效履行，同时又预留了未来提起诉讼的制度空间。

三、环境社会第三方治理

我国关于环境污染第三方治理②的制度主要有：一个是原环保部 2011 年出台的规范性文件《关于培育引导环保社会组织有序发展的指导意见》，另一个是国务院办公厅 2014 年出台的规范性文件《关于推行环境污染第三方治理的意见》，笔者将前者称为环保社会第三方治理，后者称为环保市场第三方治理，两者都强调参与、协商、沟通与合作在环境污染治理中的功能作用。但考虑到环境规制的行政性、公共性和公益性导向，笔者认为更符合协商型环境规制的范式特点和运行机理是环境污染社会第三方治理，而环保市场第三方治理更多的表现为一种环境民事合同治理，属于私法规范和民事法律关系③，所以这里

---

① 董正爱、胡泽弘：《协商行政视域下生态环境损害赔偿磋商制度的规范表达》，载《中国人口·资源与环境》2019 年第 6 期。

② 环境污染第三方治理：一个是以环保社会团体、环保基金会和环保社会服务机构为主体的社会第三方治理（环保部、民政部：《关于加强对环保社会组织引导发展和规范管理的指导意见》，2017 年 1 月）；另一个是指排污者通过缴纳或按合同约定支付费用，委托环境服务公司进行污染治理的市场第三方治理（国务院办公厅：国务院办公厅关于推行环境污染第三方治理的意见，2015 年）

③ 夏蜀：《规制第三方实施：理论溯源与经济治理现代化》，载《中国行政管理》2019 年第 6 期。

论述的环境污染第三方主要是强调环保社会组织参与环境规制的法律行为、法律关系和法律后果，尤其是环保社会组织参与环境政策的制定、环境执法、环境司法等环节中的协商功能。

（一）价值目标

环境治理属于社会性规制领域，具有公共物品或准公共物品的属性，传统理论认为环境污染治理主要依赖政府监管部门，但对比各国实践经验和我国监管困境分析，单纯依靠政府治理具有很大的弊端。其一，政府目标的冲突。政府之间是有层级的，中国有五级政府体系，中央政府与地方政府在环境治理方面就会存在不同的利益目标，这也是为什么当前环保领域中央频频采取环保督查、环保约谈等行政措施，希望以此突破地方权力结构和利益藩篱。其二，政府受"经济理性"的制约。政府运行是有成本的，基于理性人假设，政府可能会受到财政预算、经费投入、税收指标等因素的影响，违背环境污染规制的初始目标，采取不利于环境污染治理的政策、措施。其三，政府有被"俘获"的风险。在"政治理性"和"经济理性"的双重驱动下，出现政府、监管部门与环境污染主体的合谋，抑或规制者被"俘获"，出现环境污染治理中的行政不作为、乱作为，导致政府权力异化、权力设租、寻租现象[1]。

基于政府环境治理结构和治理行为的分析，为更好地推进环境污染治理，需建构环保社会组织参与环境治理的动力机制。其一，以第三方治理激发环境规制的多维动力。由于环境污染的负外部性特征和政府规制的结构性缺陷，单纯依赖政府及其环境监管部门开展环境污染治理容易出现动力不足和制度失衡。环保社会组织参与环境污染治理，以组织化的形式对政府进行监督，一方面激发政府加快环境污染治理的制度供给；另一方面，第三方环保社会组织可以直接参与环境污染治理公共服务的供给，如环保行业协会关于环境行业标准的制定。这样就可以构建环保领域的公共产品多元供给机制，促进环保制度供给的竞争和互动[2]。其二，以第三方治理降低环保规则制定的成本。由于环境污染规制具有风险规制的特点，环境污染治理方式逐渐从传统的"命令—控

---

①　竺效等：《国家环境管理权与公民环境权关系均衡论》，载《江汉论坛》2014 年第 3 期。

②　刘学侠：《我国非政府组织的发展路径》，载《中国行政管理》2009 年第 4 期。

制"型规制转向"民主—协商"型规制，最重要的是强化环保规则的制定，以规则实施环保领域的风险规制，实现环境保护的事前预防和风险控制。第三方环保组织可以充分发挥自治性、专业性和公益性的优势，强化环保规制规则形成过程中的利益诉求、利益协商、交往互动，实现环保领域相关利益主体的沟通与合作，在环境规制规则制定上达成合意和共识，实现哈贝马斯的"交往理性"和"沟通理性"，最终制定的环保规则体现"公共理性"的价值目标。其三，以第三方治理促进企业的自我规制。环保社会组织是成员在自愿的基础上组织起来的，拥有自己的章程和规范，并且章程和规范由它们在协商一致的基础上达成的契约——是获得企业认可的规则和习惯[①]。所以环保社会组织（行业协会组织）可以通过章程、规范和组织文化约束企业的行为，倡导企业自觉遵守环境法律法规，甚至可以促进企业参与政府、环境监管机构、环保社会组织倡导的自愿性环境规制协议。通过自我规制的方式将环境守法的意识、精神和行为内化于企业的行为规范和治理结构之中。

当前环境污染已经成为政府、社会和公众关注的焦点问题，围绕环境风险、环境标准、环境危害、环境安全以及如何规避的争辩、讨论和争论持续不断，需要环保社会组织协调相关主体的利益关系和利益结构，整合各方的利益诉求，促进环境治理的合意和合作，提高环境治理的绩效。其一，协调政府与环境企业之间的利益关系。环境污染具有"双效行为"[②]的特征，一方面社会需要企业生产各类产品；另一方面要承担企业因生产带来的污染，面对两难选择，企业具有较强的信息优势。因为环境污染是一种"新型风险"，如果采取传统的政府高权监管、执法处罚的方式，不利于环境污染的治理，并且治理成本巨大，甚至有的环境污染很难找到具体的责任主体，也无法精确估算损害数量。因此，需要政府与环境企业合作、协商。贝克用大量的案例讨论了风险界定中的"因果关系"的断裂以及由此导致的风险归责上的"有组织的不负责任"，贝克提出的最终解决办法是"绿色社会组织的环保运动"，以此来增强人们的风险意识和生态意识。所以，环保社会组织可以充当政府与企业之间的桥梁，沟通协调政府与企业关于如何制定环境排污指标、环境安全标准以及环境

---

① 吕志奎：《通向包容性公共管理：西方合作规制研究述评》，载《公共管理评论》2017年第2期。

② ［美］E. 博登海默：《法理学：法律哲学与法律方法》，邓正来译，中国政法大学出版社1999年版，第86页。

技术标准等问题。其二，协调公众与企业之间的利益关系。随着公众环境权利意识的增强，企业与公众之间的紧张关系也与日俱增，导致很多涉环境污染类的项目很难落地，有的企业一直处于公众的投诉、举报、起诉之中，甚至出现公众暴力冲击环境公共设施项目（如垃圾焚烧厂）。比对国外经验，德国、日本、新加坡很多企业离居民区距离并不是很远，甚至与社区只有一路之隔。为什么，国外的公众能够与企业和谐相处呢？国外环保社会组织在协调公众与企业之间的利益关系中发挥了独特的作用，大量的环保NGO[1]积极参与社区环境的治理，协调企业与公众之间的利益关系和信息结构，宣传环境安全的知识、政策、法规，引导公众理性认识环境企业，正确维护环境权益。同时，环保NGO作为以生态环境保护为理念的社会组织，也强化对企业环境守法行为的监督和约束。其三，协调政府与公众之间的利益关系。当环境污染引起大规模损害、甚至群体性事件时，政府、监管部门以及涉案企业都会面临公众的怀疑、谴责、抱怨，严重损害政府环境规制的"合法性"和"公信力"，这时候政府处置环境群体性事件容易陷入"信任危机"，公众不信任政府发布的相关信息，而作为肇事者的企业更不能得到公众的信任[2]。而环保社会组织作为第三方主体，能够充分运用其社会性、公益性、专业性和中立性的优势，发挥环保社会组织在环境风险沟通中的关键作用，同时整合公众对政府、企业的环保利益诉求，提高政府处置环境危机或群体性事件的针对性和有效性[3]。

　　环境污染治理关键是建立制度化的路径保障公众的环境权益，环保社会组织以组织化的形式、制度化的途径、法治化的手段、专业性的知识参与环保污染的治理，通过信息公开、监督政府、公益诉讼等机制将公众的环境利益转化为环境权利，系统支撑环境污染社会第三方治理。其一，以信息公于保障公众知情权。环保社会组织相较于公众具有更强的信息收集、判断、整合、表达、参与的能力，为公众、企业提供环境风险的专业信息，保障公众的知情权。《环境保护法》第五十三条第一款：公民、法人和其他组织依法享有获取环境信息、参与和监督环境保护的权利。为环保社会组织参与环境信息公开提供法律依

---

① 环保NGO是指环境保护非政府组织，在我国主要指环境保护社会组织、志愿组织以及行业协会等。

② 周杰普、李倩倩：《论社区参与环境治理的主体地位》，载《上海政法学院学报（法治论丛）》2017年第2期。

③ 汪劲：《环境法治三十年：我们成功了么？》，北京大学出版社2009年版，第42页。

据。其二，以监督政府、企业保障公众的监督权。环境风险、环境安全、环境污染具有公共产品的属性和特点，容易出现"集体行动的困境"和"搭便车"的情形，公众个体监督政府、企业面临技术门槛高、维权成本大、判决执行难等困境。环保社会组织具有较强的专业性、公益性、独立性和组织性，能够更好地监督政府、环境企业[1]。其三，以环境公益诉讼保障公众的救济权。当公众通过利益诉求、表达、参与和监督不能保障自己的环境权利时，他们只能选择诉讼，通过司法的渠道维护环境权益。但是，公众个体的力量相对于政府、企业明显处于不利的法律境遇，采取司法诉讼的方式保障权利，需要面临环境司法的立案难、取证难、执行难等瓶颈。而环保社会组织却具有较强的诉讼优势，能够提起对政府、企业的公益诉讼，并且具有法律上的依据和操作上的优势。

基于对环保社会第三方参与环境污染治理的理性分析，论证了环保社会第三方具有利益诉求、利益发展、利益协调和利益保障的制度绩效，这是建构环境污染社会第三方治理的功能目标和价值基础。但由于我国面临"强政府、弱社会"的文化环境和体制现实，环保社会组织尚处于培育、发展和壮大的过程中，不管从宏观结构上、中观机制上，还是微观行为上都存在不成熟、不完善的地方，严重制约了环保社会第三方治理制度绩效的实现[2]。

（二）环境社会第三方治理制度的完善路径

环境污染治理领域涉及国家、市场、社会三者权力关系，受我国文化传统和体制惯性的影响，环境治理领域权力体系存在结构性失衡，主要体现在三个方面：

1. 困境瓶颈

一是边界不清晰，没有正确处理好政府、市场、社会之间的关系，政府职能转变不到位，政府权力依然占据市场、社会应该发挥作用的领域，社会力量发育不充分，制约了环保社会第三方治理的制度绩效，带来很多不良影响：如

---

[1] 邓正来：《哈耶克法律哲学》，复旦大学出版社 2009 年版，第 67 页。

[2] 俞可平：《中国公民社会：概念、分类与制度环境》，载《中国社会科学》2006 年第 1 期。

导致政府对环境污染治理的"过度干预"和"供给不足",环保社会组织发育不充分,市场主体缺乏环境自我规制机制等①。二是法律不完善。当前,我国还没专门规范社会组织方面的法律,只有《社会团体登记管理条例》等法规,已经不能适应当前我国社会组织发展的需要,具体到环保社会组织领域,主要还是以中央文件和部委规范性文件作为依据,缺乏法律、法规的保障。现有法律规范对环保社会组织发展及参与环境污染治理还存在诸多掣肘:如法律规范对环保社会组织针对环境污染提起环境公益诉讼的资格要求过高等,过于严格的条件将若干社会组织排除在环境公益诉讼原告范围之外,不利于社会组织保护环境公共利益积极性的发挥,也不便于偏远地区环境损害诉讼的提起。三是环境不优化②。推进环境污染第三方治理是一个系统性工程,除了合理界定政府、市场、社会的权力边界、完善法律外,还需要良好的制度环境,如政府信息公开、环保公众参与、环境风险评估、环境应急管理等相关制度的支撑。如我国《社会团体登记管理条例》规定,在同一行政区域内不允许成立相同或者相似的社会团体,任何机构只能在登记机关的管辖范围内活动,不得越界,不得进行区域扩张。该条不竞争原则极大地限制了环保社会组织的发展壮大。

当前,推进环保污染社会第三方治理还处于探索实践阶段,实施机制设计的整体性不足,主要表现在以下三点:一是缺乏健全的参与机制。环保社会组织要发挥作用,必须有制度化的参与机制,但是现有体制下环保社会组织制度化参与机制不健全。如《中华人民共和国环境影响评价法》并没有明确规定将环保社会组织列为征求意见之列,缺乏制度化的参与机制是影响环境第三方治理的核心因素。如在环境执法层面,政府转移职能不够,"放管服"不到位,没有将适宜环保社会组织实施的规制权力转移给环保社会组织,导致治理机制僵硬。二是缺乏完善的培育机制。环保社会组织主要面临资金、人才、税收、财政等方面的制约,尤其是资金方面的瓶颈,基本上民间环保社会组织很难获得政府的财政资助,相关财政、税收优惠政策的规定较少、门槛较高。如关于环保社会组织提起环境公益诉讼,诉讼费用的缴纳仍然沿用 2006 年的《诉讼费用交纳办法》,没有回应环境公益诉讼的特殊性③。三是缺乏有效的激励机

---

① 谢菊、刘磊:《环境治理中社会组织参与的现状与对策》,载《环境保护》2013 年第 23 期。

② 刘升:《信息权力:理解基层政策执行扭曲的一个视角——以 A 市中街城管执法为例》,载《华中农业大学学报》(社会科学版)2018 年第 2 期。

③ [美] 阿兰·罗森博姆:《政府领导.新时代的挑战》,载《探索》2005 年第 3 期。

制。环保社会组织的公益性特点决定了从事环保工作的志愿性，从业人员需要政府、社会的激励、关怀和认同，现有政策对环保社会组织及从业人员的激励不够，缺乏动力机制。如在环境司法层面，对环保社会组织提起环境公益诉讼限制较多，缺乏激励和保障机制。

当前，我国社会组织还处于快速发展期，具体到环保社会组织正处于逐步规范的过程之中，现实中一些环保社会组织的行为出现系统性失范，严重制约了环保社会第三方治理的制度绩效。一是专业性不足。环保社会组织与其他社会组织相比更需要环境领域的专业知识、信息和技能，目前环保社会组织在募集资金等方面比较活跃，但是在环保项目实施、资金规范透明、项目效果评估等方面还存在一定的差距①。二是公信力不高。我国环保社会组织有自上而下和自下而上两种成立机制，大多自上而下的是由政府发起的，它们和政府具有千丝万缕的联系，有的甚至成为政府的附属部门（二政府），独立性不足，容易受到公众和企业的质疑；自下而上成立的环保社会组织由于经费不足，亟需争取政府财政的资助，对政府有着较强的依赖性，也容易导致环保行为的独立性不够，两者都不利于公信力提高。三是体系化不强。环保社会组织主要由环保社团、环保基金会、环保服务机构组成，三者构成环保社会组织的完整体系，当前我国环保社会组织的体系化方面还不够，缺乏环保社会组织的协会，缺乏枢纽型的环保社会组织，缺乏全链条环保社会组织的行动网络和互动结构，不利于发展环保社会组织的体系化优势的发挥②。

针对环保社会组织的发展、培育和规范，仅能适用《社会团体登记管理条例》等行政法规，更多的是中央文件和部委规范性文件作为依据，法律的位阶不高，缺乏权威性。《关于推行环境污染第三方治理的意见》第二条第二款：加强沟通，深化合作。加强环保部门与环保社会组织之间的沟通与合作，构建经常性的沟通交流平台，形成积极互动、相互支持、密切配合的局面。第三条第四款：建立政府与环保社会组织之间的沟通、协调与合作机制。各级环保部门在制定政策，进行行政处罚和行政许可时，应通过多种形式听取环保社会组织的意见与建议，自觉接受环保社会组织的咨询和监督。该规范性文件虽然规

---

① ［美］沃特·阿赫特贝格：《民主、正义与风险社会：生态民主政治的形态与意义》，周战超编译，载《马克思主义与现实》2003 年第 3 期。
② 李波：《公共执法与私人执法的比较经济研究》，北京大学出版社 2008 年版，第 66 页。

定了环保社会组织参与政府环境规制的内容，但文字表述比较概要，缺乏具体明确的规则，比如环保部门应通过各种形式听取环保社会组织的意见与建议，这里的多种形式到底包括哪些，语焉不详；如果环保部门不听取环保社会组织的意见和建议，将会承担什么样的法律后果、法律责任，亦未有明确的规定，导致该规范性文件的操作性不强。而且，相关部门法也没有同步修改完善，如《中华人民共和国环境影响评价法》并没有明确规定将环保社会组织列为征求意见之列。《关于推行环境污染第三方治理的意见》第二条第二款规定：改革创新环保社会组织培育发展机制，制定有利于扶持引导环保社会组织发展的配套措施。但实践中《社会团体登记管理条例》却要求，同一行政区域内不允许成立相同或者相似的社会团体，任何机构只能在登记机关的管辖范围内活动，不得越界，不得进行区域扩张，极大地限制了环保社会组织的发展壮大。

2. 突围之路

第一，宏观上优化环境：优化环境第三方治理的制度性保障机制。由于我国国家治理体系和治理能力正处于逐渐完善成熟的过程之中，长期形成的"强政府"和"弱社会""大政府"和"小社会"的治理结构还处于渐进转型之中，政府权力依然是秩序建构和资源配置的主导性力量，要发挥环保社会组织在环境污染治理中的功能，须加快转变政府职能，推进环境治理领域的"放、管、服"，重构环保污染治理的权力结构和管理体制。其一，合理界定政府和环保社会组织的权力（利）边界。正确处理好政府、市场、社会三者的权力关系，以负面清单、权力清单、责任清单等方式进一步规范政府权力运行的边界、程序和手段，规范约束公权力，支持、保障社会权力在国家治理体系中发挥应有的作用。政府主要集中供给环境污染治理的法律、规范和监管制度，逐步将适合环保社会组织承接的职能转移出去，吸引环保社会组织参与到环境污染的治理体系中来，构建环境治理领域中政府、市场、社会等多元主体合作共治的格局①。其二，完善环保社会组织相关的法律法规。随着经济的发展，环保社会组织在环境污染治理中的地位越来越重要，亟需完善环保社会组织运行的法律法规。加快制定的《社会组织管理法》，为环保社会组织参与环境污染治理提

---

① 胡苑、郑少华：《从威权管制到社会规制——关于修订〈大气污染防治法〉的几点思考》，载《现代法学》2010 年第 6 期。

供法律上的支撑和保障；探索制定环保社会组织参与环境污染治理的地方性法规或者部门规章，用法律、法规的形式明确环保社会组织在环境治理中的地位（我国生态文明建设和绿色发展的重要力量、环境治理的同盟军和生力军等）、作用（提升公众环保意识、促进公众参与环保、开展环境维权与法律援助、参与环保政策制定与实施、监督企业环境行为、促进环境保护国际交流与合作等）和组织形式（以环保社会团体、环保基金会和环保社会服务机构为组织形式），维护环保社会组织自主、自治及其他一切合法权益；探索建立新型的社会组织行政管理体制，可以通过分类管理，分步实施，逐步实现环保社会组织可以直接登记注册。其三，优化环保社会组织运作的制度环境。环保社会组织运行需要良好的宏观环境，一要持续推进政府信息公开、数据开放共享。政策信息透明是环保社会组织参与环境治理的基础和前提，如果缺乏环境污染治理的法律、法规、政策、监测、处罚等方面的信息数据，环保社会组织很难有能力参与对环境污染的治理、对政府和企业的监督以及对相关数据的深入研究，难以为环境治理决策、环境法律宣传、环境权益维护提供信息支撑。二要完善环保社会组织参与公益诉讼的制度。环境保护法规定了环保社会组织可以提起对环境侵权的民事公益诉讼和行政公益诉讼，相关规定还是门槛过高，不利于环保社会组织的维权诉讼的实施。

第二，中观上完善规范：优化环境第三方治理的整体性实施机制。环保社会组织参与环境治理不仅需要宏观权力结构的均衡和制度环境的优化，在中观实施机制上需要进一步健全完善，应构建参与机制、支持机制和激励机制，保障环保社会组织参与环境污染治理的整体性推进[1]。其一，优化环保社会组织的参与机制。一要完善环保社会组织参与环境公共政策的制度，听取环保社会组织关于环境治理的意见建议；二要完善政府购买服务的目录、清单和机制，将环保社会组织纳入政府购买环保公共服务的范围，通过政府购买服务的方式支持环保社会组织发展，健全环保社会组织参与环境治理的制度化渠道；三要开展环保社会组织对政府环境政策的第三方评估，通过对环保社会组织的评估推动政府环保工作的提升和环保政策的完善，进一步拓展环保社会组织参与的渠道。其二，优化环保社会组织的支持机制。政府应制定具体的、可操作化的环保公益事业金融、财政支持政策和税收减免政策，这样才能实现环保社会组

---

① 谢菊、刘磊：《环境治理中社会组织参与的现状与对策》，载《环境保护》2013 年第 23 期。

织的持续、有力参与环境污染治理；完善环保基金投资方面的法律、法规，使环保公益事业基金能够利用资本市场等扩充财政实力；逐步实现环保公益基金的社会化运作和市场化增值，保障环保社会组织高效运行。另外，强化对环保社会组织发展的过程性支持，完善对环保社会组织的事中事后监管，发挥社会信用体系在环保社会组织发展完善中的激励作用[1]。其三，优化环保社会组织的激励机制。环境污染具有现代化社会所带来的"人为风险"的不确定性、突发性、巨大破坏性、超越时空性等特点，环境污染治理具有公共产品的属性，个体容易出现"搭便车"的现象，市场机制不能解决环境风险的治理[2]。而政府环境治理容易出现"有组织的不负责任"的陷阱，在这样的背景下如何推进环境污染社会第三方治理需要建立完善的激励机制。一要经济上给予奖励，对参与环境治理绩效优秀的环保社会组织给予一定的经济奖励、税费的减免；二要精神上给予鼓励，如针对通过社会组织评估获得优秀的环保社会组织给予荣誉肯定，提高环保社会组织的社会影响力和公信力；三要在政治上给予优待，针对在环境治理中绩效评估先进的环保社会组织，可以给予其负责人、运营骨干政治上的关怀和肯定，比如提高他们当选人大代表、政协委员、党代表的比例。

第三，微观上监督约束：优化环境第三方治理的系统性规范机制。针对部分环保社会组织在专业性、公信力、体系化等方面存在不足，导致实践中出现环保社会组织行为失范的问题，主要通过构建发展机制、自律机制和协同机制，提高环保社会组织参与环境污染治理的专业性、公信力和体系化[3]。其一，优化环保社会组织的发展机制。要解决环保社会组织的专业性不足问题：一要完善环保社会组织的法人治理结构，建立健全环保社会组织规范运作、诚信执业、公平竞争、信息公开、奖励惩戒的机制，结合环保社会组织机构资质、环境治理服务质量，定期开展环保社会组织信用等级评估，及时公布评估结果，建立环保社会组织的退出机制。二要搭建环保社会组织孵化平台，建立环保社会组织孵化基地，通过枢纽型社会组织开展业务指导、培训，提高相关社会组织的专业技能、法规政策、日常管理等方面的能力。三要搭建环保社会

---

① 刘长兴：《污染第三方治理的法律责任基础与合理界分》，载《法学》2018年第6期。

② 李翠英等：《论中国环境污染第三方治理的结构性障碍》，载《环境保护》2018年23期。

③ ［美］詹姆斯·M.布坎南、戈登·图洛克：《同意的计算》，陈光金译，上海人民出版社2014年版，第71页。

组织的人才培养平台。环保社会组织具有较强的专业性、技术性，需要专业人才的加入，应制定环保社会组织人才发展规划，完善吸引人才从事环保社会组织工作的政策，创新环保社会组织人才培训教育的体制机制，将环保社会组织人才发展纳入地区人才整体发展规划[①]。其二，优化环保社会组织的自律机制。当人们为自己的行为方式是否应该遵循规范而犹豫不决时，起决定的因素是非制度化的行为规则（文化）被内化的程度，即文化具有一定的内在约束力。通过环保社会组织的参与，尤其是环境企业组成的行会、商会和各种企业联合会可以有效的克服"信息不对称"和高昂的"信息成本问题"[②]；同行互律是国外环境污染治理的重要机制，通过环保行业协会共同制定的行为规范和行业要求，环境企业协会有权要求每个会员组织必须遵守，并对违规者进行处罚，严重开除其会员资格，建立环境污染治理第三方治理的长效机制。其三，优化环保社会组织的协同机制。发挥环保社会组织参与环境污染治理的功能，应建立结构完整的组织体系，大力发展环保社团、环保基金会、环保服务机构，强调三类组织之间的结构均衡、体系完整和协同治理。一是注重培育枢纽型环保社会组织，发挥其在环境治理信息、资源、项目、管理等方面的指导优势和整合优势；二是注重培育直接服务环境对象的社会服务机构，提高环保社会组织服务的能力、水平和质量，增强环保治理的针对性和实效性；三是注重培育环保社会组织联合会，根据专业、行业、领域、对象等不同标准，建立相关的环保社会组织协会，成立协会联合会，充分发挥环保社会组织的组织化、社会化优势，力求全行业、全链条、全过程的参与到环境污染治理之中。

第四，健全环境第三方治理的法律体系。其一，建立系统性的配套法律、法规的支撑。针对环保部门应通过各种形式听取环保社会组织的意见与建议，应明确具体的形式，如问卷调查、座谈会、论证会、听证会等；明确规定环保部门如果没有听取环保社会组织的意见和建议将承担的法律后果、法律责任；建议在《中华人民共和国环境影响评价法》将环保社会组织列为征求意见之列[③]。建议修改《社会团体登记管理条例》，允许同一行政区域内成立相同或者相似的社会团体，促进环保社会组织竞争发展。其二，针对环境污染市场第三

---

① [美] 蕾切尔·卡逊：《寂静的春天》，吕瑞兰、李长生译，吉林人民出版社1997年版，第65页。

② 王全兴、唐伟森：《我国社会法基础理论的研究路径选择》，载《江淮论坛》2017年第2期。

③ 谢菊、刘磊：《环境治理中社会组织参与的现状与对策》，载《环境保护》2013年第23期。

方治理中的公众参与问题。建议明确公众的具体主体，如相关公民代表、环保社会组织、专家、社区、媒体代表等主体，充分尊重环境市场第三方治理项目利益相关者的知情权、参与权、监督权、起诉权[①]。建议强化对环境污染市场第三方治理全过程、全要素、全环节的信息公开。其三，针对环境污染市场第三方治理中行业组织的地位和作用问题。建议增加行业协会组织促进行业利益诉求、参与行业监管政策法规制定、执行的规定，更加重视发挥行业协会组织的利益诉求、利益协商、利益发展和利益保障的功能。其四，针对环境污染市场第三方治理的司法保障机制[②]。建议强化对环境污染市场第三方治理的司法保障和监督机制，充分发挥人民法院（环保法庭）、人民检察院（生态检察室）、环境社会组织（公益诉讼）等制度监督功能。

表 1：《环境污染第三方治理》问题与建议

法律法规规章	内容	存在问题	法律建议
《关于培育引导环保社会组织有序发展的指导意见》	针对环保社会组织的发展、培育和规范，仅能适用《社会团体登记管理条例》等行政法规。	更多的是中央文件和部委规范性文件作为依据，法律位阶不高，缺乏权威性。	制定《社会团体管理法》；在《中华人民共和国环境影响评价法》将环保社会组织列为征求意见之列，允许同一行政区域内成立相同或者相似的社会团体。
	《关于推行环境污染第三方治理的意见》第二条第二款：加强沟通，深化合作。加强环保部门与环保社会组织之间的沟通与合作，构建经常性的沟通交流平台，形成积极互动、相互支持、密切配合的局面。第三条第四款：建立政府与环保社会组织之间的沟通、协调与合作机制。各级环保部门在制定政策，进行行政处罚和行政许可时，应通过多种形式听取环保社会组织的意见与建议，自觉接受环保社会组织的咨询和监督。	该条虽然规定了环保社会组织参与政府环境规制的内容，但文字表述比较概要，缺乏具体明确的规则，如环保部门应通过各种形式听取环保社会组织的意见与建议，这里的多种形式到底包括哪些，语焉不详；如环保部门不听取环保社会组织的意见和建议，将会承担什么样的法律后果、法律责任。	明确具体的形式，如问卷调查、座谈会、论证会、听证会等；明确规定环保部门如果没有听取环保社会组织的意见和建议将承担的法律后果、法律责任。

---

①　刘长兴：《污染第三方治理的法律责任基础与合理界分》，载《法学》2018 年第 6 期。

②　李翠英等：《论中国环境污染第三方治理的结构性障碍》，载《环境保护》2018 年 23 期。

第三节　我国环境协商规制的反思

　　基于对我国协商型环境规制实践谱系的梳理、分析和总结，重点论述相对比较"体系化"、并受到各级政府高度重视、大范围运用的环保约谈制度，从对环保约谈的威慑性实践逻辑与协商性应然逻辑的比较分析，结合环保约谈的规范性文件，找出制约环保约谈协商性功能发挥的突出问题，并提出完善的路径建议。针对相对比较"分散化"的协商型环境规制实践样态，重点论述了环境行政合同、生态环境损害赔偿磋商和环境污染社会第三方治理等实践形态，论述它们的主要特点、价值定位、存在问题与完善路径。基于对我国协商型环境规制实践谱系系统分类、梳理、总结和分析，笔者认为有必要对我国环境协商规制模式进行总体性反思和整体性建构，我国协商型环境规制还存在三个实践"难题"：协商型环境规制的协商机制的局限性、协商型环境规制的公众参与度不足的问题、协商型环境规制的权威性不够的问题。

　　只有回应了这三个难题，才能更好地挖掘我国协商型环境规制背后的结构性困境和体制性原因，建构中国特色的协商型环境规制模式才有理论解释力和实践生命力。下面，笔者试图从我国环境规制的实践困境出发，围绕我国独特的党政制度、条块关系、央地分权、社会结构和文化环境等维度展开论述和论证，力求提高对我国协商型环境规制实践困境的解释力和建构性[①]。

一、协商型环境规制的商谈互动性亟待加强

（一）导致我国生态环境规制困境原因的特殊性

　　我国环境规制面临的突出问题和原因是一些地方政府的环境违法和不作为。改革开放四十多年来，我国经济社会取得了跨越式的增加和发展，人民物质文化生活得到很大的提高，与此同时，我国生态环境资源也遭到了巨大的破

---

① 常纪文：《新常态下我国生态环保监管体制改革的问题与建议——国际借鉴与国内创新》，载《中国环境管理》2015 年第 5 期。

坏，传统的靠"高投入、高消耗、高污染"的经济发展模式已经难以为继，我国经济发展逐渐走向经济发展与生态环境保护相协调的新路子①。但是，长期形成的粗放式经济发展模式，由于其周期短见效快，一些地方官员受GDP增长激励和官场"锦标赛"机制驱动，在"经济理性""政治理性"双重推动下，部分地方政府急于在短期内取得更好的发展绩效，地方政府主动采取"地方保护主义""上有政策、下有对策"等手段，阻挠中央关于生态环境保护的政策文件、环境法律、法规的执行落地，地方官员主动为一些环保不达标的项目"找招呼""开绿灯""批条子"，导致一些环保不合规、不合法的项目落地，为地方生态环境保护埋下了隐患，破坏了我国生态环境规制的良好政治生态和社会环境。针对这种地方政府的环境违法行为、环境失职行为、环境不作为等，单纯依赖地方环保部门的规制是很难奏效的，即使采取协商的方式，平等行政主体之间的协商也很难取得实际效果，只能采取上级党委、政府、生态环境主管部门与下级党委、政府、生态环境部门及其相关部门的协商，才能解决地方政府的"保护主义"和"环保行政不作为"。以环保约谈为例，当前备受各级党委、政府、部门青睐的大多是命令型环保约谈，通过行政压力、责任倒逼和监督整改来发挥环保约谈的威慑作用。虽然环保约谈通过威慑机制，促进地方政府、环保部门或其他相关部门主动遵守环境法律、法规和环保政策文件②。但是，在双方约谈的过程中，上级约谈部门还是要听取被约谈者说明情况、表态整改，在说明情况环节也隐含着协商的元素，将地方政府或部门不能很好地履行环保法律、法规和政策的深层次原因给予解释说明，客观上推动了上级约谈主体与被约谈对象之间的信息沟通。通过针对企业的环保约谈，在威慑性机制的基础上，还可以运用商谈、沟通、协商等手段，更好地达成整改方案，取得双方一致的意见。比如杭州余杭区在《环境保护局企业约谈暂行规定》就规定了如"通过沟通交流、分析讲评等方式"等内容，充分发挥了环保约谈威慑性功能机制和协商性功能机制双重功能。正是因为当前导致我国生态环境严重问题的很多原因来自地方各级政府或监管部门，所以环境规制协商采取命令性的环保约谈措施，突出发挥我国压力型体制的优势和作用，发挥党政制度、条块关系、央地关系、党政同责、一岗双责等中国特色制度的潜力和功能，并将

---

① 王海峰：《地方政府环境规制悖论的成因及其治理》，载《行政论坛》2016年第1期。

② 张千帆：《流域环境保护中的中央地方关系》，载《中州学刊》2011年第6期。

这些制度嵌入我国协商型环境规制模式之中①。这其中有些突出环境问题是由于城市规划、土地规划、产业规划不科学导致的，而负责城市规划、土地规划、产业规划的都是政府部门，这样的环境风险是基于政府决策过程之中，如何在政府决策之前就强化对生态环境规制的考量，也需要改善对地方政府和部门的协商，将环境风险防控在行政决策前和决策过程之中。

（二）我国环境规制体制的优势

我国是一个行政主导型的国家，党政部门掌握着巨大的行政资源，也拥有环境规制的明显优势，能够通过行政部门的权威影响、压力传导、考核晋升、监督问责等行政权力影响下一级政府、官员的环境决策行为②。通过命令型协商规制，一方面可以充分发挥行政体制的高权优势，让下一级政府或部门、企业在行政高压之下，主动遵守环境法律法规和环境政策；同时，引入协商、沟通元素，听取下一级政府、部门或企业的意见和建议，激发下一级政府、部门或企业的积极性，这在当下中国不失为一条切实可行的环境规制策略。如果单纯依赖政府的强制执法，可能在短期内能够缺取得一定的成效，但却不能从根本上解决环境规制难题，而且会导致"一刀切"或"运动式执法"，遭到企业的消极抵制和抵抗，徒增环境执法成本③。如山东某地市政府在环保约谈之后，出现大规模的"运动式执法"和"一刀切"，部分企业被关闭、停产、停业，导致很多职工失业，直接破坏社会稳定和经济发展。但是，这种命令型环境协商规制，如果兼顾行政命令与协商沟通的双重价值导向，既可以发挥行政威慑实践逻辑，又积极听取企业的意见建议，制定灵活可行、针对性强的环保约谈整改方案，环保约谈的实际效果将会更好④。但当前，一些环境规制部门往往受长期行政高权的惯性，习惯于采用行政手段开展环境协商规制，背离了环保约谈蕴含的协商性规制的价值目标。

① 吴卫星：《论环境规制中的结构性失衡——对中国环境规制失灵的一种理论解释》，载《南京大学学报》（社科版）2013 第 2 期。

② 叶榅平：《自然资源国家所有权的双重权能结构》，载《法学研究》2016 年第 5 期。

③ 陈潭、刘兴云：《竞标赛体制、晋升博弈与地方剧场政治》，载《公共管理学报》2011 年第 2 期。

④ 吕忠梅：《监管环境监管者：立法缺失及制度建构》，载《法商研究》2009 年第 5 期。

（三）对生态文明思想的政治与法治建构

党的十八大以来，党和国家高度重视生态环境治理，制定和出台了系列关于生态环境保护的政策文件，修改了《环境保护法》等重要的法律法规，尤其是强化党对生态环境治理工作的领导，提出了极具中国特色的生态环境治理理念和制度，如"绿水青山就是金山银山""山林水体湖草""党政同责、一岗双责""生态环境审计""重大环境决策终身责任追究"等理念和制度，都是在向社会彰显执政党对生态环境治理的重视，对生态文明建设的加强，并将生态文明建设写进《宪法》，将污染防治攻坚战作为"三大攻坚战"之一，将绿色发展作为新发展理念之一，这一系列的生态环境治理重大战略和文件的出台，背后都蕴含着执政党将生态文明建设作为重要的执政理念，作为执政党落实以人民为中心的发展理念的行动纲领[①]。

而执政党推动环境规制的最重要的方式就是党的领导、政党整合、政府主导，将社会、企业、公民、环保社会组织等行动主体纳入党的领导、政党整合和政府主导的模式之中，如很多地方探索的党建引领、绿色共治、区域化党建推动绿色发展、党建引领下的生态环境网格化治理，等等，都是在执政党领导下的政党整合和政府主导的实践样态。作为协商型环境规制的中国实践，也必然体现党政整合的烙印，所以即使在环境规制协商实践中，也充分发挥命令型环境协商的优势。当然，这种命令型协商规制虽然备受一些地方党委、政府和部门的重视，但是它们也存在种种局限和限制，往往容易挤压了市场和社会的发育空间，遏制了协商型环境规制的协商沟通功能，过于重视协商型环境规制的"工具理性"功能，而忽视协商型环境规制的"价值理性"功能。

（四）环境执法资源与执法目标的矛盾

随着党和国家对生态环境治理的重视，生态环境治理、绿色发展水平已经成为各级政府和部门重要的考核内容和指标，这种考核内容和指标依托我国特有的压力型体制和行政权力逐级分解，甚至在有些地方出现生态环境质

---

① 陈亮：《环境规制俘获的法律防范：基于美国经验的启示》，载《环球法律评论》2015年第1期。

量考核"一票否决"的现象①。同时，随着人们生活水平的提高，人民对美好生活的向往也与时俱进，对生态环境质量的关注和诉求也与日俱增，各级政府和环保部门都面临巨大体制性压力和社会性压力。而环境规制又具有新型的风险规制的结构特点，单纯命令型环境规制和激励型环境规制无法解决环境规制的灵活性需求，无法激发企业的环境守法主动性，无法推广先进的环保技术设备，无法兼顾环境公平、民主和正义的价值考量，亟需借鉴协商型环境规制的理论范式和运行机制，发挥协商、沟通、合作、共治、参与、互动等元素在协商型环境规制中的重要作用。协商型环境规制是一种正在探索的实践形态，环境规制协商的程序、方式、机制、过程都还存在不完善的地方，所以，一些政府和环保部门容易将协商型环境规制的理念和方式嵌入压力型体制之中②。

二、协商型环境规制的公众参与度尚需提高

（一）环境协商规制对公众赋权有待进一步加强

基于对我国协商型环境规制的实践分析，不管是环保约谈、环境行政合同、生态环境损害赔偿磋商和环境污染社会第三方治理都存在突出的问题，那就是协商型环境规制过程中公众参与度不高，而协商型环境规制的价值之一就是推动公众参与环境协商规制，以此来破解环境规制的不确定性、复杂性、主观性、专业性难题，通过公众参与环境协商规制的过程，来实现环境规制的"公共理性"和"协商理性"，促进环境规制收益的"帕累托改进"，建构一种多元参与协商的规制网络性结构。但是，在我国协商型环境规制的实践中，公众参与度有待提升，这里面突出的制度性原因就是法律法规对公众的赋权不够，公民缺乏参与环境规制协商的渠道、程序和方式，虽然我国协商型环境规制有公众参与的内容，但往往比较抽象，缺乏具体可操作的实施机制，往往导致公众参与流于形式，不能真正参与到环境规制协商过程之中。对比发达国家的环境协商制定规则制定和环境执法和解制度都有明确具体的赋权公众参与环

---

① 竺效等：《国家环境管理权与公民环境权关系均衡论》，载《江汉论坛》2014 年第 3 期。
② 何香柏：《我国环境威慑型执法困境的破解》，载《法商研究》2016 第 4 期。

境协商的权利义务，公众不仅有知情权、参与权、协商权、监督权，还有诉讼权，反观我国的协商型环境规制实践，在法律、法规、规范赋权方面还有待于进一步强化[①]。

（二）环境协商规制信息透明度有待进一步提高

基于对协商型环境规制的理论范式、基本原则、价值目标和运行机制的分析，结合国外发达国家环境协商规制的制度经验，信息公开透明是协商型环境规制功能发挥和机制运行的基础性条件[②]。如果缺乏环境协商规制过程中的信息公开透明，公众参与、协商、监督就无从谈起。环境风险具有很强的专业性、复杂性、不确定性，增加环境协商规制过程中信息不对称，尤其对普通公众而言[③]。一方面，难以获得准确、及时、充分的环境规制信息，难以深度参加环境协商规制，政府环境信息公开、企业事业单位环境信息公开制度都还存在不完善的地方；另一方面，环境污染排放信息和环境风险信息具有很强的技术性，很多环境信息数据和指标不容易理解，需要专业化的机构开展信息加工、处理和沟通，提高环境信息公开的可理解度，但当前从事环保信息公开的社会组织体系还不是很健全。当前，我国协商型环境规制实践过程中存在信息透明度不高问题。以我国环境污染社会第三方治理为例，基于环境污染社会第三方的制度内涵，环保社会第三方具有参与环境规制政策制定、环境执法过程以及对环境规制进行监督的功能，但由于我国对政府环境信息公开、企业事业单位环境信息公开等制度的规定还存在不完善的地方，导致协商型环境规制实践中因信息公开透明度不高，制约了公众参与协商的积极性。

（三）环境协商规制程序规范性有待进一步完善

环境风险具有传统工业风险、制度化风险和现代性风险的多重特点，是

---

① 张保伟：《公众环境参与的结构性困境及化解路径——基于协商民主理论的视角》，载《中国特色社会主义研究》2016 年第 4 期。

② 丁启明、赵静：《论企业环境守法激励机制的建构》，载《学术交流》2011 年第 3 期。

③ 彭峰：《"越位"的专家与"隐身"的法官——专家参与在司法过程中的合理定位》，载《法学评论》2015 年第 4 期。

一种环境风险叠加、累积的后果，导致环境风险不仅表现为客观环境损害，还可能表现为一种主观的环境风险感知，即公众的环境情感认同，这增加环境污染风险规制的复杂性和艰巨性①。所以，需要跳出传统命令控制范式下的环境规制机制，从民主协商范式下重构环境规制机制②。但我国环境规制的协商机制还需要进一步规范。其一，缺乏系统性程序。基于民主协商范式的视角，应建构基于主体、过程、协商的系统性程序，保障多元主体在协商前、协商中、协商后权力（利）、义务、责任，但当前的环境规制规范性文件和实践案例都缺失系统性的程序内容，大多是集中于协商过程的简单程序规范。其二，缺乏协商性程序。环境规制制度蕴含着协商的价值取向和互动的运作机制，只有主体间展开深度的沟通、互动、合作，甚至是博弈和妥协，才能真正促进环境规制协商机制的"工具理性"和"价值理性"的统一。基于对中央、省、市、区县四级环保约谈规范性文件检索，仅有《杭州市余杭区环境保护局企业约谈暂行规定》体现了一定的沟通交流、分析讲评③，其他环境规制规范性文件均强调约谈实施主体提高整改要求，被约谈对象进行表态性发言，进行整改落实，依然是一种单向的权力运作。其三，缺乏救济性程序。环境规制作为一种行政措施，对被约谈对象的利益会带来实质性影响，应授予被约谈对象提起复议、调整、诉讼、赔偿的权利，并规定相应的操作程序，但当前环境规制规范性文件均没有涉及如何规范、支持和保障被约谈对象救济权利的具体内容。

（四）环境协商规制公众参与体系化有待进一步健全

我国环境规制依然是一种矩阵式的逻辑进路④，纵向上表现为上级生态环境部门对下级生态环境部门的领导和管理，横向上表现为生态环境部门与组织

---

① 经济合作与发展组织：《OECD 国家的监管政策从干预主义到监管治理》，陈伟译，法律出版社 2006 年版，第 108 页。

② ［美］詹姆斯·菲什金、彼得·拉斯莱特：《协商民主论争》，张晓敏译，中央编译出版社 2009 年版，第 95 页。

③ 张锋：《环保约谈：一种新型环境法实施制度》，载《上海财经大学学报》2018 年第 4 期。

④ ［美］史蒂芬·布雷耶：《打破恶性循环：政府如何有效规制风险》，宋华琳译，法律出版社 2009 年版，第 33 页。

部门、纪检监察、检察院等权力部门之间的协同，导致环境法实施面临碎片化的困境。这依然是一种传统命令控制范式，强调环保规制部门与被规制对象之间的冲突、矛盾和不信任，主张通过法律制裁、处罚、问责等方式，对环境违法行为进行校正和补救，这不仅制约环境规制共治性机制的功能发挥，更重要的是它无法回应不同环境企业的对环境整改措施的灵活性诉求，容易走向"运动式"执法和"一刀切"政策[①]。

　　环境规制不仅涉及上级党委、政府、生态环境部门和下级党委、政府、生态环境部门之间的关系，还涉及环境行政主体与环境行政相对人之间的关系，以及参加环境规制的相关部门和列席主体。应建构一种基于过程导向的多元主体参与的制度性平台[②]，促进上下级党委、政府、环保行政部门、环境行政主体、相对人、公众代表、媒体等合作共治。但从环境规制的规范性文件和实践情况来分析，还存在参与主体代表性不够[③]。根据现有的环境规制规范性文件和具体的实践案例，公众代表、媒体、政风监督员、人大代表和政协委员等都是列席主体，缺乏多元主体参与环境规制的体制机制设计。依然是强化上级环保主体对下级环保主体的政治威慑，强化环保行政主体对相对人的行政高压，不利于调动体制内条块资源的整合、互动和协同，不利于激发体制外的专家、环保社会组织、媒体、公众等社会性主体参与的活力和动力。其一，公益性共治主体有待进一步拓展。环境是一种公共物品，具有消费的非排他性和非竞争性，个人缺乏足够的动力参与环境公共物品的供给，需要具有公共性、公益性和社会性的环保社会组织参与，但当前环境规制参与主体中没有环保社会组织，这是环境协商规制制度一大遗憾。其二，专业性共治主体有待进一步优化。随着环境风险的升级转型，新型环境风险已经成为人类发展的重大挑战，要求参与环境规制的主体具有较强的专业性，尤其是环境问题专家，而现有的环保制度缺乏环境专家这一重要主体，严重制约了环境协商规制的实施效果。其三，全程性共治体系有待于进一步健全。环境规制作为一种多元主体的

①　[英] 马克·史密斯、皮亚·庞萨帕：《环境与公民权：整合正义、责任与公民参与》，侯艳芳、杨晓燕译，山东大学出版社 2012 年版，第 76 页。

②　[英] 安东尼·吉登斯：《社会的构成——结构化理论大纲》，李康等译，生活·读书·新知三联书店 1998 年版，第 127 页。

③　[美] 约·埃尔斯特：《协商民主：挑战与反思》，周艳辉译，中央编译出版社 2009 年版，第 76 页。

合作性共治平台，需要强化多元主体的全过程的参与。如环保约谈的启动、约谈、整改、监督整个过程都需要相关主体的深度参与。但是，当前，对环境约谈制度的规定只是在约谈环节明确了参与主体、列席主体的内容，在环保约谈启动环节、整改环节、监督环节均没有涉及，制约了环保约谈机制共治功能的发挥。

三、协商型环境规制的权力结构有待于优化

（一）行政权力上

规制理论的发展变迁与环境规制实践的需要是密切相关的，规制理论的每一次发展都是环境规制实践倒逼的后果，规制理论肇始于工业时代，是人类针对工业化风险的制度性回应[①]。这一时期强调规制机构在风险防控中的重要作用，人类经过长期的实践总结和科研研究，遵循科学规律和技术逻辑，建构规制法律体系，将环境风险纳入高度规则化的行政规制法体系之中，强调规制法的秩序导向，在注重发挥行政机关规制功能的同时，坚持形式理性法学规范，严格依法行政，约束和控制行政权力的运行[②]。因为，环境规制权力是一种行政性权力，它相对于企业、公民、环保社会组织等社会性权利主体来说，具有强势地位和主导地位，秩序行政的视野下环境规制必然是一种规范、规制和控制行政权力的秩序行政[③]。

随着风险社会的来临，人类进入后工业化时期，各类新型环境风险叠加互动，形成了超越传统工业时代环境风险的新型风险和挑战，针对这种新型环境规制，无法继续运用秩序行政规制的范式和路径，因为新型环境风险具有不确定性、复杂性和主观性等特征，很多还没有得到科学解释和法律界定，是一种基于未知、未来风险的环境规制[④]。在这种背景下，秩序行政对依法行政的刚

① 赵玉民等：《环境规制的界定、分类和演进》，载《中国人口·资源与环境》2009 年第 6 期。
② ［美］E. 博登海默：《法理学：法律哲学与法律方法》，邓正来译，中国政法大学出版社 1999 年版，第 107 页。
③ 王树义、蔡文灿：《论我国环境治理的权力结构》，载《法制与社会发展》2016 年第 3 期。
④ 王明远、金峰：《科学不确定性背景下的环境正义——基于转基因生物安全问题的讨论》，载《中国社会科学》2017 年第 1 期。

性要求和传统的形式法律理性面临制度性局限，需要赋予行政机关超越于传统秩序行政规制的权力、工具和方法，行政权有扩张的理论基础和现实需求。如协商型环境规制过程中，对行政权力的公法运行就赋予行政主体更大的自由裁量权和协商沟通权，允许私权利主体参与行政权的实践，以期更好地完成风险规制的行政任务。如发达国家的环境执法和解制度就超越了传统行政主体依法行政的刚性规范，发挥行政机关与执法对象协商沟通的功能，用环境执法和解协议来解决环境执法面临的不确定性和复杂性①。

所以，在针对新型环境规制协商规制的背景下，行政权力有扩张的内在动力和实践基础，很容易发生行政权力的扩张和异化。

（二）司法权上

基于环境行政权在环境新型风险规制过程中容易出现扩张的冲动，需要发挥司法机关对行政权制衡的重要功能。借鉴发达国家协商型环境规制的经验启示，不管是协商制定规则、环境执法和解制度等都非常重视司法机关在环境协商规制中的制衡性作用②。如发达国家的环境执法和解制度，就明确对超过一定金额或涉及具体环境执法行为的和解协议须得到司法机关的审查，方才具有合法性。因为，行政权力本身具有很强先定力和执行力，拥有比行政相对人和其他利益主体的权力优势，再加上协商型环境规制赋予了规制机关更大的执法裁量权，并且打破行政权力行使的封闭结构，引入私法主体参与行政权的处分和处置，非常容易导致行政权的扩张和异化，导致环境管理权不能得到实现。国外发达国家普遍采用司法制衡的方式，强化对行政权力的控制。③

但是，我国有着独特的环境司法体制，司法在协商型环境规制过程中，不仅扮演中立裁判人的角色和监督行政权力的角色，实践中它还被赋予更多的价值功能。如我国生态环境损害赔偿磋商制度，磋商赔偿协商可以申请司法民事确权，这就是行政主体通过司法主体进行确权的重要法律机制，这种

---

① 叶榅平：《自然资源国家所有权行使人大监督的理论逻辑》，载《法学》2018 年第 5 期。

② 于泽翰：《美国环境执法和解制度探究》，载《行政法学研究》2019 年第 1 期。

③ 彭峰：《论我国宪法中环境权的表达及其实施》，载《政治与法律》2019 年第 10 期。

方式一方面可以推动协商型环境制度的实施，但它缺乏对行政权力的监督和控制，尤其是在我国具有行政主导的国家，国家更希望司法扮演保障者的角色，而对风险规制本身蕴含的司法制衡功能有待于进一步重视和强化，应符合人们对环境法实施程序与时俱进的要求。应充分借鉴发达国家协商制定规制法、环境执法和解、环境行政契约等经验启示，强化司法机关对环境规制协商过程中达成契约、协议、合同的司法审查，保障环境司法权对环境行政权的制衡和监督。同时，也为企业、公众等社会性权利主体提供司法救济的法律机制①。

（三）法律救济上

由于环境规制协商一定程度突破了传统规制行政对形式法和实质法的要求和规范，与传统的依法行政、法律优化、法律保留等原则之间存在一定的张力和矛盾②。有权利就有救济，司法权作为保障公民权利的最后一道屏障，也是制衡行政权扩张和异化的最重要法律机制。国外环境规制协商制度无不赋权行政相对人和利益相关者充分的法律救济权利，以阻止行政权力在环境规制协商过程中对企业、公民、环保社会组织合法权益的侵害。其一，通过行政相对人或利益相关者提起行政复议的权利，来实现对环境规制机关的制约，因为行政机关拥有强势的执法地位和威慑的执法资源，很容易出现行政机关利用职权强迫、胁迫、逼迫行政相对人达成协商协议，或者利用职权控制环境协商规制的信息、阻挠利益相关者参与环境规制协商过程等违法行为，必须赋予行政相对人或者利益相关者提起行政复议的权力。其二，通过执行委员会协商救济。以环境行政合同为例，如果环境规制协商发生纠纷，行政相对人或利益第三者提交环境合同执行委员会进行调节，执行委员会是双方当事人合意产生的人选，有利于环境行政合同纠纷的低成本解决。其三，司法救济途径。如果执行委员会和行政复议都不能解决环境规制协商过程中的纠纷，行政相对人可以向法院请求行政诉讼，通过司法机制维护自己的合法权益③。

---

① 郑少华：《生态文明建设的司法机制论》，载《法学论坛》2013 年第 2 期。

② 金自宁：《风险规制时代的授权与裁量》，载《法学家》2015 年第 5 期。

③ 刘水林、王波：《论环境法公共实施与私人实施的结合与衔接》，载《甘肃政法学院学报》2011 年第 6 期。

　　由于我国协商型环境规制还处于探索完善过程之中，相应的法律救济机制还有待于进一步成熟完善，实践运用中，行政规制机关往往希望通过协商规制的方式，以契约、协议、合同等形式，实现行政规制机关的环境管理权，更多的重视协商型环境规制的"工具理性"，而忽视了协商型环境规制最本质的特征"协商沟通"，忽视了协商过程、协商程序对环境规制协商的"价值理性"功能，从而也导致了环境规制协商在商谈互动性、公众参与度、权力结构配置等方面存在实践难题①。

①　王海峰：《地方政府环境规制悖论的成因及其治理》，载《行政论坛》2016 年第 1 期。

第五章　我国协商型环境规制的制度改进

　　基于对我国协商型环境规制实践的梳理、总结以及制度反思，论述了"体系化"协商型规制——环保约谈的威慑性实践逻辑、协商性应然逻辑及其困境与出路，分析了"分散化"协商型规制——环境行政合同、生态环境损害赔偿磋商以及环境第三方治理等制度的主要特点、价值定位以及缺陷与突围等，并对我国协商型环境规制进行了实践反思，针对我国协商型环境规制面临的"如何进一步强化协商型环境规制的协商机制？如何进一步提高协商型环境规制的公众参与度？如何进一步提升协商型环境规制的权威性？"，接下来，笔者从我国协商型环境规制的信息公开、协商型环境规制的主体结构、协商型环境规制的权力配置以及协商型环境规制的程序过程进行系统性的制度改进，促进我国协商型环境规制的主要功能、基本原则、价值目标、运行机制的制度功能[①]。

第一节　我国协商型环境规制的信息公开

　　环境风险规制注重结构开放和主体多元，强调过程性、协商性和互动性，重视社会性监督，具有灵活性、有效性、内生性和低成本等优势。环境信息公开是环境风险规制模式运行的关键性元素和基础性制度，它具有保障多元主体参与环境风险规制，促进企业环境风险自我规制，监督政府环境风险规制绩效

[①]　余耀军、高利红：《法律社会学视野下的环境法分析》，载《中南财经政法大学学报》2003年第4期。

的价值目标。基于对环境信息公开法律体系的文本分析，结合环境风险规制的运行逻辑，应完善环境信息公开法律体系，健全环境信息公开披露机制，强化环境信息公开责任机制，建构环境信息公开沟通机制。

环境信息公开制度不仅仅是破解环境信息不对称难题的基础和前提，还是环境风险规制理念、功能、机制发挥作用的重要法律机制，它可以通过"环境信息强制性披露制度"负向激励和"环境标志"的正向激励，推动企业环境风险自我规制和环境风险的社会性规制。同时，基于环境风险的主观性、建构性和流动性特点，环境信息公开还是一种风险沟通机制，通过环境信息的公开、透明和共享机制，推动环境规制者、被规制者、利益相关者之间的协商沟通、合作互动，促进环境风险规制社会各系统之间的协调、协同和合作，如果环境信息缺乏公开和透明，环境风险规制过程中的公众参与、民主协商、社会监督等功能就无从谈起。

环境风险的不确定性、主观性、建构性导致建构于确定性、规律性、稳定性、因果性等逻辑上的行政规制面临实施困境，环境规制的范式和路径应由环境行政规制转向环境风险规制。环境行政规制主要通过行攻立法（制定环境规制规章、政策、文件）、行政执法和行政司法（行政复议、行政调解等）等行政权力的运作和实施，基于威慑、制裁、处罚等命令控制性机制实现对企业环境违法行为的规制，它具有强制性、单向性和制裁性。环境行政规制虽然能够很好地发挥政府规制部门的权威性、高效性和执行性的优势，但随着环境风险不确定性增加，以稳定性、确定性、规律性和因果性为特征的行政规制模式可能导致环境行政规制机制的僵硬、僵化和滞后[1]。一是致使环境行政规制结构封闭，不能实现对环保社会组织、社区、公众等社会性力量的吸纳。环境行政规制主要发生在行政主体与行政相对人之间的法律关系，它是一种纵向的环境行政权力实施路径，容易忽视行政相对人的主动性和积极性，既不利于发挥社会性力量对环境行政权力的监督，也不利于发挥其他主体的专业性、公益性和社区性的功能。二是环境行政规制过程单向度和单维度，缺乏双向的环境协商沟通。环境行政规制的主要工具是环境法律、法规和标准，强调环境规制旳统一性、标准化和强制性，缺少对企业环境守法行为、守法成本与守法能力的差

---

① 沈岿：《风险规制与行政法新发展》，法律出版社 2013 年版，第 59 页。

异性考量，制约了环境规制方式、方法和机制的灵活性、针对性和有效性[①]。三是环境行政规制容易出现"政府失灵"。环境具有公共物品属性，受"外部性""消费的非排他性""非竞争性"等因素影响，市场主体缺乏自我环境规制的内在动力，理论上政府应是环境行政规制的主导型力量。但政府具有层级性（五级政府）、区域性（不同地区），政府官员受任职期限的限制，导致有些地方政府和官员受"经济理性"和"政治理性"的双重驱动，可能会为了短期经济发展和社会稳定而牺牲环境利益，甚至出现"权力出租""权力寻租""权力合谋"等"政府失灵"的困境。

环境风险规制是一种面向未知、未来、不确定性前提下的环境规制范式，它遵循环境规制的风险预防原则，注重环境风险规制的结构开放和主体多元，强调环境风险规制的过程性、协商性和互动性，重视环境风险规制的社会性监督和参与，能够更加灵活、有效和低成本地提升环境风险规制的绩效。环境信息公开、透明是支撑环境风险规制的核心性元素和基础性制度。一是环境风险规制结构的开放性和多元化需要环境信息支撑。基于企业、环保社会组织、社区、公众等多元主体的全过程协商、参与、沟通、互动，扩大环境风险规制的社会性参与，提升环境风险规制的合法性、公正性和价值性，提高环境风险规制的可接受性和环境规制执法的遵从度。而保障企业、环保社会组织、社区、公众等多元主体参与环境风险规制的基础就是环境信息的公开透明，环境规制部门、企业、环保社会组织等掌握的涉及环境风险的数据信息能及时、充分、完备的公开，避免因信息不对称导致政府、企业、环保组织、社区、公众无法有效参与环境风险规制[②]。二是环境信息公开能够促进环境风险规制的过程性、协商性和互动性。环境风险规制注重环境规制部门与被规制企业、利益第三人之间的协商沟通、互动合作，基于环境契约、环境合同、环境执法和解制度等法律机制，将环境风险规制面临的不确定性难题转化为环境规制主体之间具体的权利义务，提高环境风险规制的灵活性、确定性和可预期性。如发达国家环境执法和解制度，其之所以取得良好效果，最重要的原因就是环境规制部门、企业、相关机构的环境信息公开、透明、充分、及时，确保整个环境执法和解实施过程处于"阳光之下"，既

[①] 凯斯·R.桑斯坦：《风险与理性——安全、法律及环境》，师帅译，中国政法大学出版社2009年版，第165页。

[②] 张锋：《环境污染社会第三方治理研究》，载《华中农业大学学报》（社科版）2020年第1期。

增加对环境规制部门、企业的监督和制约，也提升了环保社会组织、社区、公众的参与度。与此相反，我国生态环境损害赔偿磋商制度的初衷是通过环境规制机关与企业之间的磋商，通过协商、沟通、合作等方式，达成科学、合理、更易执行的环境生态损害赔偿协议。但由于生态环境损害赔偿磋商制度实施过程之中的信息公开、透明的不充分、不完备、不及时等因素，制约了生态环境损害赔偿磋商制度的实施效果。三是环境信息公开能够强化环境风险规制的社会性监督和制约。为规避环境行政规制的"政府失灵"难题，环境风险规制通过拓展多元主体参与、完善环境规制过程、促进环境规制协商，激励环保社会组织、社区、公众等社会性力量参与环境风险规制。既可以强化对环境规制机关的行政规制权力的监督、制约，也可以扩大环境规制过程中的民主参与、利益诉求和协商互动，增加环境风险规制的民主性、认同性和社区性[1]。这不仅需要政府、企业、环保社会组织能够充分、及时、完备地公开环境风险信息，还应建立健全环境信息公开机制和环境信息沟通机制，将环境风险规制不仅作为解决环境执法难题的法律机制，还是一种环境风险信息沟通、交流、理解和认同的民主机制。

环境信息公开透明制度是协商型环境规制的核心制度和关键内容，环境信息公开的法治化、规范化和制度化是推动协商型环境规制的动力和保障。基于对我国环境法律体系梳理和总结，针对环境信息公开的法律、法规和规范性文件，主要包括《环境保护法》《环境信息公开办法（试行）》《企事业单位环境信息公开办法》《中华人民共和国政府信息公开条例》等。针对大量的企业，单纯采取命令控制型环境规制机制就很难解决环境污染的专业性、主观性和风险性问题，亟需借鉴民主协商型环境规制范式的功能特点，完善我国协商型环境规制之信息公开制度[2]。

一、我国协商型环境规制信息公开的价值

（一）保障多元主体参与环境风险规制

环境风险事关公众的环境权益，公民、环保社会组织、专家、媒体等多元

---

① 刘岩：《风险社会理论新探》，中国社会科学出版社 2008 年版，第 68 页。
② ［美］詹姆斯·菲什金、彼得·拉斯莱特：《协商民主论争》，张晓敏译，中央编译出版社 2009 年版，第 41 页。

主体对环境信息的关注度高，公众只有在充分、完整和及时获得环境风险信息的前提下，才能更好地参与环境风险规制，真正落实公众的环境知情权、参与权、监督权和诉讼权①。环境风险规制基础是环境信息公开透明，环境规制机构、被规制者应按照法律、法规的要求及时、充分、完备的公开环境风险信息：如环境规制机构应将审批、执法、监管、惩罚过程中发现的环境违法、违规行为以及环境损害等相关信息进行公开、公示；企业应依照环境法律、法规的要求，将企业生产、加工、储存、销售等环节产生的环境风险信息进行公开，让环境规制机构和利益相关者能够便捷获取环境风险信息，为促进环保社会组织、社区、公众以及利益相关者参与环境风险规制提供信息数据支撑②。

以贝克、吉登斯为代表的风险社会学家认为，面对生物技术、转基因技术以及核泄漏等引发的新型环境风险，人类应走出环境行政规制的窠臼，迈向环境风险规制的范式。他们主张建构环保政治组织，寄希望于环保公共性的构建和政治协商文化的培育，形成对政府环境规制行为和企业环境规制绩效的监督和制约。但受制于环境信息的专业性、技术性和复杂性的影响，环保政治组织容易缺乏足够、充分和完备的环境信息，并不能有效地实现环境风险规制。如原环保部和民政部联合发布的《关于加强对环保社会组织引导发展和规范管理的指导意见》明确规定，环保社会组织具有参与环境规制政策制定、环境执法过程以及对环境规制进行监督的制度功能。但实践中受环境信息公开、透明度不高等因素影响，严重制约了环保社会组织参与环境风险规制的空间、效果和价值。

而普通公众获得准确、及时、充分的环境规制信息的成本、门槛更高，受环境信息技术性、复杂性和专业性的制约，公众即使获得环境风险信息，也难以理解那些专业性很强的环境信息、数据和指标的意义和价值，需要专业化机构开展信息加工、数据处理和信息沟通，提高环境信息公开的可理解度，真正促进公众高质量的参与环境风险规制③。以《中华人民共和国环境影响评价法》为例，其立法初衷是建构保障公众参与环境影响评价的制度性机制，但由于大

---

① "Relections". Sheddon Krimsky and Dominic Golding des..Social Theories of Risk. Westport, CO：Praeger.

② [英] 哈耶克：《法律、立法与自由》（第一卷），邓正来等译，中国大百科全书出版社2000年版，第82页。

③ [美] 詹姆斯·菲什金、彼得·拉斯莱特：《协商民主论争》，张晓敏译，中央编译出版社2009年版，第41页。

量涉及环评项目审批、立项、建设的环境风险信息不易被公众获知. 理解和接受，就可能会导致环境影响评价法实施中公众参与成了"无源之水"和"走过场"。

（二）促进企业环境风险自我规制

环境风险规制相较于环境行政规制典型特征就是改变规制机关的单维度、单向度和纵向的威慑性执法，而是更加注重被规制企业的主体性、能动性和内生性，破解环境风险规制中的"信息不对称"和"不确定性"难题。环境信息公开能够很好地激发企业环境自我规制的内在动力，基于对环境信息的结构性分析，环境信息可以划分为三类：一是负面环境风险信息；二是中性环境信息，三是正面环境信息。通过对三类环境信息的结构优化、系统设计和整体实施，建构环境信息公开促进企业环境风险自我规制的运行机制。

其一，发挥负面环境信息的倒逼功能。负面环境信息是一种负面评价，一般企业不具有主动公开负面环境信息的动力和意愿，需要政府通过完善环境信息公开的法律、法规，强制性要求企业公布环境风险、损害的负面信息。环境规制部门强化对企业环境信息公开的规范和监管，要求企业按照法律进行充分、完全、及时地公开环境负面信息。环境负面信息公开能够提高对高污染、高能耗、高投入、低产出企业监管、执法的概率，增加企业受处罚和制裁的机会；同时，关于企业负面环境信息的披露也影响企业的知名度、美誉度和社会形象，能够通过股东、消费者、公众的"用脚投票"机制，反向强化对企业遵守环境法律、法规的激励。

其二，发挥正面环境信息的激励机制。正面环境信息是一种生态标签，是高度浓缩的环境品质品牌，通过生态标签的设计，实现对企业、产品、生产流程环境价值的标准化评估和展示。消费者更欢迎环境友好的产品和企业，从消费者购买指数的维度强化企业对环境质量的监管；同时，环境信息公开也是企业与社会环境信息沟通的过程，一旦企业环境信息公开不规范，或者公开的环境信息不全面、不及时、不准确，势必会影响公众对企业公信力、美誉度和社会形象的认知[1]，最终损害企业的品牌价值和经济效益。所以说，环境信息公开制度对企业自己是一种内在激励和约束，能够将企业的环境守法行为内化为

---

[1] Mary Douglass. 2003. Risk Acceptability According to the Social Sciences. London：Routledge.

企业内部的理念、章程、组织机构和治理体制。如发达国家实施的非政府组织标签计划：绿色印章（Green Seal）和科学认证体制（Scientific Certification Systems），以及环保署发起的标签计划——能源之星（Energy Star）等，发达国家正是通过这三种生态环境标签计划，实现了对企业的环境风险自我规制的内在激励和行动指导[①]。

其三，发挥中性环境信息的规范机制。中性环境信息涉及企业开展环境保护的组织建构、技术工艺、环境影响评价等环境信息。环境中性信息公开能够让公众掌握企业环境影响基本概况，促进企业环境行为的规范性、合法性和合规性。

（三）监督政府环境风险规制绩效

虽然环境行政规制具有权威性、整合性、强制性和规范性，其强大的渗透力和延伸性是预防和化解环境风险的重要因素。针对新型技术风险、人为风险、环境风险和制度风险，以政府为中心的环境行政规制可能面临三种失效情形：一是结构性失效。政府规制能力弱小，不能承担起环境规制的职责、责任、功能，政府缺乏足够的资源汲取能力，无法保障市场主体、环保社会组织的环境规制功能发挥；国家与市场、社会的权力结构性失衡，国家过度强大、强势和强权，过多地挤压市场、社会的生存空间，混淆国家、市场、社会的边界，异化市场和社会的功能，导致国家环境治理效率低下、成本高昂和风险增加。二是制度性失效。政府在环境行政规制中制度供给不足、制度供给过度、制度供给错位等，环境行政规制制度不能回应市场、社会的需求，不能发挥制度的规范、导向、激励、保障功能。三是政策性失效。具体环境规制政策的失效，或者政策被歪曲、异化等，出现贝克强调的"有组织的不负责任"[②]。

贝克认为风险规制包括风险意识启蒙、生态民主政治及理性的自反性，他主张"再造政治"的实施路径：其一，风险规制主体的开放性。风险的讨论和界定不能仅听取专家意见，应推动多元主体参与环境风险治理；其二，风险规制决策的公开性。风险规制决策应全程公开，接受社会各方监督；其三，风险

---

① 理查德·B.斯图尔特：《环境规制的新时代》，王慧编译，《美国环境法的改革——规制效率与有效执行》，法律出版社2016年版，第107页。

② 杨雪冬：《风险社会与秩序重建》，社科文献出版社2006年版，第49页。

协商的互动性。风险决策由专家和决策者之间的闭门协商转化为利益相关者之间的对话和互动①。风险规制理论中政府承担的程序性和结构性地位体现在很多方面，但政府最基本的角色就是确保个人拥有关于各个组织环境绩效的信息——外部透明度②。

无论是环境风险规制主体的开放性，还是风险规制决策的公开性，抑或风险规制协商互动，都需要政府规制部门、企业、环保社会组织将涉及环境安全风险的信息进行及时、充分、完备的公开和透明，以强制性环境信息披露、激励性环境信息披露和自愿性环境信息披露为途径，促进企业、公众、环保社会组织、社区等多元主体参与对政府环境风险规制的监督。

二、我国协商型环境规制信息公开的困惑

梳理我国涉及环境信息公开的法律法规，基于我国协商型环境规制的主要特点、基本原则、价值目标、运行机制的要求，笔者对《环境保护法》《环境信息公开办法（试行）》《企业事业单位环境信息公开办法》《中华人民共和国政府信息公开法》等法律法规进行了文本分析。

（一）环境信息公开的系统性、权威性、规范性有待强化

除了《环境保护法》作为基本法是以法律的形式，在第五章对信息公开和公众参与作了规定外，专门规制环境信息公开的《环境信息公开办法（试行）》《企业事业单位环境信息公开办法》是部门规章，《中华人民共和国政府信息公开法》是行政法规，总体上来看，针对政府、企业、事业单位环境信息公开的法律规范的法律位阶不高③，尚不足以对我国协商型环境规制现有法律法规提供立法支撑。对环境信息公开要求的层次有待加强，缺失足够的权威性，制约了实际效果。

---

① 乌尔里希·贝克：《风险社会再思考》，郝卫东编译，载《马克思主义与现实》2002 年第 4 期。

② 理查德·B．斯图尔特：《环境规制的新时代》，王慧编译，《美国环境法的改革——规制效率与有效执行》，法律出版社 2016 年版，第 107 页。

③ 张锋：《中国环境约谈的实证分析——基于中央、省、市、区县四级环境约谈规范性文件的考察》，载《延边大学学报》（社科版）2018 年第 5 期。

表 1：环境信息公开制度法律问题与法律建议

法律法规规章	内容	存在问题	法律建议
《环境信息公开办法》（试行）	专门规制环境信息公开的《环境信息公开办法（试行）》、《企业事业单位环境信息公开办法》是部门规章，《中华人民共和国政府信息公开法》是行政法规。	总体上来看，针对政府、企业、事业单位环境信息公开的法律规范的法律位阶较低。	建议建立《环境信息公开条例》、《企业事业单位环境信息公开条例》和《环境信息公开法》。
《企业事业单位环境信息公开办法》			
《政府信息公开法》			

（二）环境主管部门信息公开平台建设的标准有待提高

《企业事业单位环境信息公开办法》第四条第二款规定：有条件的环境保护主管部门可以建设企业事业单位环境信息公开平台。根据当前我国互联网和信息技术发展的实际，一般环境主管部门都具有建立环境信息公开平台的条件，这里再加上有条件的限定语，实际上降低环境主管部门建立环境信息公开平台的责任，也容易给环境主管部门不建设环境信息公开平台提供了法律依据[①]。《企业事业单位环境信息公开办法》第五条，规定了环境主管部门应当根据企业事业单位公开的环境信息及政府部门环境监管信息，建立企业事业单位环境行为信用评价制度，该条虽然规定了建立企业事业单位信用评价制度，但却没有规定将信用评价结果进行公开的要求，这显然制约了企业事业单位环境信息公开与环境信用评价制度的实际效果。

（三）政府、企业事业单位环境信息公开适用条件应适度放宽

其一，《环境信息公开办法（试行）》第十条规定：环保部门公布政府环境信息，不得危及国家安全、公共安全、经济安全和社会稳定，该条对政府信息公开的适用条件规定过于苛刻，尤其是社会稳定，由于环境污染风险危害的特殊性，以及广大人民群众对环境权益的高度重视，政府环境信息公开都是对社会群体产生各种各样的影响，这都是正常的环境信息沟通过程的必经环节，如果加上社

---

① 张锋：《环保约谈：多维动力、功能逻辑与作用机制》，载《环境保护》2018 年第 17 期。

会稳定的适用条件，可能会大大压缩了政府环境信息公开的范围[1]。实践过程中，政府环境信息公开的及时、充分、准确不仅不会危及社会稳定，而且还有利于社会稳定。其二，《企业事业单位环境信息公开办法》第六条规定：企业事业单位环境信息涉及国家秘密、商业秘密或者个人隐私的，依法可以不公开。该条实际上限制了企业事业单位环境信息公开的范围。因为环境污染风险具有公共性、社会性、群体性和不确定性等特征，它对公众和社会的危害是对环境公共利益的侵害，是对大多数不确定群体的侵害，针对环境污染行为的危害性，应当尽量拓展企业事业单位的范围。如果以是否涉及国家秘密、商业秘密或者个人隐私作为企业事业单位环境信息不公开的条件，不利于环境污染的规制。可以将该条改为危及国家秘密、商业秘密或者个人隐私的，依法可以不公开，避免企业事业单位以涉及国家秘密、商业秘密或者个人隐私为由，拒绝进行环境信息公开[2]。

（四）政府、企业事业单位违反环境信息公开责任处罚有待加强

其一，《企业事业单位环境信息公开办法》第十六条关于法律责任的规定：重点排污单位违反本办法规定，处 3 万元以下罚款，并罗列了四条具体情形，该条存在较大的问题：一是对责任主体的范围规定的太窄，仅仅规定重点排污单位纳入该条责任主体，如果不是排污重点单位，是不是就不受该条责任条款的规制呢？二是针对重点排污企业事业单位不遵守环境信息公开办法仅处以 3 万元以下罚款，明显处罚力度不够，处理太轻，不足以对重点排污单位的威慑、高压和制裁，无法形成责任倒逼[3]。应结合经济罚、行为罚、戸誉罚等多种责任机制进行规制，进一步提高对违反环境信息公开的排污单位的制裁。其二，《企业事业单位环境信息公开办法》、《环境信息公开办法（试行）》分别对企业事业单位、政府环境信息公开的法律责任和义务进行规范和明确，但实践中却缺乏有效的执行机制、监督机制、问责机制，导致相应的责任条款不能真正落地。

---

① 　罗俊杰等：《论我国环境保护公众参与法律机制的完善》，载《湘潭大学学报》（社科版）2015 年第 5 期。
② 　王灿发：《新〈环境保护法〉实施情况评估报告》，中国政法大学出版社 2016 年版，第 75 页。
③ 　谭波：《论环境信息公开的制度检视及其法治推进路径》，载《生态经济》2016 年第 2 期。

（五）政府环境信息公开的主体和类型规定应更加明晰

其一，《环境信息公开办法（试行）》对政府信息公开的具体环保部门规定不清晰，尤其是针对跨区域、跨流域的环境污染信息，应进一步明确环境污染信息的政府公开主体，应规定污染企业所在地、污染行为的发生地的环境主管部门都有权力和义务进行环境信息公开；针对投资项目环境评价结果信息，由项目所在地的环境主管部门发布，国家投资的重大项目的环境信息，由生态环境部发布。其二，政府环境信息公开的类型比较模糊。《环境信息公开办法（试行）》第五条规定，公民、法人和其他社会组织向环保部门申请或取得环境信息主要包括政府主动公开的信息，应该进一步明确，经过特别的申请和批准，可以获得非主动公开的环境信息，拓展环境信息公开的类型，扩大公民、法人和其他机构获取环境信息的范围和权益①。

三、我国协商型环境规制信息公开的完善

基于环境风险规制与环境信息公开的理论逻辑关系与价值目标的论述，结合《环境保护法》《环境信息公开办法(试行)》《企业事业单位环境信息公开办法》《中华人民共和国政府信息公开法》等法律、法规的文本分析，笔者拟从以下四个方面系统建构风险规制视域下我国环境信息公开的制度体系。

（一）完善环境信息公开法律体系

其一，加快环境信息公开制度的立法。除了《环境保护法》作为基本法外，专门规范环境信息公开的《环境信息公开办法（试行）》、《企业事业单位环境信息公开办法》是部门规章，《中华人民共和国政府信息公开法》是行政法规，缺失足够的权威性。建议尽快制定《环境信息公开法》，加快制定《环境信息公开条例》、《企业事业单位环境信息公开条例》等行政法规。

其二，规范对环境规制部门信息公开的要求。针对《企业事业单位环境信息公开办法》第四条第二款规定：有条件的环境保护主管部门可以建设企业事

---

① 李长友：《论环境信息区域协作法律机制》，载《政治与法律》2014 年第 10 期。

业单位环境信息公开平台。修改为"环境保护主管部门建设企业事业单位环境信息公开平台"，避免"选择性执法"；针对《企业事业单位环境信息公开办法》第五条，规定环境主管部门应当根据企业事业单位公开的环境信息及政府部门环境监管信息，建立企业事业单位环境行为信用评价制度。建议修改为，应将企业事业单位环境行为信用评价结果进行公开、公示和公告，切实发挥环境信息公开、环境信用评价机制的导向、引领和倒逼作用，形成对违反环境信息公开的企业事业单位的威慑和高压。

表 2：《企业事业单位环境信息公开办法》问题与建议

内容	存在问题	法律建议
第四条第二款规定：有条件的环境保护主管部门可以建设企业事业单位环境信息公开平台。	降低了环境保护主管部门建设企业。	修改为：环境保护主管部门应当建设企业事业单位环境信息公开平台。
第五条规定：环境保护主管部门应当根据企业事业单位公开的环境信息及政府部门环境监管信息，建立企业事业单位环境行为信用评价制度。	该条虽然规定了建立企业事业单位信用评价制度，但却没有规定将信用评价结果进行公开的要求，这显然制约了企业事业单位环境信息公开与环境信用评价制度的实际效果。	修改为：应将企业事业单位环境行为信用评价结果进行公开、公示和公告，
第六条规定：企业事业单位环境信息涉及国家秘密、商业秘密或者个人隐私的，依法可以不公开。	该条实际上限制了企业事业单位环境信息公开的范围。环境污染风险具有公共性、社会性、群体性和不确定性等特征，应当尽量拓展企业事业单位的范围，而涉及国家秘密、商业秘密或者个人隐私作为企业事业单位环境信息不公开的条件，不利于环境污染的规制。	修改为：危及国家秘密、商业秘密或者个人隐私的，依法可以不公开。
第十六条关于法律责任的规定：重点排污单位违反本办法规定，处 3 万元以下罚款，并罗列了四条具体情形。	一是对责任主体的范围规定的太窄，仅仅规定重点排污单位纳入该条责任主体，如果不是排污重点单位，是不是就不受该条责任条款的规制呢？二是针对重点排污企业事业单位不遵守环境信息公开办法仅处以 3 万元以下罚款，明显处罚力度不够，处理太轻，不足以对重点排污单位的威慑、高压和制裁，无法形成责任倒逼。	修改为：应结合经济罚、行为罚、声誉罚等多种责任机制进行制裁。
企业事业单位、政府环境信息公开的法律责任和义务进行的规范和明确。	但实践中却缺乏有效的执行机制、监督机制、问责机制，导致相应的责任条款不能真正落地。	修改为：完善企业事业单位信息公开的执行机制、监督机制和问责机制。

其三，优化环境信息公开的适用条件。针对《环境信息公开办法（试行）》第十条规定：环保部门公布政府环境信息，不得危及国家安全、公共安全、经济安全和社会稳定……该条规定过于苛刻，建议去掉危及社会稳定的条件[①]。针对《企业事业单位环境信息公开办法》第六条规定：企业事业单位环境信息涉及国家秘密、商业秘密或者个人隐私的，依法可以不公开。该条实际上限制了企业事业单位环境信息公开的范围。建议将该条改为危及国家秘密、商业秘密或者个人隐私的，依法可以不公开，避免企业事业单位以涉及国家秘密、商业秘密或者个人隐私为由，拒绝进行环境信息公开。

其四，完善环境信息公开的主体类型。针对《环境信息公开办法（试行）》对政府信息公开的具体环保部门规定不清晰，尤其是针对跨区域、跨流域的环境污染信息，应明确规定污染企业所在地、污染行为的发生地的环境主管部门都有权力和义务进行环境信息公开；针对《环境信息公开办法（试行）》第五条规定，公民、法人和其他社会组织向环保部门申请或取得环境信息主要包括政府主动公开的信息，建议修改为："经过特别的申请和批准，可以获得非主动公开的环境信息"，拓展环境信息公开的类型。

表3：《环境信息公开办法（试行）》问题与建议

内容	存在问题	法律建议
第十条规定：环保部门公布政府环境信息，不得危及国家安全、公共安全、经济安全和社会稳定。	限制了环境信息公开的条件。	修改为：不得危及国家安全、公共安全、经济安全。
对政府信息公开的具体环保部门规定不清晰，尤其是针对跨区域、跨流域的环境污染信息。	没有明确具体的环境信息公开责任主体。	修改为：明确环境污染信息的政府公开主体，应规定污染企业所在地、污染行为的发生地的环境主管部门都有权力和义务进行环境信息公开；针对投资项目环境评价结果信息，由项目所在地的环境主管部门发布，国家投资的重大项目的环境信息，由生态环境部发布。
第五条规定，公民、法人和其他社会组织向环保部门申请或取得环境信息主要包括政府主动公开的信息。	缩小了政府环境信息公开的类型和范围。	修改为：经过特别的申请和批准，可以获得非主动公开的环境信息，拓展环境信息公开的类型。

[①] 罗俊杰等：《论我国环境保护公众参与法律机制的完善》，载《湘潭大学学报》（社科版）2015年第5期。

（二）健全环境信息公开披露机制

基于对环境信息结构的分析，应结合环境负面信息、环境正面信息以及环境中性信息的特征建构多元化的环境信息公开机制，提升环境信息公开的针对性和实践性。

其一，构建强制性环境负面信息披露机制。《环境保护法》第 55 条规定："重点排污单位应如实向社会公开其主要污染物的名称、排放方式、排放浓度和总量、超标排放情况，以及防治污染设施的建设和运行情况，接受社会监督"。该法对需要强制性披露环境信息的主体范围设定较窄，大量中小企业也应该承担强制性环境负面信息披露的法定责任。环境利益具有公共性、社会性和公益性，它涉及社会整体利益以及不确定个体的环境权益，应拓展环境负面信息强制披露的主体范围。不仅重点排污单位负有环境负面信息强制披露责任和义务，其他企业、事业单位、社会机构都应承担环境负面信息强制性披露的法定责任[①]。探索大数据、物联网、人工智能、区块链等新兴信息技术支撑的环境负面信息强制性披露机制。

其二，创新激励性环境正面信息披露机制。新环保法虽然明确要求公开环境信息，但具体实施中如何公开、公开哪些内容等，还缺乏明确标准和具体要求。不少企业觉得披露环境信息没有奖励，不披露也不受惩罚，企业自觉、主动履行环境信息披露的动力和意愿不足。借鉴发达国家绿色印章（Green Seal）、科学认证体制（Scientific Certification Systems）、能源之星（Energy Star）等环境标签制度。通过民间环保第三方和政府制定的正面标签，发挥环境正面信息对企业环境信息公开的激励、引导和促进作用，激励市场力量和社会力量参与环境信息公开，激发企业履行环境信息公开责任的动力和活力。

其三，落实规范性环境中性信息披露机制。环境信息具有较强的专业性、复杂性和技术性，需要从环境信息的系统性、环境信息的完备性、环境信息的可理解度等维度完善环境中性信息披露机制。引入环保社会组织等第三方力量参与环境信息的整合、优化，提升环境信息的可理解度；通过环境金融、环境会计等市场化手段，促进企业、事业单位落实规范性环境中性信

---

① 　张锋：《信息不对称视角下我国食品安全规制的机制研究》，载《兰州学刊》2018 年第 9 期。

息披露机制。

（三）强化环境信息公开责任机制

环境法虽然明确要求公开环境信息，但具体实施中如何公开、公开哪些内容等，还缺乏明确标准和具体要求。很多企业觉得披露环境信息没有奖励，不披露也不受惩罚，自觉、主动履行环境信息披露的动力和意愿不足，应强化环境信息公开的责任机制建构。

其一，建构政府环境信息公开问责机制。梳理《环境保护法》《环境信息公开办法（试行）》《企业事业单位环境信息公开办法》《中华人民共和国政府信息公开法》的政府责任条款，健全公众参与绩效评估、政府环境信息公开行政诉讼、行政复议与行政监察等责任方式；借鉴英国独立民众监察制度，在行政复议制度中吸收专业人士参与到行政复议制度中，专门处理关于环境信息公开引起的行政复议；扩大环境信息公开行政诉讼原告资格范围，借鉴发达国家 Freedom of Information Act，任何公民均可以环境信息申请遭受拒绝为由，向法院提起行政诉讼[1]。

其二，严格企业、事业单位环境信息公开的责任。针对《企业事业单位环境信息公开办法》第十六条关于法律责任的规定：重点排污单位违反本办法规定，处 3 万元以下罚款，并罗列了四条具体情形。该条存在较大的问题：一是对责任主体的范围规定的太窄，仅仅规定重点排污单位纳入该条责任主体，如果不是排污重点单位，是不是就不受该条责任条款的规制呢？二是针对重点排污企业事业单位不遵守环境信息公开办法仅处以 3 万元以下罚款，明显处罚力度不够，处理太轻，不足以对重点排污单位的威慑、高压和制裁，无法形成责任倒逼。应结合经济罚、行为罚、声誉罚等多种责任机制进行规制，提高对违反环境信息公开的排污单位的制裁。

其三，健全环境信息公开社会性监督机制。针对政府、企业、事业单位等不依法履行环境信息公开责任的行为，应强化新闻媒体、环保社会组织等社会舆论的监督，加强对政府、企业、事业单位等不履行、不完全履行环境信息公

---

① 周育冰：《新环保法框架下政府环境信息公开问责制度存在问题及建议》，载《环境卫生与工程》2016 年第 3 期。

开责任的披露和曝光；借鉴发达国家"吹哨人法案"，鼓励公民、环保社会组织等社会性主体对政府、企业、事业单位等环境信息公于情况的监督、投诉，甚至提起行政复议、行政诉讼等。

（四）建构环境信息公开沟通机制

其一，环境信息公开全过程沟通机制。一是环境风险规制启动前信息公开透明。应将启动环境风险规制的事由公开，环境风险规制的具体内容公开，应将以上信息在法定渠道上公开、公示和告知，保障利益相关者能够获取以上信息。二是环境风险规制过程中信息公开透明。环境信息公开是政府和企业的法定责任和义务，也是保障利益相关者的知情权、参与权和监督权的基本前提，只有信息公开才能更好地促进生态环境风险规制[①]。应落实环境风险规制过程中规制机关、被规制对象、环境专家、环保社会组织、公众代表等多元主体在环境风险规制中的信息知情权，以环境信息公开推动社会力量的参与、认同和监督。三是环境风险规制结束后信息公开透明。当环境风险规制结束以后，应将环境风险规制的结果按照法定要求进行公开、公示和告知。借鉴发达国家环境执法和解制度经验，针对环境规制机关与被规制企业以及利益第三人达成的环境执法和解协议如果涉及具体的环境恢复措施或超过一定的金额，还要经过地区法院的公开、公示和审查，强化对环境规制结束后信息公开的合法性审查。

其二，环境信息公开双向沟通机制。环境信息公开不仅是环境规制机关单向度、单维度和纵向的环境信息宣传和信息告知，还应包括双向的环境信息沟通机制。建构制度化的程序性规范和实体性规范，将听取企业、环保社会组织、社区、公众、媒体等社会性主体的环境利益诉求、环境价值偏好以及环境权益主张，将环境信息公开作为回应企业、环保社会组织、社区、公众等环境信息需求的重要策略。环境信息公开作为环境风险规制的重要内容和核心制度，它既具有促进环境风险规制的多元参与，促进企业环境风险自我规制以及监督政府环境风险规制绩效的"工具理性"功能，还具有强化政府与企业、环保社会组织、社区、公众等信息沟通、民主协商、社会参与等

---

① 张锋：《我国协商型环境规制构造研究》，载《政治与法律》2019 第 11 期。

"价值理性"功能①。

环境信息公开是环境风险规制模式运行的关键性元素和基础性制度，它具有保障多元主体参与环境风险规制，促进企业环境风险自我规制，监督政府环境风险规制绩效的价值目标。基于对环境信息公开法律体系的文本分析，结合环境风险规制的运行逻辑，应完善环境信息公开法律体系，健全环境信息公开披露机制，强化环境信息公开责任机制，建构环境信息公开沟通机制。为更好地实现环境信息公开与环境风险规制的良性互动和机制协调，还应坚持"三个导向"：一是程序过程导向。环境信息公开不仅仅环境风险规制的工具策略，还是环境风险规制主体协商、参与、合作、互动的重要载体和法律机制，应完善环境信息公开的程序和过程，避免环境信息公开陷入"形式主义"和"工具主义"。二是"内生动力"导向。在强化政府完善环境信息公开的法律法规的同时，更加注重发挥市场、社会的力量推动政府、企事业单位、社会组织等环境信息公开，形成环境信息公开的内生动力和激励机制。三是"民主协商"导向。环境风险既具有专业性、客观性和不确定性的特征，还具有主观性、建构性、民主性和认同性的特征，需要完善环境主体的民主协商机制。探索将环境信息公开作为环境风险协商、规制协商的过程，听取公众、环保社会组织、社区、企业等社会性主体对环境风险规制的意见建议，促进环境风险规制的公众参与、民主协商、合作共治②。

第二节 我国协商型环境规制的公众参与

环境污染行为具有不确定性、公共性、专业性、主观性和复杂性，针对环境污染的规制应跳出传统的行政管制和私法自治的窠臼，转向民主协商、公众参与、多元共治的实践导向，以此提升环境规制的公共性、公正性和公益性。针对环境保护公众参与制度，结合协商型环境规制的理论范式，它具

---

① [澳]约翰·S.德雷泽克：《协商民主及其超越：自由与批判的视角》，丁开杰译，中央编译出版社 2009 年版，第 87 页。
② [英]伊丽莎白·费雪：《风险规制与行政宪政主义》，沈岿译，法律出版社 2012 年版，第 73 页。

有以下功能：

一、我国协商型环境规制公众参与的目标

一是破解环境污染（风险）规制的公共性困境。环境是一种公共物品，具有"消费的非排他性"和市场的"非竞争性"，容易陷入"市场失灵"和"公地悲剧"的困境，而环境规制部门受"经济理性""政治理性""预算约束"以及"维稳需求"，也会面临"政府失灵"以及贝克所说的"有组织的不负责"的怪圈，这些因素会加剧环境规制的不确定性、复杂性困境[1]。基于这种背景下引入公众参与，能够很好的破解以上制度性困境。公众参与环境保护，一方面可以强化对企业环境污染行为的监督制约，通过投诉、举报、诉讼等手段影响企业的环境排污行为[2]；另一方面，公众环境保护参与可以加强对政府的监督和制约，通过听证会、座谈会、论证会等方式，参加政府环境规制行为，加强对政府环境规制过程的参与、监督和制约，环境规制机构也可以通过拓展和扩大公众参与，以此来提高公众对环境规制行为和政策的认同和接受，提升环境规制行为的绩效[3]。二是破解环境污染规制的复杂性困境。环境污染行为是一种双效行为，它是人类生产、生活、生存过程中难以避免的物质创造的必然产物，既能为人类提供必要的物质基础，又对生态环境带来一定破坏。同时，环境污染行为还具有很强的专业性，关于环境污染的危害、标准、后果、因果关系等很多还难以科学、清晰、准确的界定，往往处于一种不确定状态，这种复杂性的环境污染行为需要公众参与规制，尤其是公众中的专家、环保社会组织的参与，既能够提升环境公众参与的专业性、科学性和公正性，还能够发挥直接受环境污染危害的公众的主体性和能动性，强化对环境污染行为以及政府规制的社会性监督和制约[4]。三是提升环境规制的民主性和价值性。环境污染的风险与后果具有主观性，不同的主体对同一环

---

① ［美］罗伯特・考特、托马斯・尤伦：《法和经济学》，史晋川等译，上海人民出版社2012年版，第42页。

② 彭峰：《中国环境法公众参与机制研究》，载《政治与法律》2009年第7期。

③ 刘超：《协商民主视域下我国环境公众参与制度的疏失与更新》，载《武汉理工大学学报》（社会科学版）2014年第1期。

④ 周杰普：《论社区参与环境治理的主体地位》，载《政治与法律》2017年第5期。

境污染行为和后果会有不同的态度，不同区域的主体对同一环境污染行为和后果也会有不同的感受。如针对环境邻避事件，同一城市不同区域之间的公众对环境邻避事件就呈现出不同的反应和诉求，生活小区离环境邻避事件越近的群体的环境诉求越强烈，环境抵制行为也越激烈。同时，环境权益具有基本人权的属性，每个人拥有健全环境权益具有法定依据，只有在环境规制过程中充分听取公众的意见，扩大公众参与的深度和广度，才能提升环境规制的公正性、民主性。甚至针对一些新型的环境风险，当前科学技术还不能给予准确的解释逻辑和技术指标，面对这样的新型环境污染风险，人类无法发挥政府治理机制和市场治理机制的功能，只能转向公众参与、协商、合作和共治，推动公众对环境污染风险集体认同、集体行动，解决环境污染行为主观性难题①。

协商型环境规制是一个制度化的共治平台，应促进上级党政部门、下级政府、生态环境部门，以及环境违法企业、环保社会组织、专家、媒体、人大代表、政协委员、环保监督员、公众等多元主体的协商、沟通、对话、互动、理解和认同，建构多元主体参与的生态环境共治体系②。针对协商型环境规制机制面临的共治性问题，应建构环保社会组织、专家的制度性共治机制，强化多元主体参与共治的全过程。其一，以环保社会组织参与提升共治公共性。环境污染规制具有公共物品的属性，具有公共性、社会性、公益性，容易产生环境规制的"市场失灵"和"政府失灵"，市场缺乏规制环境污染的动力和积极性，政府受"经济理性"和"政治理性"的驱动，也可能为了地方 GDP 增长，牺牲环境质量。甚至出现环境规制者被"俘获"，环境规制者与被规制者达成"合谋"③。而公众个体受信息成本、专业知识、经济能力等因素的制约无法高质量的参与环保共治，应大力培育环保社会组织，完善环保社会组织参与协商型环境规制的制度性机制，保障协商型环境规制共治性机制的公共性。其二，以环境专家参与提升共治的专业性。环境污染规制具有专业性、不确定性、风险性，政府规制部门往往不具有环境专业方面的知识

---

① 朱谦：《公众环境行政参与的现实困境及其出路》，载《上海交通大学学报》（哲社版）2012年第 1 期。

② [美] 曼瑟尔·奥尔森：《集体行动的逻辑》，陈郁等译，上海人民出版社 2014 年版，第 58 页。

③ [美] 富兰克·H. 奈特：《风险、不确定性和利润》，王宇、王文玉译，中国人民大学出版社 2005 年版，第 39 页。

和专业水平，不能深入地分析环境污染问题的深层次原因，难以对具体的环境问题提出科学的整改建议。为了提高协商型环境规制的科学性、专业性和针对性，需要吸收环境领域的专家学者参与协商型环境规制，就技术性问题提出整改建议，并参与被协商规制对象环境整改方案的落实和跟踪评估，切实将协商规制的环境问题破解[①]。其三，以公众、媒体等利益相关者参与提升共治的代表性。应充分借鉴发达国家环境协商规制的经验，在协商型环境规制启动前，应将协商型环境规制的事由及相关环境信息公开，听取相关利益主体以及社会的评论，并将意见作为是否启动约谈的重要参考；协商型环境规制过程中，保证协商规制主体以及相关利益主体参与充分表达意见和诉求，尤其是参与主体（组织部门、纪检监察、检察院等）、列席主体（环保社会组织、专家学者、社区等）的建议，形成更加完善的整改方案；协商型环境规制实施后，应支持和鼓励相关利益主体对整改方案落实情况的监督，强化组织部门、纪检监察部门的党政问责，健全检察院或环保社会组织提起环境公益诉讼的机制。

协商型环境规制是一种基于反身法理论的法律路径，它在反思形式法理论和实质法理论缺陷的基础上，跳出传统法律系统内部自治的封闭系统，走出"法律体系"之外，打通法律系统与其他社会子系统之间的隔阂和鸿沟，建构了一种基于多元主体参与协商的多系统分散化整合机制，发挥各个主体独特的优势和潜在的功能，形成主体多元、功能互补、机制协调的功能性整合机制。其一，环境规制机构与被规制者参与。受传统的行政高权和政府权威的影响，环境规制机构在协商规制过程中往往强调行政权的优越和强势，不利于环境规制协商的实施。应充分尊重被规制者的协商权利，充分听取被规制者的利益诉求和意见表达，争取双方能在法律范围内达成一致的协商共识，明确各自的权利义务，提升环境协议实施的可接受性和可执行性。其二，利益相关者参与。保障环境利益相关者的制度化参与，如环境社会组织、社区、专家等，他们各自具有自身的优势，能够提升环境协商的质量。如环境社会组织就拥有较强的专业性、公益性和草根性，能够发挥专业知识方面的

---

① ［德］乌多·迪·法比欧：《环境法中风险预防原则的条件和范围》，陈思宇译，载刘刚《风险规制：德国的理论与实践》，法律出版社 2012 年版，第 40 页。

优势①。所以，要健全利益相关者环境规制协商的参与机制，保障利益相关者能够全过程的参与规制协商。其三，公众的参与。公众参与环境规制协商既可以促进环境协商的公共性、民主性、公正性，还可以优化环境规制机构和被规制机构的外部环境。同时，公众参与规制协商也是对环境规制机构和被规制者的监督和制约，尤其是环境规制机构的监督，以此来保证环境规制协商的公正性和公平性。

应明确环境规制机制中实施主体与被规制主体及利益相关者的地位、权利（力）、责任、义务，尤其是针对公众代表、人大代表、政协委员、环保政风监督员等社会性主体，健全多元主体参与的体制机制，实现对社会性治理资源的"吸纳"和"激活"，落实社会性主体的知情权、参与权和监督权②。环境公众参与是环境协商规制的前提和基础，也是保障环境规制过程中利益相关主体充分参与协商的重要内容，只有参与才能实现环境协商、沟通、合作和共治。我国环境法律、法规关于公众参与的制度，主要体现在《环境保护法》《环境保护公众参与办法（试行）》《环境影响评价公众参与办法》等法律、法规和规范性文件之中。如《环境保护法》第五章信息公开和公众参与，第五十三条规定："公民、法人和其他组织依法享有获取环境信息、参与和监督环境保护的权利，各级人民政府环境保护主管部门和其他负有环境保护监督管理职责的部门，应当依法公开环境，完善公众参与程序，为公民、法人和其他组织参与和监督环境保护提供便利"③，这是我国在环境保护基本法上做出的比较原则性的参与环境规制协商的法律内容，为我国开展环境规制协商提供了法律支撑和制度保障。《环境保护公众参与办法（试行）》（以下简称"办法（试行）"）是由2015年原环境保护部制定的《环境保护法》配套的规范性文件，其中对公众参与环境规制作了较为具体的规定，《办法》第二条：本办法所称公众参与，是指公民、法人和其他组织依法参与环境保护政策制定、环境决策、环境执法、环境守法等环境保护公共事务的活动，明确将公民、法人和其他组织依法参与环境保护政策制定作为首条内容；《办法》第三条第一款规定："环境保护公众参与的范

---

① ［美］约·埃尔斯特：《协商民主：挑战与反思》，周艳辉译，中央编译出版社 2009 年版，第 65 页。

② 余耀军、高利红：《法律社会学视野下的环境法分析》，载《中南财经政法大学学报》2003 第 4 期。

③ 全国人大常委会：《环境保护法》，中国法制出版社 2014 年版，第 7 页。

围包括：（一）制定或修改环境保护法律法规及规范性文件、政策、规划和标准"[①]，进一步明确国家支持公民、法人和其他组织参与环境规制的立法意图和价值指引。

二、我国协商型环境规制公众参与的不足

在具体推动公众参与的法律制度中，笔者认为，我国的《环境保护公众参与办法（试行）》对此的规定还是存在一些不足。

（一）公众参与环境规制的法律位阶及权威性有待于进一步提升

我国的《环境保护法》虽然设立专章规定信息公开和公众参与，但更多的是一种原则性的法律规范，缺乏具体的、可操作性的实施机制，导致具体的实践中面临"无法可依"。另外，《办法》（试行）法律位阶太低，只是原环境保护部的规范性文件，对比发达国家的协商制定规则法律，缺乏足够的权威性，不利于《办法》（试行）的实施。

（二）公众参与程序性规范的针对性、操作性有待于进一步完善

《办法》（试行）第二章公众参与第七条，环境保护主管部门可以通过征求意见、问卷调查、座谈会、论证会、听证会等方式征求公众对相关事项或活动的意见和建议；公众可以通过电话、信函、网络、社交媒体公众平台等方式反馈意见和建议，这里面存在两个突出问题：其一，环境保护主管部门征求公众的意见和建议不是必然要求或前置程序。环境保护主管部门可以通过征求意见、问卷调查、座谈会、论证会、听证会等方式；而不是应当通过，缺乏刚性制度性要求。其二，公众参与的权利仅仅是一种意见的表达和利益诉求，而针对公众如何参与协商、讨论、沟通的权利义务、程序、方式规定的比较模糊。如《办法》（试行）第十二条：座谈会讨论的内容主要应当包括该事项或活动对公众环境权益和对环境的影响以及相关部门拟采取的对策措

---

① 张锋：《环保约谈：一种新型环境法实施制度》，载《上海财经大学学报》2018 年第 4 期。

施。座谈会的参与人员应当以利益相关方为主，同时邀请专业人员参会。缺乏对如何参与座谈，利益相关方、专业人员拥有的协商、讨论的权利内容和程序规范①。

（三）公众参与主体广泛性和代表性有待于进一步加强

对比发达国家协商制定规则制度，环保团体、消费者团体和其他利益相关者都可以参与协商，而我国《办法》（试行）对主体的范围比较窄，缺乏足够的代表性、公益性和专业性。如《办法》（试行）第十二条规定，座谈会的参会人员应当以利益相关方为主，同时邀请相关专业人员参会，缺乏环保社会组织参会的内容。而受环境污染行为专业性、技术性的影响，公众面临严重的信息不对称，环保社会组织能够较好地回应环境参与的专业性、技术性、公共性、公益性和社会性的要求。

（四）保障公众参与信息公开制度规定有待于进一步健全

如《办法》（试行）第十三条规定：环境保护主管部门拟召开论证会征求意见的，要围绕核心议题展开讨论，参会人员应当以相关专业领域和社会、经济、法律的专家、关注项目的研究机构代表、环保社会组织中专业人士为主，同时应邀请可能受直接影响的单位和群众代表参与，缺少论证会前的相关信息的公开机制，不利于公众参与论证的深入、广泛、有效。

（五）公众参与结果反馈、意见吸纳等内容有待于进一步规范

《办法》（试行）第十五条第二款规定：环境保护主管部门应当对征集到的公众意见予以重视，对其进行归类整理、分析研究，以适当的方式公开和反馈，并将合法有效的意见建议作为决策的重要依据。而缺少对没有被吸纳的公众意见应当给予解释和说明的规定，也缺少对公众参与形成的法律、法规、政策、决策的结果进行公开、公布，接受公众的监督的内容。

---

① 宋菊芳：《协商民主视域下公众参与环境立法的思考》，载《甘肃政法学院学报》2014年第5期。

三、我国协商型环境规制公众参与的拓展

（一）提高我国环境规制协商公众参与水平

环境规制协商的基本原则之一就是多元共治，搭建多元主体参与协商的制度性平台，多元主体包括环境规制机关、企业、社区、环保社会组织、公民代表等，尤其是社会性主体，只有激发社会性主体的能动性、主动性和创造性，才能真正激发协商规制蕴含的民主力量和正义价值，才能推动协商环境规制兼顾形式理性、实质理性、沟通理性的统一。首先要强化对公众参与的赋权赋能，提高公众参与环境规制协商的法律、法规的权威性和科学性。针对《环境保护公众参与办法》（试行）法律位阶太低的问题，建议先行制定《环境保护公众参与条例》行政法规，等立法条件成熟后，再制定《环境保护公众参与法》。

（二）提高公众参与环境规制协商的法律可操作性

保障公众参与环境规制协商的关键是程序、方式和途径的法治化和规范化，环境规制协商是一种建构于程序、过程之上的法律机制，它的风险预防、多元共治、协商沟通都需要法治化、规范化和制度化的程序保障。通过环境协商程序性法律机制的建构，重构环境规制协商的权力结构和权利义务关系，通过协商性程序发挥反身法理论的整合机制，实现环境规制协商的价值目标①。针对具体参与的程序性规范太抽象、笼统问题，建议将《办法》（试行）第二章公众参与第七条，环境保护主管部门可以通过征求意见、问卷调查、座谈会、论证会、听证会等方式征求公众对相关事项或活动的意见和建议，改为应当通过，将听取公众意见和建议作为前置程序和必然要求②。针对《办法》（试行）第十二条：座谈会的参与人员应当以利益相关方为主，同时邀请专业人员参会。建议将利益相关方具体化为公民

① ［美］伊森·里布：《美国民主的未来：一个设立公众部门的方案》，朱昔群等译，中央编译出版社 2009 年版，第 66 页。
② 罗俊杰等：《论我国环境保护公众参与法律机制的完善》，载《湘潭大学学报》（社科版）2015 年第 5 期。

代表、社区、环保社会组织等，同时明确公众参与的程序、权利、义务等具体规定。

表1：《环境保护公众参与办法》（试行）问题与建议

内容	存在问题	法律建议
环境保护主管部门可以通过征求意见、问卷调查、座谈会、论证会、听证会等方式征求公众对相关事项或活动的意见和建议；公众可以通过电话、信函、网络、社交媒体公众平台等方式反馈意见和建议。	环境保护主管部门征求公众的意见和建议不是必然要求或前置程序。公众参与的权利仅仅是一种意见的表达和利益诉求，而针对公众如何参与协商、讨论、沟通的权利义务、程序、方式规定的比较模糊。	修改为：将听取公众意见和建议作为前置程序和必然要求。建议将利益相关方具体化为公民代表、社区、环保社会组织等，同时明确公众参与的程序、权利、义务等具体规定。
《办法》（试行）第十二条规定，座谈会的参会人员应当以利益相关方为主，同时邀请相关专业人员参会。	缺乏环保社会组织参加的内容。受环境污染行为专业性、技术性的影响，环保社会组织能够较好地回应环境参与的专业性、技术性、公共性、公益性和社会性的需求。	修改为：建议将《办法》（试行）第十二条规定，增加环保社会组织参与的内容。
《办法》（试行）第十三条规定：环境保护主管部门拟召开论证会征求意见的，要围绕核心议题展开讨论，参会人员应当以相关专业领域和社会、经济、法律的专家、关注项目的研究机构代表、环保社会组织中专业人士为主，同时应邀请可能受直接影响的单位和群众代表参与。	缺少论证会前的相关信息的公开机制，不利于公众参与论证的深入、广泛、有效。	修改为：建议《办法》（试行）第十三条规定：应将公众环境参与任何形式之前，公开与环境参与主题相关的环境信息，充分保障公众的知情权、参与权、监督度和诉讼权。
《办法》（试行）第十五条第二款规定：环境保护主管部门应当对征集到的公众意见予以重视，对其进行归类整理、分析研究，以适当的方式公开和反馈，并合法有效的意见建议作为决策的重要依据。	缺少对没有被吸纳的公众意见应当给予解释和说明的规定，也缺少对公众参与形成的法律、法规、政策、决策的结果进行公开、公布，接受公众的监督的内容。	修改为：建议《办法》（试行）第十五条第二款规定：对没有被吸纳的公众意见应当给予解释和说明的规定，对公众参与形成的法律、法规、政策、决策的结果进行公开、公布，接受公众的监督的内容。

（三）公众参与价值兼顾科学理性、民主理性、法律理性

环境保护公众参与需要对参与主体进行整体性建构，来破解当前我国协商型环境规制过程中的主体广泛性和代表性不足问题。吸收环保社会组织、公民代表等参与环境规制协商，提高环境协商规制的民主理性，解决环境规制过程中的民主性、公共性和价值性难题；强化专家学者、律师等专业人士参与环境规制协商，提高环境规制协商的科学理性，彰显环境规制协商的科学性、专业性和技术性；通过公众参与法律法规的完善，提高环境协商规制的法律理性[①]。建议将《办法》（试行）第十二条规定，增加环保社会组织参与的内容。从而解决环境污染行为专业性、技术性的困境，缓解信息不对称问题，较好地回应环境参与的专业性、技术性、公共性、公益性和社会性的要求。

（四）健全公众参与环境规制协商的系统性权利

公众参与环境规制协商是一个系统工程，它包括环境规制协商启动阶段公众的参与、环境规制协商过程中公众参与的权利义务、环境规制协商之后公众参与的权利义务，只有系统性的公众参与协商，赋予公众参与环境规制协商的知情权、监督权、参与权和诉讼权。尤其要拓展公众的环境诉讼权，当前针对环境公益诉讼的制度还有待于进一步完善，国家仅仅出台了环保社会组织有权利提起环境公益诉讼的制度，并且对环保社会组织的资格条件限制较高，这将不利于环保社会组织开展环境公益诉讼。比如，规定只有在设区的市成立的环保社会组织才具有资格，并且规定环保社会组织不能从环境公益诉讼中获得经济利益，这一方面缩小了提出环境公益诉讼的权利主体范围，也制约了环保社会组织提起环境公益诉讼的动力。针对保障公众参与的信息公开的规定不合理问题，建议《办法》（试行）第十三条规定：应将公众环境参与任何形式之前，公开与环境参与主题相关的环境信息，充分保障公众的知情权、参与权、监督度和诉讼权。

---

① ［美］E.博登海默：《法理学：法律哲学与法律方法》，邓正来译，中国政法大学出版社1999年版，第31页。

（五）将公众参与环境规制协商原则贯穿全过程

协商型环境规制的核心就是建构基于过程和程序的商谈机制，作为与环境规制密切相关的公众，应该参与环境规制协商的全过程，公众参与环境规制协商不仅仅表现为协商前的参与、协商过程中的参与，还包括协商结束之后对协商结果的反馈，意见吸纳等情况的公开和解释，接受公众的监督，在每一个环节都要参与环境规制协商，发挥公众参与环境规制协商的民主诉求功能、监督制约功能和支持帮助功能。针对公众参与的结果反馈、意见吸纳等不科学问题，建议《办法》（试行）第十五条第二款规定：对没有被吸纳的公众意见应当给予解释和说明的规定，对公众参与形成的法律、法规、政策、决策的结果进行公开、公布，接受公众的监督的内容。

第三节　我国协商型环境规制的权力配置

我国协商型环境规制模式的建构涉及公共利益和公共权力的配置，当前制约我国协商型环境规制功能发挥和有效运行的原因，就是环境规制权力的配置问题，环境规制权力的结构、权力关系、权力运行和权力体系是否和谐有序[1]。从横向上看，行政性权力、社会性权力、经济性权力、司法性权力之间是否均衡？从纵向上看，中央环境规制权力与地方环境规制权力是否良性互动？从行政权力内部来看，涉及生态环境规制的生态环境部门、水务部门、农业部门、建设部门、交通部门等职能部门之间的环境规制权力是否协调？

一、我国协商型环境规制权力配置的原则

（一）权力配置的协调性

协商型环境规制涉及中央环境规制权力和地方环境权力以及行政规制权力

---

[1]　郭道辉：《社会权力与公民社会》，译林出版社 2009 年版，第 130 页。

内部的配置，权力配置协调的环境规制体系才能有效保障协商规制的有效运行。从中央和地方环境规制权力来看，中央主要通过制定环境规制法律、法规和政策来实现对环境质量的整体性规制，地方环境规制主要通过执行环境法律、法规和政策，通过对环境违法主体和违法行为的规制，来保障环境质量的水平，这里面有着双重的权力逻辑。尤其是在我国，我国中央环境规制的诉求和地方环境规制诉求有时候也存在一定的冲突和矛盾，中央环境规制权力往往无法形成对地方环境权利的激励、督促、监督和制裁，导致中央环境法律、法规、政策无法落地生效，面临严重的"中梗阻"问题。

从环境规制行政权力的内部来看，与环境规制有关的行政部门不仅仅是生态环境部门，还包括水务部门、农业部门、建设部门、交通部门、规土部门等，虽然经过国家行政机构的改革和优化，现在关于生态环境规制的权力主要集中在生态环境部门，但是在具体的环境规制过程中，还是需要与水务部门、农业部门、规土部门、建设部门、交通部门之间的协调、协同和协商，这也是协商型环境规制中行政主体之间协商必要性、正当性和紧迫性的最要原因之一，否则可能会加剧环境规制行政权力的重叠化、交叉化，往往会增加环境规制行政机关权力内部的冲突和矛盾①。

（二）权力配置的均衡性

环境规制协商涉及行政权力、社会权力、司法权力之间的配置，稳定的环境规制权力结构应是均衡的，行政性权力、社会性权力以及司法性权力之间虽然处于环境规制协商的不同结构和过程，但都是为了推进环境规制协商的实施，都是为了更好保护环境质量，有效开展环境规制。根据反身法理论，社会子系统之间具有功能互补的关系，政治、法律、社会、文化、组织等各个社会子系统都具有独特的优势。具体到环境规制的权力生态之中，行政性权力、社会性权力和司法性权力也各自拥有推动环境规制协商的运行机制②。

行政性权力作为环境规制的行政主体，它运用法律授予的行政权力对环境

---

① 王灿发：《新〈环境保护法〉实施情况评估报告》，中国政法大学出版社 2016 年版，第 83 页。

② 李永林：《环境风险的合作规制：行政法视角的分析》，中国政法大学出版社 2014 年版，第 72 页。

违法行为进行规制，保障环境公共利益和相关主体的环境权益，它具有法定的强制力、先定力和执行力，它在环境规制协商中处于主导地位。基于对国外协商型环境规制的理论和实践的比较，不管是环境行政契约还是环境执法和解制度，包括我国的环保约谈、环境行政合同、生态环境损害赔偿磋商以及环境第三方治理等协商型环境规制的实践样态，都可以得出环境行政主体在环境规制协商过程中居于主导地位。因为，环境协商规制本质是一种环境行政管理权的行使和延伸，它只是引进私法自治协商的元素和理念，在行使环境规制权力的过程中增加了协商、沟通和合作的机制，但整个协商过程中行政主体是居于主导性地位。但是，环境规制主体的主导和引导地位，更多的是发挥在行政规制协商前调查取证、行政规制协商的发起、行政规制协商的组织等，但在具体行政主体与行政相对人以及利益第三人协商的过程中，他们之间是基于平等的协商、沟通和合作。

社会性权力主体包括企业、公众、环保社会组织、环保专家等，社会性主体一方面表现为环境权利的主体，具有拥有健康良好的环境权益，能够依法享有消费环境资源的权利；另一方面，社会性权力主体又可能是环境违法的责任主体，如企业的非法排污、公民或其他社会组织破坏环境质量等，这种双重权利主体增加了社会性权力配置的难度。作为环境违法行为的主体，国家行政规制权力作为公权力，依据环境法律法规，实现对环境主体的制裁、惩罚和处罚等，环境法律法规已经作了系统的规定[1]。基于对我国协商型环境规制的实践反思，结合国外协商型环境规制的经验启示，应进一步增加我国社会性权力主体的环境权，包括环境知情权、参与权、监督权和诉讼权。国外环境规制协商都非常重视社会性权力主体的参与、协商和监督，如发达国家环境协商制定规则制度和环境执法和解制度，都对社会性权力主体的知情权、参与权和诉讼权作了具体的规定，切实保障公民、社区、环保社会组织等利益第三人参与到环境规制协商的程序、过程之中，提升环境规制协商的民主性、公共性、价值性、公正性和认同性。

司法权力是环境规制协商公平性、公正性和合法性的最后一道屏障。环境司法权是制衡环境行政权，保障公民、法人、其他组织合法环境权益的基石，如果没有司法性权力的制衡和保障，社会性权力主体无法监督和规范环境行政

---

[1] 谢伟：《司法在环境治理中的作用：德国之考量》，载《河北法学》2013 年第 2 期。

权力，必然导致行政权力的异化和扩张①。借鉴发达国家协商型环境规制的理论和实践，可以发现司法机关一直都在环境规制协商过程和程序中发挥制衡性的作用。比如，发达国家的环境规制协商制度，经过行政机关、行政相对人以及公民代表、社区等利益第三人之间协商沟通，达成协商规制后，必须要按照《行政程序法》对协商规则进行公开评议，接受司法机关的审查和监督，一旦制定的环境规则违反环境法律，法院有权宣布该环境规制规则无效。在发达国家《超级基金法》里面，关于环境执法和解制度的规定，也赋予了法院对环境行政机关与行政相对人达成的执法和解协议进行司法审查的权力，凡是超过一定金额或者涉及环境执法实体性权利义务的和解协议，都需要接受法院的司法审查，只有法院司法审查通过的执法和解协议才具有合法性②。并且，环境规制行政相对人、公民等利益第三人认为环境执法和解协议损害了自己的合法环境权益的，有权向法院提起司法诉讼。

（三）权力配置的互动性

基于环境规制权力配置的结构性、整体性和系统性特点，结合环境协商规制权力配置的协调性、均衡性原则分析，我国协商型环境规制权力配置应遵循互动性原则。从行政性权力内部，应建构行政性权力内部（纵向和横向之间）的互动机制，纵向上要打通中央环境规制权力与地方环境规制权力的互动机制，将中央环境规制的法律、法规、政策的要求，通过地方各级环境规制权力主体执行落地，避免环境规制面临"中梗阻"。③ 这也是为什么我国政府如此重视命令型环境协商，强调环保约谈的重要作用，就是要通过环保约谈制度打通中央环境保护部门与地方政府、环保部门及其他相关部门的关系，将中央环保压力传导至地方各级党委、政府、环保部门，破解地方政府因"GDP导向"和"政绩导向"的环境规制逻辑，环保约谈制度事实上成了中央环境规制权力与地方环境规制权力协商、互动、沟通的一个制度性机制，满足了环境规制权

---

① 刘超：《反思环保法庭的制度逻辑》，载《法学评论》2010年第1期。

② 王明远：《论我国环境公益诉讼的发展方向：基于行政权与司法权关系理论的分析》，载《中国法学》2016年第1期。

③ 常纪文：《新常态下我国生态环保监管体制改革的问题与建议——国际借鉴与国内创新》，载《中国环境管理》2015年第5期。

力纵向互动的需求。针对环境规制权力内部的分散化问题，环境规制协商也要加强横向权力主体之间的协商、协调、协同和互动。当前，我国环境规制协商中横向行政部门之间的协同、协商、互动的最突出的特色就是生态环境委员会或生态环境改革领导小组、办公室等协商议事机构，通过这些制度化的环境规制相关委办局、条块之间议事协商机制，推动环境规制横向部门之间的协商、协调、协同和互动。在具体环境规制协商实践中，环境信息共享、环境联合执法等都推动环境规制协商横向权力主体之间的互动。

构建行政性权力、社会性权力和司法权力之间的互动机制，行政性权力如果缺乏规制和监督，就可能会出现异化和扩张，行政权力具有天然的扩张冲动和利益诉求，尤其是针对环境问题的规制。行政权力拥有企业、公民、环保社会组织、专家等社会性权利主体无法比拟的优越性。所以，要推动行政权力、社会性权力和司法性权力之间的互动，首先行政权力主体要依法行政，接受社会性权力主体的监督和司法性权力的审查和制衡①。我国具有行政主导型的传统，行政权力容易侵害行政相对人和利益第三人的合法权益，应强化对环境协商规制社会性权力主体的赋权和增能，给企业、公民、环保社会组织提供更多的实体性权利和程序性权利，参与环境规制协商的过程和程序，形成对行政权力的监督。借鉴国外发达国家协商型环境规制的经验，可以发现司法机关始终处于对行政权监督和审查的位置，发挥司法对行政权力的制衡和对公民、法人和其他组织合法权益保障的功能②。

二、我国协商型环境规制权力结构性平衡

（一）行政性权力有待于提升整体性

我国协商型环境规制面临的行政性权力仍然处于一种矩阵式的权力配置结构，这种矩阵式的行政权力配置结构，非常重视科层制的权力管理，具体表现为：一是行政性权力的扩张化。随着党和国家对生态环境的重视，我国生态环境规制取得重大的成就，比如出台的《中共中央国务院关于加快推进生态文明

---

① 张千帆：《流域环境保护中的中央地方关系》，载《中州学刊》2011年第6期。
② 王海峰：《地方政府环境规制悖论的成因及其治理》，载《行政论坛》2016年第1期。

建设的意见》《关于开展领导干部自然资源资产离任审计的试点方案》《党政领导干部生态环境损害责任追究办法（试行）》《环境保护督察方案（试行）》等文件；以及与协商型环境规制的相关《环境保护约谈暂行办法》《生态环境损害赔偿制度改革方案》《关于加强对环保社会组织引导发展和规范管理的指导意见》《国务院办公厅关于推行环境污染第三方治理的意见》等，从文件内容和实践趋势来看，环境规制依然是行政主导的、运动式的执法过程，很多地方爆发的"一刀切"问题，就充分凸现了环境规制行政权力的扩张。这与协商型环境规制的理念和理论是不能相容的，不利于协商型环境规制功能的发挥和制度的完善。二是行政性权力的碎片化[1]。纵向中央环境规制权力的重点和定位与地方环境规制的权力的重点和诉求存在着结构性矛盾，导致中央环境规制的法律、法规和政策难以得到贯彻、执行，地方环境规制权力的种种异化和扩张的行为，在环境保护属地管理和垂直管理双重体制下，中央环境规制权力不易直接作用到地方环境规制权力，导致地方环境保护主义、行政不作为、行政乱作为等[2]。从横向权力配置来看，虽然新一轮国家机构改革之后，三要的生态环境规制职权职能已经集中到生态环境部门，但是受环境系统性的影响，还是需要水务部门、农业部门、建设部门、规土部门、交通部门在具体环境规制执法过程中还会存在大量的权力交叉和重叠，还是需要横向的权力协调、互动和协商。所以，我国当前环境规制行政权力虽然取得一定的集中和整合，但是从宏观制度和微观机制来看，依然面临环境规制权力碎片化。

（二）社会性权力有待于提高参与性

建构我国协商型环境规制需要强化社会性权力主体的参与，吸引公民、法人、其他组织参与环境规制协商，但是对比国外协商型环境规制的理论和实践，如日本公害防止协议、环境行政契约、协商制定规则、环境执法和解制度等，都非常重视社会性权力主体的参与、协商、合作和互动。如发达国家协商制定规则，专门制定《协商制定规则法》，对社会性权力主体的知情权、参与权、监督权、协商权、诉讼权作了系统的规定，以此保证与环境规制规则相关

---

① 吕忠梅：《监管环境监管者：立法缺失及制度建构》，载《法商研究》2009 年第 5 期。
② 杜辉：《挫折与修正：风险预防下之环境规制改革的进路选择》，载《现代法学》2015 年第 1 期。

的公民、法人、其他组织充分的参与到协商过程中①。由于环境规制的专业性、复杂性和技术性，参与协商不仅仅需要公民代表、社区代表，更需要环保社会组织和环保专家的参与，公民代表参与能够有效提升环境规制协商的民主性和公共性，环保专家和环保社会组织参加环境规制协商，能够提高环境规制协商的专业性和科学性。但是，对照我国协商型环境规制的法律、法规和规范性文件，我国社会性权力主体的知情权、参与权、监督权、协商权和诉讼权还缺乏实体性权利和程序性权利的保障②。以环保社会组织为例，如《中华人民共和国环境影响评价法》并没有明确规定将环保社会组织列为征求意见之列，缺乏制度化的参与机制是影响环境第三方治理的核心因素；如在环境执法层面，政府转移职能不够，"放管服"不到位，没有将适宜环保社会组织实施的规制权力转移给环保社会组织，导致治理机制僵硬；如关于环保社会组织提起环境公益诉讼，诉讼费用的缴纳仍然沿用 2006 年的《诉讼费用交纳办法》，没有回应环境公益诉讼的特殊性。整体上看，我国协商型环境规制中社会性权力主体处于"边缘化"的法律地位③。

（三）司法权力有待于强化监督性

基于对我国协商型环境规制的实践样态分析，从环保约谈、环境行政合同、生态环境损害赔偿磋商以及环境第三方治理等，司法权力对环境规制协商过程中行政性权力的审查、制衡和监督严重不足，对社会性权力主体的司法保障也缺乏系统性、程序性的制度设计，导致我国司法权力在我国协商型环境规制过程中处于"虚置化"的地位④。比如，我国生态环境损害磋商制度，该制度具有很强的行政性，赔偿权利人（地市级以上政府以及制定的部门或机构）在整个生态环境损害赔偿磋商过程中居于主导地位，前期的调查取证、提出磋商邀请、磋商程序建构、达成磋商协议等，再加上我国行政主

---

① "Relections". Sheddon Krimsky and Dominic Golding des..Social Theories of Risk. Westport, CO：Praeger.

② 秦鹏、李奇伟：《污染场地风险规制与治理转型》，法律出版社 2015 年版，第 50 页。

③ 郭红欣：《环境风险法律规制研究》，北京大学出版社 2016 年，第 67 页。

④ 李永林：《环境风险的合作规制：行政法视角的分析》，中国政法大学出版社 2014 年版，第 89 页。

导型国家背景，赔偿权利人容易出现扩张和异化的可能，甚至会发生赔偿权利人胁迫、威逼、施压以求达成磋商协议的情况。所以，应该借鉴发达国家环境执法和解制度，发挥司法机关对磋商协议的司法审查，但当前，我国生态环境损害赔偿磋商尚没有法院审查的制度设计，而是允许赔偿权利人将磋商协议申请司法确认，一旦得到法院的司法确认，磋商协议就具有强制执行的效力，可以申请人民法院强制执行，从中可以看出我国生态环境损害赔偿磋商制度中权力配置，不是强化司法权对行政权的制衡和监督，而是司法权对行政权的保障，这与国外协商型环境规制的理念、理论和实践有着根本性的差异①。

三、我国协商型环境规制权力整体性建构

由于环境规制协商突破了传统规制行政对形式法和实质法的要求和规范，与传统的依法行政、法律优化、法律保留等原则之间存在一定的张力和矛盾。所以，根据我国协商型环境规制权力配置协调性、均衡性和互动性的原则，针对我国协商型环境规制权力配置存在的碎片化、边缘化、虚置化等结构性困境，围绕我国协商型环境规制的实践制度，整体性建构我国协商型环境规制的权力配置②。

（一）强化对环境行政性权力的规范

针对环境规制权力的扩张化问题，加强人大、政协、监察机关对政府落实环境法律、法规和政策以及具体环境规制执法行为的监督和问责，结合中央环境督查、中央环保约谈等，开展针对性的环境执法检查，重点查处地方政府的重大环境决策、环境行政不作为、环境行政乱作为等行政权力行使问题；推动人民检察院开展环境保护行政公益诉讼，环保社会组织开展环境民事公益诉讼，鼓励公民、法人、其他组织对各级政府、环境规制部门违法渎职行为进行

---

① 胡苑：《"垃圾围城"求解：论产品导向型环境法律责任》，载《华东政法大学学报》2012年第4期。

② 黄新华：《政府规制研究：从经济学到政治学和法学》，载《福建行政学院学报》2013年第5期。

投诉、举报、监督。尤其在环境规制协商过程中，如环保约谈整改方案的形成和落实、环境行政合同的签订和执行、生态环境损害赔偿磋商协议的达成和执行、环境第三方治理的实施等协商型环境规制实践过程中，要发挥人大、政协、监察机关的监督和问责，鼓励公民、企业和其他社会组织参与对环境规制行政权力主体的监督。

针对环境规制权力碎片化问题，应从纵向上强化中央环境规制权力对地方环境规制权力的监督和问责，借助当前环保约谈、环保督查、生态环境审计责任等制度，将环境规制的压力和责任传导至地方环境规制权力主体，促进中央环境规制权力主体与地方环境规制权力主体的互动和协调，推动环境规制权力上的央地互动和央地协同。这也是中央力推环保约谈制度的重要初衷，就是想通过环保约谈，破解生态环境监管的体制障碍，打破地方环境保护的藩篱，中央环境规制部门直接约谈地方各级政府和环境规制部门，将环境规制的责任直接转移到地方各级党委、政府和环境规制部门，借助我国独特的压力型体制和党政同责、一岗双责的责任机制，促进环境规制权力的央地互动和协调。从横向上，继续完善生态环境监管体制改革，优化生态环境部门、水务部门、农业部门、规土部门、建设部门、交通部门之间的职权职责，强化环境规制相关部门之间的信息公开、信息共享、联合执法和信用体系联合惩戒，实现横向环境规制权力的互动和协调①。

（二）健全环境规制社会权力体系

我国协商型环境规制权力配置的结构性失衡重要体现就是环境规制社会性权力的边缘化，无法承担起参与环境规制协商、监督和制约环境规制行政权力的扩张和异化的重任。这里既有环境法律法规对社会性权力主体的赋权赋能的不足，也有我国环境规制社会性权力主体自身的发展滞后问题。前者表现为当前针对公众参与环境规制协商的法律制度、法律程序、法律形式还不成熟完善，导致公民、环保社会组织、环境专家等社会性主体缺乏参与环境规制协商

---

① Piotrowski，S. J.（2017）.The"Open Government Reform"Movement：The Case of the Open-Government Partnership and U.S.Transparency Policies. American Review of PublicAdministration，47（2）.

的渠道和机制①。如在环境约谈过程中，虽然规定了社会性权力主体参与环保约谈实施，但主要停留在列席者的层次，缺乏深度参与协商、沟通的权利保障。关于公众参与环境规制协商自身能力不足问题，最突出的表现就是我国环保社会组织发展滞后，环保社会组织的公信力、专业性和公正性不能得到社会的认可，没有能力在环境规制协商过程中发挥第三方组织的专业性、公益性和公正性的功能，制约了环境规制协商的民主性、价值性和正义性的制度绩效。

所以，应该进一步完善环境法律、法规和规范性文件，在《环境保护法》《政府信息公开条例》《环境保护公众参与办法（试行）》《企业事业单位环境信息公开办法》等增加公民、法人、其他组织参与环境规制协商的权力内容。加大对环保社会组织培育的力度，明确规定环保部门如果没有听取环保社会组织的意见和建议将承担的法律后果、法律责任；建议在《中华人民共和国环境影响评价法》将环保社会组织列为征求意见之列②。建议修改《社会团体登记管理条例》，允许同一行政区域内成立相同或者相似的社会团体，促进环保社会组织竞争发展。

（三）强化司法权力的监督和保障

应对环境规制协商的适用范围、合法性审查以及司法救济制度进行完善和创新③。为了有效保障企业的合法权利应建构环境协商规制的救济机制。其一，明确环境协商之适用范围。尤其是针对基于环境行政权实施的强制性协商时，应兼顾环境规制的风险性、必要性、可能性以及不确定性等因素，仅针对那些风险极高、危害极大的环境风险规制纳入强制性环境协商的范围。当然，如果是基于环境规制机构与被规制者之间自愿的、平等的协商，只要不违反法律保留和法律优先等基本原则即可④。其二，推动环境协商之司法审查。为了强化

① M．Khanna，Non-mandatory Approaches toEnvironmental Protection，Journal of EconomicSurveys，Vol.15，No．3，2001.

② 谢菊、刘磊：《环境治理中社会组织参与的现状与对策》，载《环境保护》2013年第23期。

③ 刘水林、王波：《论环境法公共实施与私人实施的结合与衔接》，载《甘肃政法学院学报》2011年第6期。

④ Mary Douglass：Risk Acceptability According to the Social Sciences. London：Routledge，2003.

环境规制协商的合法性和公正性，要建构司法机关参与环境协商的程序机制，如发达国家环境执法和解制度，就充分发挥了司法机关的制衡和监督功能，如对和解协议金额超过 50 万美元或者涉及环境恢复措施的和解协议应当提交地区法院审查，法院对和解协议的自愿性、公正性、合理性、合法性进行审查，审查同意后以同意令的形式颁布，此时，执法和解协议才具有法律效力，以此来保障司法权对行政权的制衡①。其三，强化环境协商之司法救济。有权利必有救济，否则所谓的权利将成为一纸空文。针对环境规制协商行为，既要承认其具有传统命令型环境规制和激励型环境规制所没有的功能和优势，也要防止其脱离法律的规制，造成环境规制协商的"合法性"危机。所以，应强化对环境规制协商的司法救济制度设计，一旦规制机构没有履行规制协商协议的职责和义务，或者被规制者或利益相关者认为环境协商规制损害他们的合法权益，都拥有可将之诉至法院之权利②。

第四节　我国协商型环境规制的程序机制

协商型环境规制与命令型环境规制和激励型环境规制的本质区别就是程序过程导向，走出传统环境规制的问题导向和结果导向的窠臼，建构一种基于协商程序和沟通过程的新型环境规制模式。程序机制是协商型环境规制功能发挥和机制运行的核心要素，它具有规范规制协商过程中的行政权力、保障规制协商过程中的社会权利、落实环境规制过程中的司法权力的作用。

一、我国协商型环境规制程序机制的功能

程序是协商式法律实施的保障，没有程序的协商将会走向"无政府主义的深渊"或者"极权主义的游戏"。发达国家规制性协商机制是采用协商委员会

---

① ［美］戴斯·贾丁斯：《环境伦理学：环境哲学导论》（第 3 版），林官明、杨爱民译，北京大学出版社 2002 年版，第 79 页。

② ［美］奥利·洛贝尔：《当代法律思想中的管制的衰落与治理的兴起》，成协中译，罗豪才编：《行政法的新视野》，商务印书馆 2011 年版，第 34 页。

的形式，将那些与政府规制有明显利害关系的利益主体纳入协商过程，力求通过协商促进利益主体达成共识，并将协商作为法定程序的实施机制。规制性协商的主要流程：一是前协商阶段：包括是否采用规制性协商程序，行政机关自身的考虑要素，召集人确定规制性协商适用的协助，《意向公告》发布后公共评论和代表申报的影响等内容。二是协商阶段：包括协商委员会的组建和运作，独立促进人的提名和选择，协商委员会通过协商形成报告等内容。三是后协商阶段：包括补充工作和协商委员会终止等，也有学者指出应该继续保留后协商阶段的协商委员会等相关机构和组织，保障规章执行过程中的参与、制约和监督。发达国家协商性规制通常都会高度重视规制部门、利益相关者之间协商的程序、环节、流程，以《协商制定规则法》的形式推动规则制定过程中的参与、协商和救济[1]。我国协商型环境规制程序机制具有以下功能：其一，从参与的程序分析。当前，环境协商规制的实践中，哪些主体可以参与环境协商规制，需要提供哪些环境协商规制的相关信息，如何参与到环境协商规制之中，在环境协商规制的过程中拥有哪些权利和义务，这是确保协商型环境规制合法性、合规性和公正性的最重要法律机制，如果缺乏程序性的规范，可能会导致协商规制协议的合法性危机，不利于实现环境协商规制作为一种新型的环境法实施制度的目标。程序机制是对环境规制行政权力的规范和约束，确保行政机关依法行政，亦是对公民、法人、其他组织等社会性权利主体的权利保障，避免环境规制协商过程中行政权的无序扩张和异化，以及公众参与缺乏法律机制和获得法律救济的渠道[2]。其二，从协商的程序分析。环境协商规制过程中需要行政主体、行政相对人、利益第三者等多元主体的协商互动，包括一个庞大的协商体系[3]。从整个社会权力结构上论述，包括公权力、私权利、社会权力之间的协商，从具体行政性权力结构上，包括纵向中央环境规制权力与地方环境规制权力之间的协商程序，横向上生态环境规制部门、水务部门、农业部门、建设部门、交通部门以及规土部门之间的协商层序；还包括行政权与司法

①　蒋红珍：《治愈行政僵化：美国规制性协商机制及其启示》，载《华东政法大学学报》2014 年第 3 期。

②　Satish Joshi，Ranjani Krishnan & Lester Lave，Estimating the Hidden Costs of Environmental Regulation，The Accounting Review，Vol. 2，2001.

③　M．Khanna，Non-mandatory Approaches to Environmental Protection，Journal of Economic Surveys，Vol.15，No. 3，2001.

权之间的协商程序。所以说，建构我国协商型环境规制模式，协商程序居于核心地位，协商程序的科学化、规范化和法治化水平，是我国协商型环境规制有效运行的内在逻辑①。其三，从救济的程序分析。环境协商规制作为一种环境法实施的制度，按照"有权力就有救济"的原则，亟需完善环境协商规制的救济程序。我国协商型环境规制的理论和实践尚在探索和完善之中，受我国行政体制的影响，环境规制行政权力有时候也会出现权力扩张和权力异化，在具体协商型实践制度的运行中，很容易发生环境规制机关利用自己的行政权力和执法资源，胁迫、威胁、强迫被规制者达成协议的情形。如果没有完善的救济程序机制，被规制者以及利益第三人就很难保证自己的合法权益，也无法实现环境行政规制权力的监督和制约。

二、我国协商型环境规制程序机制的健全

环境风险具有传统工业风险、制度化风险和现代性风险的多重特点，是一种环境风险叠加、累积的后果，导致环境风险不仅表现为客观环境损害，还可能表现为一种主观的环境风险感知，即公众的环境情感认同，这增加环境污染风险规制的复杂性和艰巨性②。所以，需要跳出传统命令控制范式下的环境规制机制，从民主协商范式下重构环境规制模式③。但我国环境规制协商机制还需要进一步规范。

其一，系统性程序有待于进一步健全。基于民主协商范式的视角，应建构基于主体、过程、协商的系统性程序，保障多元主体在协商前、协商中、协商后权力（利）、义务、责任，但当前的环境规制协商的法律、法规和规范性文件以及实践案例都缺失系统性的程序内容，大多集中于环境规制过程的简单程序规范。以环保约谈为例，根据现有的环保约谈的法律、法规、规范性文件以及具体的实践案例，公众代表、媒体、政风监督员、人大代表和政

---

① [美] 詹姆斯·约翰森：《支持协商：关于某些怀疑的思考》，载约·埃尔斯特主编：《协商民主：挑战与反思》，周艳辉译，中央编译出版社 2009 年版，第 93 页。
② 经济合作与发展组织：《OECD 国家的监管政策从干预主义到监管治理》，陈伟译，法律出版社 2006 年版，第 44 页。
③ [美] 詹姆斯·菲什金、彼得·拉斯莱特：《协商民主论争》，张晓敏译，中央编译出版社 2009 年版，第 95 页。

协委员等都是列席主体，缺乏多元主体参与环保约谈的体制机制设计。依然是强化上级环保主体对下级环保主体的政治威慑，强化环保行政主体对相对人的行政高压，不利于调动体制内条块资源的整合、互动和协同，不利于激发体制外的专家、环保社会组织、媒体、公众等社会性主体参与的活力和动力。其二，协商性程序有待于进一步完善。协商型环境规制蕴含着协商价值取向和互动运作机制，只有主体间展开深度的沟通、互动、合作，甚至是博弈和妥协，才能真正促进协商型环境规制的"工具理性"和"价值理性"的统一。基于对中央、省、市、区县四级环保约谈规范性文件检索，仅有《杭州市余杭区环境保护局企业约谈暂行规定》体现了一定的沟通交流、分析讲评[①]，其他环保约谈规范性文件均强调约谈实施主体提高整改要求，被约谈对象进行表态性发言，进行整改落实，依然是一种单向的权力运作。其三，救济性程序有待于进一步健全。协商型环境规制作为一种行政措施，对被规制对象以及利益第三人的利益会带来实质性影响，应授予被规制对象或利益第三人提起复议、调解、诉讼、赔偿的权利，并规定相应的操作程序，但当前协商型环境规制法律、法规对被规制对象以及利益第三人的程序性保护和实体性保护还不健全。

三、我国协商型环境规制程序机制的规范

不管是一种政治理论，还是作为一种政治实践，协商民主在当代西方国家都有很大的影响[②]。协商民主的适用领域是关于公共领域的讨论和商谈，是一种基于决策环节的民主参与和协商合作，是一种参与性民主和实践性民主。协商民主关注的是一些具有争议性的公共话题，强调相关利益主体的参与、协商和决策，而不是一种单向度的行政行为、强制措施。协商民主理论的发展给传统的行政行为注入了合作、服务、协商的新理念。如规制理念就深深地根植于更宽泛的民主治理思想。也就是说，发挥监管功能所涉及的任务，不仅包括各种工具的设计和实施以及工具之间的协调配合，还包括那些内在的与民主治

① 张锋：《环保约谈：多维动力、功能逻辑与作用机制》，载《环境保护》2018 年第 17 期。

② [美] 约翰·S. 德雷泽克：《协商民主及其超越：自由与批判的视角》，丁开杰译，中央编译出版社 2009 年版，第 88 页。

理有关的更广泛问题，如透明度、可问责性、效率、适应性和一致性①。当然，协商民主的公共领域建构是基于公民社会的发展，需要大量公共性、草根性、专业性和公益性的社会组织，形成公共领域的巨大舆论，来引导和影响公共政策的制定、发展和变迁。

协商型环境规制作为一种柔性的行政措施、过程性的规制，通过协商型环境规制实施主体与下级地方政府、生态环境部门、企业的当面沟通协商，共同面对环境污染问题，达成一致的整改意见，提高地方政府、生态环境部门、企业环境规制的自觉性、主动性和积极性，起到"事半功倍"的效果。内嵌于协商型环境规制机制的协商性、平等性、双向性、互动性特点，有利于环保利益相关者共同面对环境风险的不确定性、主观性、流动性、代际性以及不可修复性。通过协商型环境规制，相关环保利益主体参与到环境规制的管理、决策、监督全过程，构建一种基于商谈、过程的环境行为决策模式，从源头上规避环境风险，从过程上规制环境的违法行为，从契约上激励环境主体的行为，实现环境正义、规制责任、公民权、社会参与的统一。当前，应培育大量环保社会组织，推动环保公共政策的公众参与、公共协商和良性互动，解决环境规制作为一种公共物品面临的"市场失灵"和"政府失灵"，以及规制过程中的"搭便车""道德风险""信息不对称"和"集体行动的困境"等问题②。

协商型环境规制作为预防环境风险的特色制度，除了通过命令性环境规制机制发挥作用外，还应充分发挥协商性机制的优势（上下级行政内部的协商，体制内外行政相对人的协商），尤其是针对企业的协商型环境规制，应听取行政相对人的解释，说明问题原因，同时邀请相关部门、媒体和公众参与，而不是单纯的上级政府、生态环境部门单向的、对抗式、惩罚性的制裁，更需要体现双方的协商、合作、互动和共识，促进实现环境规制行政主体与行政相对人、利益第三方的"重叠共识"和"齐心协力"③。

---

① 经济合作与发展组织：《OECD 国家的监管政策 从干预主义到监管治理》，陈伟译，法律出版社 2006 年版，第 59 页。

② 刘水林：《风险社会大规模损害责任法的范式重构——从侵权赔偿到成本分担》，载《法学研究》2014 年第 3 期。

③ ［德］哈贝马斯：《在事实与规范之间——关于法律和民主法治国的商谈理论》，童世骏译，三联书店 2003 年版，第 126 页。

其一，完善协商型环境规制的系统性程序。借鉴发达国家环境协商规制的模式，对前协商阶段、协商阶段、后协商阶段的相关程序做出明确具体的规定，如前协商阶段要发出《意向公告》，听取相关主体的意见和公共评论；协商过程中要组建专门的第三方协商委员会，负责具体的协商实施；后协商阶段，要强化相关利益主体对协商规制的参与、监督和问责。其二，规范协商型环境规制协商性程序。我国协商型环境规制程序应坚持协商、沟通和互动的建构原则，关于协商主体、协商内容、协商程序、协商形式、协商反馈以及协商结果公开，都是为了促进环境协商规制的行政主体与行政相对人、利益第三人之间的协商，充分保障主体间"协商理性"和"沟通理性"。针对行政主体要完善协商性程序设计，规范和制约行政主体在协商过程中扩张和异化，确保环境规制协商公共性、公益性和社会性；针对行政相对人，要充分保障行政相对人在环境协商过程中的权利，能够充分表达诉求、平等协商，促进环境协议、契约、合同的公正性、平等性和合意性；针对利益第三人，要建构利益第三人参与协商的程序，既是保障公民、法人、其他组织的环境知情权、参与权、监督权和诉讼权的根本体现，也是保障协商型环境规制的民主性、合法性和价值性的重要内容。其三，健全协商型环境规制的救济性程序。根据"有权利就有救济"的法治原则，建构针对企业的协商型环境规制法治化救济机制，探索企业针对协商型环境规制提起的行政复议、行政调解、行政诉讼、行政赔偿等一系列衔接制度的程序规范，既要保证协商型环境规制的权威性和严肃性，又要保护企业的合法权益，避免协商型环境规制的异化。

基于对我国环境污染（风险）的结构性特征和深层次原因的分析，建构于传统农业社会、工业社会基础上的命令控制范式下的环境规制更适合主体明确、原因清晰和对象具体的环境违法问题[1]，但往往无法回应风险社会背景下环境污染的突发性、专业性、主观性、复杂性等特征，无法突破当前我国环境污染规制面临的体制性、制度性和机制性瓶颈，亟需探求新的规制范式的制度机制[2]。为更好地发挥协商型环境规制制度的功能，还应处理好"三个问题"：一是解决协商型环境规制的适用边界问题，应避免协商型环境规制的"扩大化、

---

[1]　王沪宁：《社会资源总量与社会调控：中国意义》，载《复旦学报（社会科学版）》1990 年第 4 期。

[2]　董正爱、王璐璐：《迈向回应型环境风险法律规制的变革路径》，载《社会科学研究》2015 年第 4 期。

随意化、过度化、单向化、强制化"和"一刀切"现象，科学界定协商型环境规制的启动条件。二是解决好协商型环境规制与其他环境法实施机制的衔接问题，应健全衔接机制，合理选择行政处罚、行政复议、行政调解、行政诉讼、行政赔偿等制度的衔接和互动。三是解决好协商型环境规制的模式选择问题。协商型环境规制作为一种新型环境法实施机制，应采取类型化的视角探索其蕴含的命令控制型环境规制机制和民主协商型环境规制机制，根据协商型环境规制的对象、事由、损害和风险等，科学选择协商型环境规制机制的适用类型，充分借助我国政治制度、行政体制和文化传统的资源优势，又能发挥民主、协商、合作、互动、共治、认同等在协商型环境规制中的功能机制[1]，以风险规制为视角，以过程为中心，建构协商型环境规制模式，促进协商型环境规制的主体互动、功能互补和机制协调。

第五节　我国协商型环境规制的趋势展望

命令型环境规制、激励型环境规制与协商型环境规制的适用领域、条件、对象和主体是不同的，应结合导致环境问题的主体、原因和对象进行不同的选择，如针对具体的、明确的、清晰的环境问题，采用命令控制型环境规制效果明显；而针对模糊的、不确定的、主观性的环境问题，则采取民主协商型环境规制更有利；从主体的性质分析，如针对行政主体的不作为、乱作为、甚至"合谋"行为等环境职能职责履行不力，则更宜采用命令控制型环境规制模式，而如果针对的是企业等市场主体，单纯的命令控制型环境规制可能不是唯一的、最好的选择，应结合导致环境问题具体的原因，科学选择命令控制型和民主协商型两种环境规制模式[2]。随着我国整治、经济、社会、文化、生态体制改革的深入推进，未来我国环境规制模式的发展趋势，将是一种"整合—优化"型环境规制模式，强调环境规制理念的整体性、规制主体的多元性、规制

---

[1]　Raeymaeckers，P.　& Kenis，P.（2016）.The Influence of Shared Participant Governance on theIntegration of Service Networks：A Comparative Social Network Analysis. International PublicManagement Journal，19（3）.

[2]　王曦、胡苑：《美国的污染治理超级基金制度》，载《环境保护》2007 年第 10 期。

工具的综合性、规制机制的协同性以及规制制度的系统性，是一种复合型、多层次、多中心的环境规制模式。

一、我国协商型环境规制理念的包容性

包容性规制的理念体现在"整合—优化"型环境规制模式上，主要表现为价值、过程和目标。其一，从价值上分析，包容性环境规制兼顾工具理性与价值理性的统一、当前利益与未来利益统一、经济发展与生态保护的统一，表现为多维价值的统合与多元文化的融通，体现着可持续发展和绿色发展的价值导向。其二，从过程上分析，协商型环境规制强调规制过程中的平等性、参与性、自治性、协商性和合作性，促进环境规制结构中的政府监管机构、环境企业、环保社会组织、公众、媒体等多元主体的充分参与、深度协商和合作规制，最终提升环境规制结构的网络化、多元化、体系化。其三，从目标上分析，包容性规制突出环境规制成果的共建共治共享，强调以公开、透明、公正为特征的规制逻辑，环境权力的配置、环境利益的分配、环境风险的防控、环境成本的分担、环境成果的分享以及环境责任的追究都体现兼容性、共容性和包容性，实现环境规制模式的整体性、协调性和系统性。

二、我国协商型环境规制主体的多元性

"整合—优化"型模式强化环境规制主体的多元化和规制结构的网络化，根据环境规制的差异性、层次性和复杂性，构建政府、政府监管部门、环境企业、环保社会组织、公众、媒体等多元主体共治机制。其一，政府主体的主要目标是强化环境规制的立法、执法、司法以及环境公共政策的制定，保证环境执法的及时性、有效性和权威性，保障环境企业、公众、其他社会组织的环境诉讼权益，强化法律的权威性和威慑力，为其他环境规制主体作用发挥夯实制度性基础。其二，市场主体主要强化环境法律意识，自觉遵守环境领域的法律法规和制度，主动配合政府开展环境规制，落实环境规制的主体责任。尤其是借助环境税、排污费、碳交易、财政补贴、排污权交易制度及押金制度等，发挥环境企业在环保技术创新、应用，以及自我规制、事前预防、风险控制等方面的优势。其三，环保社会组织、媒体、公众要积极参

与环境规制，强化对政府和环境企业的监督。尤其是环保社会组织，要充分发挥自身的公益性、组织性、专业性等优势，积极参与环境规制公共领域的协商、合作、沟通和互动，发挥政府监管机构、环境企业、公众、媒体之间的桥梁和纽带作用，实现"命令—服从"型环境规制模式、"经济—激励"型环境规制模式以及"自治—协商"型环境规制模式之间的良性互动、功能互补和主体互构[①]。

三、我国协商型环境规制工具的综合性

"整合—优化"型模式注重规制工具的综合性，突出运用法律、标准、财政、税收、排污权交易、信息披露制度、自愿性协议、环境管理标志与环境管理体系，共同实现"整合—优化"型环境规制模式的制度目标。笔者将环境规制工具类型化为威慑型工具、激励型工具、协商型工具，总体分析如下：其一，从结构上分析，威慑型工具是保障激励型工具和协商型工具发挥作用的前提和条件；激励型工具是推动"整合—优化"型环境规制的动力和推手，协商型工具是实现"整合—优化"型环境规制的基础和保障，结构上具有互补性；其二，从趋势上分析，传统的环境规制工具主要集中在威慑型工具上，如运动式执法等，随着我国环境规制体制机制的调整优化，可能更多的规制工具将转向市场手段，强化发挥市场机制的激励功能和引导功能，如环境税、排污权交易以及环境押金制度等；未来在更高层面上协商型工具将发挥重要的作用，它是型构我国环境规制结构、规制网络和规制机制的关键力量[②]。其三，从效果上分析，威慑型环境执法工具多是以行政高权为基础的单向度的行政权力的实施，缺乏对执法对象的考量，容易遭到执法对象的抵制，同时体制机制运行的成本巨大，实施效果受到较大的限制；激励型工具强调发挥价格信号、竞争机制和供求规律来引导激励环境企业改善其环境决策行为，是一种赋权式的实施路径，容易得到企业的认同，实施效果较好；协商型工具强化信息披露制度、自愿性环境协议和环境标志及管理体系在环境规制中

① 陈海嵩：《绿色发展中的环境法实施问题：基于 PX 事件的微观分析》，载《中国法学》2016年第 1 期。

② 洪大用：《复合型环境规制的中国道路》，载《中共中央党校学报》2016 年第 6 期。

的作用①，是一种自发性、自觉性、主动性、内涵性的环境规制，是在沟通、协商、合作、合意的前提下采取的环境决策行为，效果最好。

四、我国协商型环境规制机制的协同性

要实现"整合—优化"型环境规制模式制度目标，需要构建协同性规制机制。其一，参与机制。"整合—优化"型环境规制模式是依据整体性规制的理念、多中心规制的结构、综合性规制的工具为支撑的，必须保证环境规制过程中环境企业、环保社会组织、公众、媒体的参与，相关利益主体的诉求得到充分的表达。促进环境规制公共领域中的民主协商、理性沟通和合作规制，提高环境公共政策制定的科学性、民主性和法治性。其二，协调机制。"整合—优化"型环境规制的核心是政府、环境企业、环保社会组织、公众、社区等主体利益的协调，它包括环境公共利益与经济发展利益的协调、当代人与未来人之间利益的协调、环境生态与人类生存之间利益的协调，须构建完善的利益协调机制。其三，激励机制。环境规制具有公共物品的属性和特点，同时环境违法行为具有负外部性的特征，环境企业受成本收益的影响可能会更多的考虑投资收益，公众受个体信息能力、信息成本的约束可能会出现"搭便车"行为，造成"公地悲剧"，最终损害社会整体环境利益。所以，必须建立经济激励机制，通过市场的力量，通过财政、税收、补贴以及排污权交易机制来激发环境企业的守法行为，以公益诉讼、集团诉讼等方式激励公众参与环境维权，形成对环境企业和政府的监督；通过环保社会组织的培育，以政府购买服务的方式，激励环保社会组织在环境规制中发挥协商型主体的功能，参与对环境企业、政府监管部门的监督制衡②。

五、我国协商型环境规制制度的系统性

"整合—优化"型环境规制模式强化制度的系统性，根据我国环境规制领

---

① 徐祥民：《环境质量目标主义：关于环境法直接规制目标的思考》，载《中国法学》2015 年第6 期。

② 吕志奎：《通向包容性公共管理：西方合作规制研究述评》，载《公共管理评论》2017 第 2 期。

域存在的突出问题，应重点完善以下制度体系。其一，完善威慑型制度。一要完善污染排放标准，提高我国环境标准的科学化、民主化和法治化水平，强化标准制定过程中的利益主体的参与，避免因标准的不科学导致基层执法无所适从，以及标准对环境企业的规制失灵（标准过高、过低、变化太快）；二要强化对环境监管机构、环境企业的责任惩罚制度的设计，尤其是关于环境规制者的责任设计，要充分体现我国党政同构、条块关系和央地协同的国情和实际，充分挖掘体制内的资源，强化对规制者的监督问责，如当前开展的督查、约谈等都是强化强化地方政府、监管部门为重点的制度规范。同时，构建针对环境企业、公众的差异化、多层次和个性化的责任制度，提高针对性和实效性[①]。其二，强化激励型制度。一要完善以环境税、排污权交易、财政补贴等激励环境企业环境自觉守法的制度；二要探索延伸生产者责任，以押金制度、保证金制度、环境规制基金、环境责任强制险等新型的激励性制度，充分发挥价格信号、供求规律和竞争机制在环境规制中的作用。其三，探索协商型制度。一要落实环境信息强制性披露制度。环境信息具有较强的专业性，并且环境监管机构、环境企业、环保社会组织、公众、媒体之间环境信息高度不对称。环境企业一般不会把不利的环境信息披露出去，甚至环境监管机构处于政绩的考量也会选择性的披露环境信息，这已经成为制约环境信息公开、公众参与、协商规制的关键瓶颈，亟需完善环境企业、环境监管机构、环保社会组织的环境信息强制性披露制度。二要健全环保信用评价制度，由于环境规制的风险性、复杂性和系统性的特点，需要发挥社会信用体系的作用，促使环境企业遵守环境法律法规，事前防控环境风险；三要探索自愿性协议、环境认证、环境管理体制等新型的协商性制度。激发环境企业的自发、自觉、自主开展环境规制，将环境规制作为企业行为方式、价值观念和企业文化的核心内容，形成内生型和内涵型的环境规制制度[②]。

基于环境规制理论流派的类型比较和环境规制模式的制度绩效分析，论证了我国环境规制模式发展的趋势，即整合命令型、激励型和协商型环境规制模式的优势和特点，走向一种"整合—优化"型环境规制模式。该

---

① 姚劲松、吴定勇：《从离散呈现到促进协商：环境规制共识达成中的传媒策略》，载《西南民族大学学报》（社科版）2017年第1期。

② 秦鹏：《环境协商规制：理论建构与实现路径》，载《西南民族大学学报》（社科版）2017年第7期。

模式强调环境规制理念的包容性、规制主体的多元性、规制工具的综合性、规制机制的协同性和规制制度的系统性。未来我国的环境规制模式仍然处于整合、优化、发展和变动的过程之中，但是环境规制模式的演进将遵循以下原则①。

第一，开放性原则。其一，理论和方法的开放性。环境规制是典型的跨学科、多学科、集群化的研究领域，综合性研究、整体性研究以及交叉性研究的基础是开放的学术视野，所有环境规制模式的演进将更加注重借鉴经济学、社会学、政治学、管理学、法学等多学科的理论和方法。其二，主体开放性。环境规制主体除了传统的政府监管机构、环境企业之外，更加注重环保社会组织、公众、新闻媒体，甚至环保国际组织，将呈现一个更加开放的多中心规制体系；其三，内容的开放性。环境规制的内容更加深化、拓展和延伸，从传统的环境权利保护、环保利益保障、环境生态规制到生态文明发展、环境正义与责任以及人类命运共同体，将会是一个更加立体、系统和动态的环境规制内容。

第二，渐进性原则。环境规制模式的演进是一种制度变迁的过程，需要将环境规制的制度嵌入到我国经济、文化、社会结构之中，才能真正发挥制度的功能和优势。其一，从历史的维度分析，我国改革开放的进程就是政府主导下的渐进式改革，具体到环境规制模式，渐进式推进具有历史传统和实践基础，风险和成本较低。其二，从空间的维度分析，我国地域广阔，东、中、西不同地区的差异较大，地区发展还存在较大的不平衡和不充分，需要渐进实施，逐步推进。其三，从文化的维度分析，环境规制模式的演进表面看是各种规制法律、法规、技术、设备、工艺以及制度的创新和发展，其背后是规制理念、意识和文化的转型，不能一蹴而就。

第三，整体性原则。其一，体制的整体性，环境规制的体制演进涉及党政关系、条块关系、央地关系、政经关系和政社关系等多层面，必须整体上统筹规划，保障环境规制体制演进发展的协调性。其二，机制的整体性，环境规制公共领域中政府、市场、社会等主体的互动是建立多元机制整体发挥功能的基础上的，需要整体建构环境规制的参与机制、协调机制、激励机

①　［美］理查德·B.斯图尔特：《环境规制的新时代》，王慧编译，《美国环境法的改革——规制效率与有效执行》，法律出版社2016年版，第63页。

制、监督机制和保障机制。其三，制度的整体性。环境规制的制度具有结构性和层次性，需要针对不同的环境问题以及我国体制资源，科学设计威慑型制度、激励型制度和协商性制度，保证环境规制制度体系内部的平衡和运转的自洽。

参考文献

（一）中文类：

1.《马克思恩格斯全集》第 26 卷，人民出版社 2016 年版。

2.《习近平关于社会主义生态文明建设论述摘编》，中央文献出版社 2017 年版。

3.《习近平谈治国理政》第一卷，外文出版社 2018 年版。

4.《习近平谈治国理政》第二卷，外文出版社 2017 年版。

5.《习近平谈治国理政》第三卷，外文出版社 2020 年版。

6. 邓正来：《哈耶克法律哲学》，复旦大学出版社 2009 年版。

7. 蔡守秋：《生态文明建设的法律和制度》，中国法制出版社 2017 年版。

8. 蔡守秋：《基于生态文明的法理学》，中国法制出版社 2014 年版。

9. 蔡守秋：《人与自然关系中的伦理与法（上、下卷）》，湖南大学出版社 2009 年版。

10. 王树义：《环境法系列专题研究》第三辑，科学出版社 2008 年版。

11. 王树义：《环境法前沿问题研究》，科学出版社 2012 年版。

12. 王树义：《可持续发展与中国环境法治：生态安全及其立法问题专题研究》，科学出版社 2007 年版。

13. 吕忠梅：《环境法学》（第 2 版），法律出版社 2008 年版。

14. 吕忠梅：《环境法学概要》，法律出版社 2016 年版。

15. 吕忠梅：《环境法新视野》（修订版），中国政法大学出版社 2007 年版。

16. 郑少华：《生态主义法哲学》，法律出版社 2002 年版。

17. 郑少华：《从对峙走向和谐》，科学出版社 2005 年版。

18. 郑少华：《环境与资源保护法学》，复旦大学出版社 2000 年版。

19. 王全兴：《经济法基础理论研究》，中国检察出版社 2002 年版。

20. 单飞跃：《需要国家干预：经济法视域的解读》，法律出版社 2005 年版。

21. 单飞跃：《经济法视域中的企业法》，中国检察出版社 2005 年版。

22. 朱谦：《公众环境保护的权利构造》，知识产权出版社 2008 年版。

23. 朱谦：《环境法基本原理——以环境污染防治法为中心》，知识产权出版社 2009 年版。

24. 朱谦：《环境资讯公开与公众参与研究》，台湾元照出版公司 2013 年版。

25. 彭峰：《环境法律制度比较研究》，法律出版社 2013 年版。

26. 彭峰：《法典化的迷思——法国环境法之考察》，上海社会科学院出版社 2010 年版。

27. 叶榅平：《传统使命的现代转型：诉权保障理念、制度与程序》，法律出版社 2016 年版。

28. 刘水林：《经济法基本范畴的整体主义解释》，厦门大学出版社 2006 年版。

29. 卢现祥、朱巧玲：《新制度经济学》，北京大学出版社 2012 年版。

30. 梁上上：《利益衡量论》，法律出版社 2013 年版。

31. 李波：《公共执法与私人执法的比较经济研究》，北京大学出版社 2008 年版。

32. 沈宗灵：《法理学》，北京大学出版社 2000 年版。

33. 杨雪冬：《风险社会与秩序重构》，社科文献出版社 2006 年版。

34. 刘岩：《风险社会理论新探》，中国社会科学出版社 2008 年版。

35. 汪劲：《环境法治三十年：我们成功了么?》，北京大学出版社 2009 年版。

36. 张宝：《环境规制的法律构造》，北京大学出版社 2018 年版。

37. 何艳梅：《环境法的激励机制》，中国法制出版社 2014 年版。

38. 秦鹏、李奇伟：《污染场地风险规制与治理转型》，法律出版社 2015

年版。

39. 李永林：《环境风险的合作规制：行政法视角的分析》，中国政法大学出版社 2014 年版。

40. 金自宁：《风险规制与行政法》，法律出版社 2012 年版。

41. 郭红欣：《环境风险法律规制研究》，北京大学出版社 2016 年版。

42. 郭道辉：《社会权力与公民社会》，译林出版社 2009 年版。

43. 徐祥民：《环境权——环境法学的基本研究》，北京大学出版社 2004 年版。

44. 王灿发：《新〈环境保护法〉实施情况评估报告》，中国政法大学出版社 2016 年版。

45. ［美］斯蒂文·沙维尔：《法律经济分析的基础理论》，赵海怡等译，中国人民大学出版社 2009 年版。

46. ［美］理查德·波斯纳著：《法律的经济分析》（第七版），蒋兆康译，法律出版社 2012 年版。

47. ［美］罗伯特·考特、托马斯·尤伦：《法和经济学》，史晋川、董雪兵等译，上海人民出版社 2012 年版。

48. ［美］乔·B. 史蒂文斯：《集体选择经济学》，杨晓维等译，上海人民出版社 2014 年版。

49. ［美］曼瑟尔·奥尔森：《集体行动的逻辑》，陈郁等译，上海人民出版社 2014 年版。

50. ［美］加里·S. 贝克尔：《人类行为的经济分析》，王业宇等译，上海人民出版社 2015 年版。

51. ［美］罗纳德·H. 科斯等著：财产权利与制度变迁（产权学派与新制度学派译文集），格致出版社 2014 年版。

52. ［美］道格拉斯·诺斯，罗伯特·托马斯著：《西方世界的兴起》，厉以宁，蔡磊译，华夏出版社 2014 年版。

53. ［美］理查德·A. 波斯纳著：《正义／司法的经济学》，苏力译，中国政法大学出版社 2002 年版。

54. ［美］道格拉斯·C. 诺斯：《制度、制度变迁与经济绩效》，杭行译，韦森译审，格致出版社 2014 年版。

55. [美] 詹姆斯·M. 布坎南、戈登·图洛克：《同意的计算》，陈光金译，上海人民出版社 2014 年版。

56. [以] 海菲兹：《博弈论——经济管理互动策略》，格致出版社 2015 年版。

57. [美] 史蒂文斯：《集体选择经济学》，格致出版社 2014 年版。

58. [美] 凯斯·R. 桑斯坦：《最差的情形》，刘坤轮译，中国人民大学出版社 2010 年版。

59. [美] 富兰克·H. 奈特：《风险、不确定性和利润》，王宇、王文玉译，中国人民大学出版社 2005 年版。

60. [德] 乌多·迪·法比欧：《环境法中风险预防原则的条件和范围》，陈思宇译，载刘刚《风险规制：德国的理论与实践》，法律出版社 2012 年版。

61. [英] 伊丽莎白·费雪：《风险规制与行政宪政主义》，沈岿译，法律出版社 2012 年版。

62. [美] 塞拉·本哈比：《走向协商模式的民主合法性》，载塞拉·本哈比主编《民主与差异：挑战政治的边界》，黄湘怀、严海兵译，中央编译出版社 2009 年版。

63. [美] 乔亚舒·科恩：《协商民主的程序与实质》，载塞拉·本哈比主编《民主与差异：挑战政治的边界》，黄湘怀、严海兵译，中央编译出版社 2009 年版。

64. [美] 詹姆斯·约翰森：《支持协商：关于某些怀疑的思考》，载约·埃尔斯特主编《协商民主：挑战与反思》，周艳辉译，中央编译出版社 2009 年版。

65. [澳] 约翰·S. 德雷泽克：《协商民主及其超越：自由与批判的视角》，丁开杰译，中央编译出版社 2009 年版。

66. [英] 安东尼·吉登斯、克里斯多弗·皮尔森：《现代性——吉登斯访谈录》，尹宏毅译，新华出版社 2001 年版。

67. [英] E. 库拉：《环境经济学思想史》，谢阳举译，上海人民出版社 2007 年版。

68. [英] 庇古：《福利经济学》，金镝译，华夏出版社 2017 年版。

69. [美] 科斯：《社会成本问题》，陈昕主编，《财产权利与制度变迁》，胡庄君译，上海三联出版社 1994 年版。

70. [英] 安东尼·吉登斯：《现代性的后果》，田禾译，译林出版社 2000 年版。

71. [美] 奥斯特罗姆：《公共事务的规制之道》，余逊达译，上海三联出版社 2000 年版。

72. 迈克·费恩塔克：《规制中的公共利益》，戴昕译，中国人民大学出版社 2014 年版。

73. [美] 罗纳德·德沃金：《认真对待权利》，信春鹰、吴玉章译，中国大百科全书出版社 2008 年版。

74. [美] 詹姆斯·博曼：《公共协商：多元主义、复杂性与民主》，黄湘怀译，中央编译出版社 2006 年版。

75. [日] 植草益：《微观规制经济学》，朱绍文、胡欣欣等译，中国发展出版社 1992 年版。

76. [德] 乌尔里希·贝克：《风险社会》，何博闻译，译林出版社 2004 年版。

77. [英] 安东尼·吉登斯：《失控的世界：风险社会的肇始》，周红云译，江西人民出版社 2001 年版。

78. [德] 迪特尔·格林：《宪法视野下的预防问题》，刘刚译，刘刚《风险规制：德国的理论与实践》，法律出版社 2012 年版。

79. [德] 莱纳·沃尔夫：《风险法的风险》，陈霄译，刘刚《风险规制：德国的理论与实践》，法律出版社 2012 年版。

80. [美] 伊森·里布：《美国民主的未来：一个设立公众部门的方案》，朱昔群、李定文、余艳红译，中央编译出版社 2009 年版。

81. [英] 哈耶克：《致命的自负》，冯克利等译，中国社会科学出版社 2000 年版，第 206 页。

82. [南] 毛里西奥·帕瑟林·登特里维斯：《作为公共协商的民主：新的视角》，王英津等译，中央编译出版社 2009 年版。

83. [美] 凯斯·R.桑斯坦：《风险与理性——安全、法律及环境》，师帅译，中国政法大学出版社 2009 年版。

84. [美] 史蒂芬·布雷耶：《打破恶性循环：政府如何有效规制风险》，宋华琳译，法律出版社 2009 年版。

85.[美] 凯斯·R.桑斯坦：《最差的情形》，刘坤轮译，中国人民大学出版社 2010 年版。

86.[美] 富兰克·H.奈特：《风险、不确定性和利润》，王宇、王文玉译，中国人民大学出版社 2005 年版。

87.[德] 乌多·迪·法比欧：《环境法中风险预防原则的条件和范围》，陈思宇译，刘刚《风险规制：德国的理论与实践》，法律出版社 2012 年版。

88.[英] 伊丽莎白·费雪：《风险规制与行政宪政主义》，沈岿译，法律出版社 2012 年版。

89.[美] 塞拉·本哈比：《走向协商模式的民主合法性》，载塞拉·本哈比主编《民主与差异：挑战政治的边界》，黄湘怀、严海兵译，中央编译出版社 2009 年版。

90.[美] 乔亚舒·科恩：《协商民主的程序与实质》，载塞拉·本哈比主编《民主与差异：挑战政治的边界》，黄湘怀、严海兵译，中央编译出版社 2009 年版。

91.[美] 詹姆斯·约翰森：《支持协商：关于某些怀疑的思考》，载约·埃尔斯特主编《协商民主：挑战与反思》，周艳辉译，中央编译出版社 2009 年版。

92.[澳] 约翰·S.德雷泽克：《协商民主及其超越：自由与批判的视角》，丁开杰译，中央编译出版社 2009 年版。

93.[英] 安东尼·吉登斯、克里斯多弗·皮尔森：《现代性——吉登斯访谈录》，尹宏毅译，新华出版社 2001 年版。

94.[德] 乌尔希里·贝克、约翰内斯·威廉姆斯：《关于风险社会的对话》，路国林编译，浙江人民出版社 2001 版。

95.[英] 罗伯特·鲍德温等：《牛津规制手册》，宋华琳等译，上海三联出版社 2017 年版，第 23 页。

96.[美] E.博登海默：《法理学：法律哲学与法律方法》，邓正来译，中国政法大学出版社 1999 年版。

97.[美] 霍尔姆斯·罗尔斯顿：《哲学走向荒野》，刘耳、叶平译，吉林人民出版社 2000 年版。

98.[美] 蕾切尔·卡逊:《寂静的春天》,吕瑞兰、李长生译,吉林人民出版社 1997 年版。

99.[美] 詹姆斯·萨尔兹曼、巴顿·汤普森:《美国环境法（第 4 版)》,徐卓然译,北京大学出版社 2016 年版。

100.[美] 斯图尔特等:《美国环境法的改革:规制效率与有效执行》,王慧等译,法律出版社 2016 年版。

101.[美] 理查德·斯图尔特:《美国行政法的重构》,沈岿译,商务印书馆 2002 年版。

102.[美]戴斯·贾丁斯:《环境伦理学:环境哲学导论》(第 3 版),林官明、杨爱民译,北京大学出版社 2002 年版。

103.[英] 哈耶克:《法律、立法与自由》(第一卷),邓正来等译,中国大百科全书出版社 2000 年版。

104.[德] 施密特·阿斯曼:《秩序理念下的行政法体系构建》,林明锵等译,北京大学出版社 2012 年版。

105.薛晓源、刘国良:《全球风险世界:现在与未来——德国著名社会学家、风险社会理论创始人乌尔里希·贝克教授访谈录》,载《马克思主义与现实》2005 年第 1 期。

106.薛晓源、刘国良:《全球风险世界:现在与未来——德国著名社会学家、风险社会理论创始人乌尔里希·贝克教授访谈录》,载《马克思主义与现实》2005 年第 1 期。

107.沃特·阿赫特贝格:《民主、正义与风险社会:生态民主政治的形态与意义》,周战超编译,载《马克思主义与现实》2003 年第 3 期。

108.郑少华、王慧:《中国环境法治四十年:法律文本、法律实施与未来走向》,载《法学》2018 年第 11 期。

109.郑少华:《从"管控论"到"治理论":司法改革的一个面向》,载《法学杂志》2015 年第 5 期。

110.郑少华:《论企业环境监督员的法律地位》,载《政治与法律》2014 年第 10 期。

111.郑少华:《生态文明建设的司法机制论》,载《法学论坛》2013 年第 2 期。

112. 蔡守秋：《环境权实践与理论的新发展》，载《学术月刊》2018 年第 11 期。

113. 蔡守秋、潘凤湘：《论我国环境损害责任制度：以综合性责任分担为视角》，载《生态经济》2017 年第 3 期。

114. [英] 斯科特·拉什：《风险社会与风险文化》，王武龙编译，载《马克思主义与现实》2002 年第 4 期。

115. [英] 迈克尔·萨沃德：《罗尔斯和协商民主》，何文辉译，载《马克思主义与现实》2006 年第 3 期。

116. [德] 贝克：《从工业社会到风险社会（上篇）》，王武龙译，载《马克思主义与现实》2003 年第 3 期。

117. [日] 木佐茂男：《公害防止协定的行政法分析》，牟宪魁、张荣红译，载《法治论丛》2013 年第 4 期。

118. [加] 杰弗里·希尔墨：《参与式民主理论现状》，毛兴贵译，载《国外理论动态》2011 年第 3、4 期。

119. [德] 彼得·巴杜拉：《论自由法治国和社会法治国中的行政法》，曾文远译，载《人大法律评论》2013 年卷第 2 辑。

120. 王树义、蔡文灿：《论我国环境治理的权力结构》，载《法制与社会发展》2016 年第 3 期。

121. 王树义、赵小娇：《长江流域生态环境协商共治模式初探》，载《中国人口·资源与环境》2019 年第 8 期。

122. 王树义、刘琳：《论我国生态环境损害赔偿诉讼》，载《学习与实践》2017 年第 8 期。

123. 王树义、郑则文：《论绿色发展理念下环境执法垂直管理体制的改革与构建》，载《环境保护》2015 年第 24 期。

124. 王树义、李华琪：《论环境软法对我国环境行政裁量权的规制》，载《学习与实践》2015 年第 7 期。

125. 吴元元：《双重博弈结构中的激励效应与运动式执法——以法律经济学为解释视角》，载《法商研究》2015 年第 2 期，第 68 页。

126. 吕志奎：《通向包容性公共管理：西方合作规制研究述评》，载《公共管理评论》2017 第 2 期。

127. 何香柏：《我国环境威慑型执法困境的破解》，载《法商研究》2016 第 4 期。

128. 刘学侠：《我国非政府组织的发展路径》，载《中国行政管理》2009 年第 4 期。

129. 洪大用：《复合型环境规制的中国道路》，载《中共中央党校学报》2016 年第 6 期。

130. 陈海嵩：《绿色发展中的环境法实施问题：基于 PX 事件的微观分析》，载《中国法学》2016 年第 1 期。

131. 徐祥民：《环境质量目标主义：关于环境法直接规制目标的思考》，载《中国法学》2015 年第 6 期。

132. 周杰普：《论公司参与人的环境损害赔偿责任》，载《政治与法律》2017 年第 5 期。

133. 周杰普、李倩倩：《论社区参与环境治理的主体地位》，载《上海政法学院学报（法治论丛）》2017 年第 2 期。

134. 高利红：《论财政体制与我国环境法实施责任——以丹江口市为例》，载《法学杂志》2016 年第 3 期。

135. 朱谦：《环境公共利益的宪法确认及其保护路径选择》，载《中州学刊》2019 年第 8 期。

136. 朱谦：《公众环境行政参与的现实困境及其出路》，载《上海交通大学学报》（哲社版）2012 年第 1 期。

137. 朱谦：《政府环境信息公开范围及例外》，载《学习论坛》2008 年第 1 期。

138. 朱谦：《我国环境影响评价公众参与制度完善的思考与建议》，载《环境保护》2015 年第 10 期。

139. 林灿铃：《环境法实施的立法保障》，载《比较法研究》2016 年第 11 期。

140. 刘卫先：《我国环境法实施机制的缺陷及其克服》，载《中州学刊》2017 年第 6 期。

141. 王全兴、唐伟森：《我国社会法基础理论的研究路径选择》，载《江淮论坛》2017 年第 2 期。

142. 彭飞荣、王全兴：《分配正义中的政府责任：以风险与法为视角》，载《社会科学》2011 年第 1 期。

143. 单飞跃：《改革开放 40 年中国经济法学研究的回顾和展望笔谈》，载《现代法学》2019 年第 1 期。

144. 单飞跃：《公共灾难事件行政调查：目的、主体与机制》，载《社会科学》2014 年第 11 期。

145. 单飞跃、岳红举：《环境保护税法的实体原则与程序原则》，载《税务研究》2016 年第 4 期。

146. 刘水林等：《论环境法公共设施与私人实施的结合与衔接》，载《甘肃政法学院学报》2011（3）。

147. 刘水林：《风险社会大规模损害责任法的范式重构——从侵权赔偿到成本分担》，载《法学研究》2014 年第 3 期。

148. 刘水林：《规制视域下的反垄断协商执法研究》，载《政法论丛》2018 年第 4 期。

149. 张淑芳：《私法渗入公法的必然与边界》，载《中国法学》2019 年第 4 期。

150. 张璐：《环境法学的法学消减与增进》，载《法学评论》2019 年第 1 期。

151. 彭峰：《生态文明建设的域外经验——以法国环境协商法为例》，载《环境保护》2013 年第 8 期。

152. 彭峰：《中国环境法公众参与机制研究》，载《政治与法律》2009 年第 7 期。

153. 彭峰：《论我国宪法中环境权的表达及其实施》，载《政治与法律》2019 年第 10 期。

154. 彭峰：《"越位"的专家与"隐身"的法官——专家参与在司法过程中的合理定位》，载《法学评论》2015 年第 4 期。

155. 刘超：《"二元协商"模型对我国环境公众参与制度的启示与借鉴》，载《政法论丛》2013 年第 4 期。

156. 董正爱、王璐璐：《迈向回应型环境风险法律规制的变革路径》，载《社会科学研究》2015 年第 4 期。

157. 王柱国：《论环境规制中的公众参与》，载《行政与法》2016 第 4 期。

158. 马洪：《环境侵权的归责追问》，载《法学》2009 年第 5 期。

159. 叶榅平：《自然资源国家所有权主体的理论诠释与制度建构》，载《法学评论》2017 年第 5 期。

160. 叶榅平：《自然资源国家所有权的双重权能结构》，载《法学评论》2016 年第 5 期。

161. 叶榅平：《完善自然资源国家所有权行使人大监督立法的法理思考》，载《学术月刊》2018 年第 6 期。

162. 叶榅平：《自然资源国家所有权行使人大监督的理论逻辑》，载《法学》2018 年第 5 期。

163. 胡苑：《"垃圾围城"求解：论产品导向型环境法律责任》，载《华东政法大学学报》2012 年第 4 期。

164. 胡苑：《生产者延伸责任：范畴、制度路径与规范分析》，载《上海财经大学学报》2010 年第 3 期。

165. 胡苑：《环境法律"传送带"模式的阻滞效应及其化解》，载《法律与政治》2019 年第 5 期。

166. 胡苑：《论威慑型环境规制中的执法可实现性》，载《法学》2019 年第 11 期。

167. 姚劲松、吴定勇：《从离散呈现到促进协商：环境规制共识达成中的传媒策略》，载《西南民族大学学报》（社科版）2017 年第 1 期。

168. 张保伟：《公众环境参与的结构性困境及化解路径——基于协商民主理论的视角》，载《中国特色社会主义研究》2016 年第 4 期。

169. 邓彩霞：《共识建构：环境公共事件中的协商民主》，载《青海社会科学》2017 年第 4 期。

170. 秦鹏：《环境协商规制：理论建构与实现路径》，载《西南民族大学学报》（社科版）2017 年第 7 期。

171. 吴隽雅：《论环境公私协作的法律规制》，载《南京工业大学学报》（社科版）2016 年第 6 期。

172. 丁启明、赵静：《论企业环境守法激励机制的建构》，载《学术交流》2011 年第 3 期。

173. 周珂、腾延娟:《论协商民主机制在中国环境法治中的应用》,载《浙江大学学报》(社科版)2014 年第 6 期。

174. 生延超:《环境规制的制度创新:自愿性环境协议》,载《华东经济管理》2008 年第 10 期。

175. 蒋红珍:《论协商性政府规制——解读视角和研究疆域的初步厘定》,载《上海交通大学学报》(社科版)2008 年第 5 期。

176. 陈富良、黄金钢:《政府规制改革:从公私合作到新公共服务》,载《江西社会科学》2015 第 4 期。

177. 王明远、金峰:《科学不确定性背景下的环境正义——基于转基因生物安全问题的讨论》,载《中国社会科学》2017 年第 1 期。

178. 湛中乐、郑磊:《分权与合作:社会性规制的一般法律框架重述》,载《国家行政学院学报》2013 年第 5 期。

179. 王曦:《论规范和制约有关环境的政府决策之必要性》,载《法学评论》2012 年第 1 期。

180. 庞晓光:《科学的祛魅:利奴近代科学革命时期科学与价值的关系》,载《自然辩证法研究》2009 年第 4 期。

181. 何源:《德国行政形式选择自由理论与实践》,载《行政法学研究》2015 年第 4 期。

182. 谭冰霖:《环境规制的反身法路向》,载《中外法学》2016 年第 6 期。

183. 陈慈阳:《环境国原则建构下之环境预防及救济机制》,载《法学新论》2012 年第 37 期。

184. 吴卫星:《论环境规制中的结构性失衡——对中国环境规制失灵的一种理论解释》,载《南京大学学报》(社科版)2013 第 2 期。

185. 罗丽:《日本环境权理论和实践的新展开》,载《当代法学》2007 年第 3 期。

186. 陈潭、刘兴云:《竞标赛体制、晋升博弈与地方剧场政治》,载《公共管理学报》2011 年第 2 期。

187. 王海峰:《地方政府环境规制悖论的成因及其治理》,载《行政论坛》2016 年第 1 期。

188. 张千帆：《流域环境保护中的中央地方关系》，载《中州学刊》2011 年第 6 期。

189. 常纪文：《新常态下我国生态环保监管体制改革的问题与建议——国际借鉴与国内创新》，载《中国环境管理》2015 年第 5 期。

190. 吕忠梅：《监管环境监管者：立法缺失及制度建构》，载《法商研究》2009 年第 5 期。

191. 吴舜泽：《县级环境监管能力建设主要问题与应对措施》，载《环境保护》2010 年第 13 期。

192. 张梓太、王岚：《论风险社会语境下的环境法预防原则》，载《社会科学》2012 年第 6 期。

193. 杜辉：《挫折与修正：风险预防下之环境规制改革的进路选择》，载《现代法学》2015 年第 1 期。

194. 陈家刚：《协商民主研究在东西方的兴起与发展》，载《毛泽东邓小平理论研究》2008 年第 7 期。

195. 鲁镇荣：《德国法中"社会自我规制"机制初探》，载《政大法学评论》2004 年第 78 期。

196. 王明远：《论我国环境公益诉讼的发展方向：基于行政权与司法权关系理论的分析》，载《中国法学》2016 年第 1 期。

197. 刘超：《反思环保法庭的制度逻辑》，载《法学评论》2010 年第 1 期。

198. 黄莎、李广兵：《环保法庭的合法性和正当性论证》，载《法学评论》2010 年第 5 期。

199. 谢伟：《司法在环境治理中的作用：德国之考量》，载《河北法学》2013 年第 2 期。

200. 金自宁：《风险规制时代的授权与裁量》，载《法学家》2015 年第 5 期。

201. 高秦伟：《社会自我规制与行政法的任务》，载《中国法学》2015 年第 5 期。

202. 陈亮：《环境规制俘获的法律防范：基于美国经验的启示》，载《环球法律评论》2015 年第 1 期。

203. 王曦：《论环境公益诉讼制度的立法顺利》，载《清华法学》2016 年第

6 期。

204. 肖建国：《利益交错中的环境公益诉讼原理》，载《中国人民大学学报》2016 年第 2 期。

205. 竺效：《环保重罚措施对法律实施的影响》，载《中国高校社会科学》2016 年第 4 期。

206. 竺效等：《国家环境管理权与公民环境权关系均衡论》，载《江汉论坛》2014 年第 3 期。

207. 巩固：《2015 年中国环境民事公益诉讼的实证分析》，载《法学》2016 年第 9 期。

208. 巩固：《守法激励视角中的〈环境保护法〉修订与适用》，载《华东政法大学学报》2014 年第 3 期。

209. 王林、陈茜、黄利芳：《环境问题诱发群体性事件的地域规律性及其原因剖析》，载《生态经济》，2015 年第 8 期。

210. 崔明逊：《规制内涵探讨：从概念到观念》，载《人民论坛》2013 年第 26 期。

211. 赵玉民等：《环境规制的界定、分类和演进》，载《中国人口·资源与环境》2009 年第 6 期。

212. 张红凤、杨慧：《规制经济学沿革的内在逻辑及发展方向》，载《中国社会科学》2011 年第 6 期。

213. 张红凤：《规制经济学的变迁》，载《经济学动态》2005 年第 8 期。

214. 黄新华：《政府规制研究：从经济学到政治学和法学》，载《福建行政学院学报》2013 年第 5 期。

215. 陈秀梅、于亚：《环境群体性事件的特点、发展趋势及治理对策》，载《中共天津市委党校学报》2015 年第 1 期。

216. 张锋：《我国协商型环境规制构造研究》，载《政治与法律》2019 年第 11 期。

217. 张锋：《环保约谈：一种新型环境法实施制度》，载《上海财经大学学报》2018 年第 4 期。

218. 张锋：《环境治理：理论变迁、制度比较与发展趋势》，载《中共中央党校学报》2018 第 6 期。

（二）英文类

1. "Relections". Sheddon Krimsky and Dominic Golding des..Soc_al Theories of Risk. Westport, CO ：Praeger. P.354

2. Mary Douglass. 2003. Risk Acceptability According to the Social Sciences. London ：Routledge. P.20

3. Douglas.M. and Wildaysky,A.（1982）Risk and Culture.Berkeley of California Press.p.5.

4. Ulrick Beck. 1992. Risk Society ：Towards a new mcdernity by Mark Riter. London ：Sage Publications. P.21

5. Ulrich Beck.1999. World Risk Society. London ：Polity Press. P.136

6. "Relections". Sheddon Krimsky and Dominic Golding des..Social Theories of Risk. Westport, CO ：Praeger. P.354.

7. Mary Douglass. 2003. Risk Acceptability According to the Social Sciences. London ：Routledge. P.20.

8. Douglas.M. and Wildaysky,A.（1982）Risk and Culture.Berkeley of California Press.p.5.

9. Ulrick Beck. 1992. Risk Society ：Towards a new modernity by Mark Riter. London ：Sage Publications. P.21.

10. Ulrich Beck.1999. World Risk Society. London ：Polity Press. P.136.

11. See Jon D. Silberman, Dose Environmental Deterrence work ？ Evidence and Experience Say Yes. But We Understand How and Why,（2000）30 Environmental Law Reporter, 10532.

12. M. Khanna, Non-mandatory Approaches toEnvironmental Protection, Journal of EconomicSurveys, Vol.15, No. 3, 2001.

13. Hantke-Domas, M., The public interest theory of regulation ：non-existence or misinterpretation? European Journal of Law and Economics, vol 15. No.2（2003）

14. Eric Biber, Which Science? Whose Science？ How Scientific Disciplines

Can Shape Environmental Law, Vol. 79, Univ. of Chicago L. Rev.（2012）.

15. See Farber,Daniel A. ,Politics and Procedure in Environmental Law,Journal of Law,Economics,& Organization,Vol. 8,Issue 1（1992）.

16. See Gauna,Eileen,The Environmental Justice Misfit：Public Participation and the Paradigm Paradox,Stanford Environmental Law Journal,Vol. 17,Issue 1（1998）.

17. Michael G. Faure, Economic Analysis of environmental Law：An Introduction, Public Economics, Vol.7, Issue 1（2001）.

18. Shavell S., The Optimal Structure of Law Enforcemen, The Journal of Law and Economics, Vol.36, Issue1（1993）.

19. Landes, W. R. Posner, Tort Law as A Regulatory Regime for Catastrophic Personal Injuries, Journal of Legal Studies, Vol.13, Issue 3（1984）.

20. See Coffee, John C. "No Soul to Damn：No Body to Kick"：An Unscandalized Inquiry into the Problem of Corporate Punishment , MichiganLaw Review ,Vol.79, Issue 3（1981）.

21. See Seidenfeld , M., Civic Republican Justification for the Bureaucratic State , Harvard Law Review , Vol. 105 , Issue 7（1992）.

22. See Wang A. The Search for Sustainable Legitimacy：Environmental Law and Bureaucracy in China, Harvard Environmental Law Review ,Vol. 37, Issue 2（2013）.

23. Boomer v. Atlantic Cement Co , 26 N.Y.2d 219 , 257 N.E.2d 870 , 309 N.Y.S.2d 312 , 1970 N. Y.

24. Rooij B V ., Implementation of Chinese Environmental Law：Regular Enforcement and Political Campaigns , Development & Change, Vol.37, Issue 1（2010）.

25. See Croley, Steven P., Theories of Regulation：Incorporating the Administrative Process, Columbia Law Review, Vol. 98, Issue 1（1998）.

26. See McGarity , Thomas O., Administrative Law as Blood Sport：Policy Erosion in a Highly Partisan Age , Duke Law Journal , Vol. 61 , Issue8（2012）.

27. DeLong , James V ., Informal Rulemaking and the Integration of Law and Policy , Virginia Law Review, Vol. 65, Issue 2（1979）.

28. See Bressman, L. S., Beyond Accountability：Arbitrariness and Legitimacy in the Administrative State, New York University Law Review,Vol. 78, Issue 2（2003）.

29. See Ackerman, Bruce A.；Hassler, William T., Beyond the New Deal：Coal and the Clean Air Act, Yale Law Journal, Vol. 89, Issue 8（1980）.

30. Gestel R V. Primacy of the European Legislature？ Delegated Rule-Making and the Decline of the "Transmission Belt" Theory. Theory &Practice of Legislation , Vol. 2 , Issue 1（2014）.

31. See Stewart , R. Economic Incentives for Environmental Protection：Obstacles and Opportunities , in R. Revesz , P. Sands, and R.Stewart ,Environmental Law: The economy and sustainable development, Cambridge: CUP（2000）, pp.171—244.

32. See Stewart , Richard B., Administrative Law in the Twenty-First Century , New York University Law Review , Vol. 78 , Issue 2（2003）.

33. Garland, Merrick B. , Deregulation and Judicial Review , Harvard Law Review , Vol. 98 , Issue 3（1985）.

34. See Criddle, Evan J. , Fiduciary Foundations of Administrative Law , UCLA Law Review , Vol. 54 , Issue 1（2006）；Mantel , Jessica , ProceduralSafeguards for Agency Guidance：A Source of Legitimacy for the Administrative State , Administrative Law Review , Vol. 61, Issue 2（2009）.

35. See Xixin , Wang; Yongle , Zhang , The Rise of Participatory Governance in China：Empirical Models , Theoretical Framework , and InstitutionalAnalysis , University of Pennsylvania Asian Law Review , Vol. 13 , Issue 1（2018）.

36. Rossi , Jim , Participation Run Amok：The Costs of Mass Participation for Deliberative Agency Decisionmaking , Northwestern UniversityLaw Review, Vol. 92 , Issue 1,（1997）.

37. See Pistor, K. & Xu, C.,Incomplete law,New York University Journal of

International Law & Politics,35（2003）, pp.931—1014.

38. See Xu, C. ,& Pistor, K. . Law Enforcement under Incomplete Law：Theory and Evidence from Financial MarketRegulation, Working Paper No.Te/02/332, http：//Sticerd.Lse.Ac.Uk/Dps/Te/Te442.Pdf, 2002.

39. Bishop,P.,Criminal Law as a Preventative Tool of Environmental Regulation：Compliance VersusDeterrence,Northern Ireland Legal Quarterly ,60（3）,2009, pp.279—304.

40. See Wendy P. Feiner, Just When You Thought It Was Safe to Go Back in the Water ：A Guide to Complying withthe 1996 Amendments to the Safe Drinking Water Act, Environmental Lawyer, Vol. 4, Issue 1,1997, pp. 193—224.

41. See Davies, J. Clarence and Jan Mazurek, Pollution Control in the United States, Evaluating the System.Washington, D.C.：Resources for the Future（1998）, p.269.

42. See Spence, David B. Can the Second Generation Learn from the First-Understanding the Politics of RegulatoryReform, Capital University Law Review, Vol. 29, Issue 1（2001）, pp. 205—222.

43. See Zhang, M., Feng, G., Yin, W., Xie, B., Ren, M., Xu, Z., Zhang, S., Cai, Z. Airborne PCDD/Fs in Two E WasteRecycling Regions after Stricter Environmental Regulations. Journal of Environmental Sciences Vol. 62（2017）,pp.3—10.

44. Chayes, A., The role of the judge in public law litigation. Harvard Law Review, 89（7）,1976, pp.1281 1316.

45. See Rooij B V. Implementation of Chinese Environmental Law ：Regular Enforcement and Political Campaigns,Development& Change, 37（1）,2010, pp.57—74.

46. Becker, Gary S., Stigler, George J. ,Law Enforcement, Malfeasance, and Compensation of Enforces, Journal ofLegal Studies, Vol. 3, Issue 1,1974, pp.1—18.

47. Satish Joshi， Ranjani Krishnan & Lester Lave，Estimating the Hidden Costs of EnvironmentalRegulation，The Accounting Review，Vol．2，2001.

48. See Carlos Wing-Hung Lo, Gerald E.Fryxell and Bebjamin van Rooij, Changes in Regulatory Enforcement Styles Among Environmental Enforcement and Planning A, 2706.

49. M．Khanna, Non-mandatory Approaches toEnvironmental Protection, Journal of EconomicSurveys, Vol.15, No．3, 2001.

50. Piotrowski，S. J. (2017).The"Open Government Reform" Movement：The Case of the OpenGovernment Partnership and U.S.Transparency Policies. American Review of PublicAdministration, 47（2）.

51. Raeymaeckers, P.& Kenis, P. (2016).The Influence of Shared Participant Governance on theIntegration of Service Networks：A Comparative Social Network AnalysisInternational PublicManagement Journal, 19（3）.

52. "Relections". Sheddon Krimsky and Dominic Golding des..Social Theories of Risk. Westport, CO：Praeger. P.354.

53. Mary Douglass. 2003. Risk Acceptability According to the Social Sciences. London：Routledge. P.20.

54. Satish Joshi, Ranjani Krishnan & Lester Lave. Estimating the Hidden Costs of Environmental. Regulation, The Accounting Review, Vol. 2, 2001.

55. See Policy on Civil Penalties, EPA General Enforcement Policy# GM -21, recodified as PT. 1—1, Feb.16, 1984, p.3.

56. See U. S. EPA, Office of Enforcement, BEN: A Model To Calculate the Economic Benefits of Noncompliance 1 —10（July1990）.

57. See United States of America v. The Municipal Authority of Union Township, 150 F. 3d 259（3d Cir. 1998）.

58. See United States v. Municipal Authority of Union Township, 150 F. 3 d 259（3d Cir. 1998）.

59. See OECD, Determination and Application of Administrative Fines for Environmental Offences: Guidance for EnvironmentalEnforcement Authorities in EECCA Countries, pp.12—15, 2009, http:/ /www. oecd. org /env /outreach /42356640. pdf, last visited on 2018—7 —12.

60. See Jonathan D. Libber, Penalty Assessment at the Environmental Protection Agency: A View from Inside, 35 South DakotaLaw R eview 194 (1990).

61. See Garlow C, Ryan J., A Brief Argument for the Inclusion of an Assessment of Increased Market Share in the Determinationof Civil Penalty Liability for Environmental Violations: Letting Corporations Share the R egulatory Burden of Policing TheirMarkets, 1 Boston College Environmental Affairs Law R eview 27 (1994).

62. See R eserve Mining Co. v. United States, 498 F. 2 d 1073 (8th Cir. 1974).

63. See R obert Alexy, A Theory of Constitutional R ights, translated by Julian R ivers, Oxford University Press, 2002, p. 408.

64. See R obert Alexy, On Balancing and Subsumption, A Structure Comparison, 16 R atio Juris 436 —447 (2003).

65. See Interim R evised EPA Supplemental Environmental Projects Policy Issued, Federal R egister /Vol. 60, No. 90 /Wednesday, May 10, 1995 /Notices, p.24858.

66. See Final EPA Supplemental Environmental Projects Policy Issued, Federal R egister /Vol. 63, No. 86 /Tuesday, May 5, 1998 /Notice, p.24798.

67. See Jon D. Silberman, Dose Environmental Deterrence work? Evidence and Experience Say Yes. But We Understand How and Why, (2000) 30 Environmental Law Reporter, 10532.

68. See Jon D. Silberman, Dose Environmental Deterrence work? Evidence and Experience Say Yes. But We Understand How and Why, (2000) 30 Environmental Law Reporter, 10532.

后　记

基于生态环境风险的技术性、不确定性、复杂性、建构性和主观性等特征，采取什么范式、方法和路径实现对生态环境风险的规制已经成为重大的理论和实践课题。建立在确定性、稳定性、规律性等基础上的形式法理论和实质法理论以及与此相匹配的命令型环境规制和激励型环境规制面临结构性困境。为此，笔者借鉴协商民主、治理、规制、风险社会和反身法等多种理论和方法，试图建构协商型环境规制的理论范式和实践模式。本书是我主持的国家社科基金一般项目《风险规制视域下我国环保约谈法律制度研究》（批准号：19BFX182）阶段性成果，也是我博士论文的修改与完善，主要包括六部分内容。

一是导论，主要回答选题的价值意义、研究方法及其创新之处；二是协商型环境规制何以存在及其演进轨迹，从历史的维度分析协商型环境规制的制度功能；三是协商型环境规制的要素结构，从规范的维度论述协商型环境规制的前设条件、基本原则、价值目标和运行机制；四是协商型环境规制的主要类型，采取类型化的进路，以规制行为为标准，分为抽象型环境协商规制和具体型环境协商规制；以意思自治为标准，分为环境行政协议和自愿性环境协议；五是协商型环境规制的中国实践与反思；六是中国协商型环境规制的制度改进，包括协商型环境规制的信息公开、协商型环境规制的公众参与、协商型环境规制的权力配置、协商型环境规制的程序机制以及协商型环境规制的趋势展望。

诚然，探究和建构协商型环境规制的理论范式和实践模式是一种充满乐趣又异常艰辛的学术创作！感谢导师胡苑教授对本书的选题、构思、提纲和成稿提出的修改意见和完善建议！感谢在我求学路上给予我鼓励、指导和帮助的师长、前辈和同学们！感谢郑少华、宋晓燕、蔡守秋、王树义、王全兴、单飞跃、刘水林、朱谦、张淑芳、叶榅平、张璐、单海玲、张军旗等老师提出的宝贵意见！感谢《改革内参》执行主编王平博士对本书提出的宝贵建议！感谢我的工作单位中共上海市委党校（上海行政学院）提供的宽裕写作环境，单位领导和同事的鼓励、支持和帮助让我能静下心来思考和写作！人民出版社茅友生编辑为本书的出版付出了很大的努力，在此表示深深的谢意！最后，感谢我的家人为我无私的付出和支持！

当然，由于本人学识有限，书中难免存在不足之处，敬请学界同仁批评指正！

张锋

二零二零年十月于上海

责任编辑：茅友生
封面设计：王欢欢

图书在版编目（CIP）数据

中国协商型环境规制研究／张锋 著．—北京：人民出版社，2020.12
ISBN 978－7－01－022625－5

I.①中…　II.①张…　III.①环境保护法－研究－中国　IV.① D922.680.4

中国版本图书馆 CIP 数据核字（2020）第 216453 号

中国协商型环境规制研究
ZHONGGUO XIESHANGXING HUANJING GUIZHI YANJIU

张 锋 著

人 民 出 版 社 出版发行
（100706　北京市东城区隆福寺街 99 号）

环球东方（北京）印务有限公司印刷　新华书店经销

2020 年 12 月第 1 版　2020 年 12 月北京第 1 次印刷
开本：710 毫米 ×1000 毫米 1/16　印张：17
字数：310 千字　印数：0,001－5,000 册

ISBN 978－7－01－022625－5　定价：68.00 元

邮购地址 100706　北京市东城区隆福寺街 99 号
人民东方图书销售中心　电话（010）65250042　65289539